古典文獻研究輯刊

三七編

潘美月・杜潔祥 主編

第54冊

《四分律刪繁補闕行事鈔》集釋
（第十二冊）

王建光 著

國家圖書館出版品預行編目資料

《四分律刪繁補闕行事鈔》集釋（第十二冊）／王建光 著 --
初版 -- 新北市：花木蘭文化事業有限公司，2023〔民112〕
目 4+182 面；19×26 公分
（古典文獻研究輯刊 三七編；第 54 冊）
ISBN 978-626-344-517-8（精裝）
1.CST：四分律 2.CST：律宗 3.CST：注釋
011.08   112010540

ISBN-978-626-344-517-8

9 786263 445178

古典文獻研究輯刊
三七編　第五四冊　　　　　ISBN：978-626-344-517-8

《四分律刪繁補闕行事鈔》集釋（第十二冊）

作　　者　王建光
主　　編　潘美月、杜潔祥
總 編 輯　杜潔祥
副總編輯　楊嘉樂
編輯主任　許郁翎
編　　輯　張雅淋、潘玟靜　美術編輯　陳逸婷
出　　版　花木蘭文化事業有限公司
發 行 人　高小娟
聯絡地址　235 新北市中和區中安街七二號十三樓
　　　　　電話：02-2923-1455／傳真：02-2923-1452
網　　址　http://www.huamulan.tw 信箱 service@huamulans.com
印　　刷　普羅文化出版廣告事業
初　　版　2023 年 9 月
定　　價　三七編 58 冊（精裝）新台幣 150,000 元

《四分律刪繁補闕行事鈔》集釋
（第十二冊）

王建光　著

目

次

卷下之三

頭陀行儀〔一〕篇第二十一

夫報力增上，行成精潔〔二〕，故能高超眾累，竦拔不羣〔三〕。是以釋迦一化，盛稱斯德〔四〕。故凡所制者，竝為多貪〔五〕；凡開教中，先揚此行〔六〕。欲使進疲怠之客，趣禪定之城〔七〕；策染塵之夫，登尸羅之陛〔八〕。此其大意也。

智論云：佛意令弟子隨道行，捨世樂故，讚十二頭陀為本〔九〕；有因緣，不得已，而聽餘事〔一〇〕。云云。

【題解】

簡正卷一六：「上之對食與觀，離染為先，依教進修，頭陀為上，故次辨之。」（九七二頁上）鈔批卷二六：「上明衣食，內外供資，道緣周備，理宜省緣。策懃修行，行中之最，無越頭陀。故此一篇，廣明儀則。」（九頁上）

【校釋】

〔一〕頭陀行儀　鈔批卷二六：「『頭陀』，天（【案】『天』後疑脫『竺』字。）音，此土義翻，應云『抖揀』。新譯云：梵言『杜多』者，此翻『搖動』，亦云『洗蕩』，謂搖動煩惱、洗滌煩惱也。不異抖揀之義，但傳梵者。有訛言：案出要律儀音義云，翻為『除糞』，『抖揀』是若譬。言『除塵』是正翻也。應師云：舊言『頭陀』，（九頁上）今云『杜多』，皆梵言，輕重也。此翻『修治』，亦云『洮汰』，又言『斗藪，亦一義耳。就行，雖十二不同；約儀，唯四種分別。此中廣明行之方法，故曰『行儀』。」（九頁下）資持卷下三：「頭陀，梵言，翻譯如後。此乃達士之美稱，上德之嘉名。世俗無知，循名昧實。呼短巾為道

者，召髡髮為頭陀，有道恥從，名實俱喪，儻懷深識，必也正名。」（三九○頁中）扶桑記：「短巾，即老子門葉也。彼等皆以黃巾而裹其頭，故名黃巾，又云短巾。」（三四二頁下）【案】本篇分二：初，「夫報」下；次，「就中」下。

〔二〕**報力增上，行成精潔**　資持卷下三：「上二句彰德……『報』是宿因所感，『行』即現生所修。『精』謂深微，『潔』謂清白。」（三九○頁中）簡正卷一六：「謂異熟果報之力，若堅強，則能修上行，內能起智斷惑，外能嚴淨尸羅，故名清潔也。」（九七二頁下）鈔批卷二六：「謂報力堅強能行，此用能嚴飾戒品，故言清潔。」（九頁下）

〔三〕**能高超眾累，竦拔不羣**　資持卷下三：「下二句歎功。……超眾累者，近則絕於欲塵，遠則斷於界繫。竦即高出之貌，異於中、下，故曰不群。」（三九○頁中）簡正卷一六：「能高超眾累也者，如中、下根人，須百一、長財、房舍、臥具，多生罪累。今行頭陀之勝行，依佛四依，免此過愆，即是迥超眾累之上。竦拔不群者，外既於戒無犯，依聖人之行，便引定慧，斷惑證真，不同常類也。」（九七二頁下）鈔批卷二六：「高超眾累者，濟云：眾人皆不能行此法，良由煩惱擔累重故。眾人煩累既多，故曰眾累。今有人能行，則超彼眾人也。言竦拔不群等者，謂竦，由高也。如高樹出眾，樹之表名拔萃，此是竦拔也。今百千人中，忽有一人，能行此法者，則出眾人之表，豈非高竦義也！」（九頁下）

〔四〕**是以釋迦一化，盛稱斯德**　資持卷下三：「通指一代，如下所引大小經論是也。」（三九○頁中）簡正卷一六：「謂釋迦出世，一期化儀，皆是大眾之中，讚述頭陀之德行。」（九七二頁下）

〔五〕**故凡所制者，竝為多貪**　資持卷下三：「『故』下，別舉律宗。……據制教反顯。言凡所制者，即通指衣、食、房、藥等戒也。所以諸戒多是頭陀舉過而制。」（三九○頁中）鈔批卷二六：「私云：律凡所制二百五十戒之文中，呵汝所為『非』——非沙門釋子，非隨順行，所不應為。其中有少欲、知足、頭陀、樂學戒者，皆共呵責，舉過白佛，請戒制等，故曰凡所制為多貪也。又解：律中於衣食制戒，多是跋難陀釋子；於婬中種類制戒，多是迦留陀夷；於非威儀等，多是六群。皆是為貪財色，故聖制戒也。」（九頁下）

〔六〕**凡開教中，先揚此行**　資持卷下三：「『凡』下，引聽教順明。如『二房戒』，廣明十二頭陀；及『長衣戒』，因六十頭陀來至佛所，佛即稱讚，因制畜長。以開對中、下，恐其縱逸，故先讚上行，意令慚恥，志慕孤高。」（三九○頁

中）簡正卷一六：「佛凡於一處說法，皆歎少欲為先，即十二頭陀行也。」（九七二頁下）鈔批卷二六：「私云：若欲聽諸比丘，即讚歎十二頭陀少欲知足等，意欲進疲怠之人，故言凡開教中，先揚等也。又云如律文中，（九頁下）凡所開處，皆言此是頭陀端嚴法，故曰先揚此法也。」（一〇頁上）

〔七〕**欲使進疲怠之客，趣禪定之城**　資持卷下三：「『欲』下，示教意。疲怠客染塵夫，皆目中下之器。疲怠是慢，即屬結惑。」（三九〇頁中）鈔批卷二六：「述成上凡，開教中先揚此行也。又，可通說制頭陀意也。言『客』者，謂沙門是三界貴賓，故稱為客。謂其人非久住三界，當於生死，疾得解脫故也。趣禪定城者，若能行頭陀，則集生三昧，故曰也。涅槃云『戒定智慧，以為墻塹』，意（【案】『意』疑『即』。）其義也。」（一〇頁上）簡正卷一六：「上來凡開教中，先揚此行意，欲誘進疲極、意墮之人。未得佛果菩提，皆名為『客』。自念佛道長遠，擬欲退還念，令其勵志修行，趣首慢（【案】『慢』疑『楞』。）嚴之大定。如三百由旬，權設化城，引彼疲從，令歸寶所故。」（九七二頁下）

〔八〕**策染塵之夫，登尸羅之陛**　鈔批卷二六：「顯上『凡所制者，並為多貪句』也。言登尸羅之階者，何故依此尸羅為陛？案四分律序云：譬如帝釋堂，彫飾眾寶成，七寶為階陛，天人之所行。如是正法堂，七覺意莊嚴，禁戒為階陛，賢聖之所行。即其義也。」（一〇頁上）簡正卷一六：「『策染塵』下兩句，重釋上『凡所制者，並為多貪』也。欲進策染着六塵之凡夫，令其作觀，對治離於貪著，即能高登尸羅之階陛也。」（九七二頁下）資持卷下三：「染塵是欲，即屬業非。禪定破慢，尸羅止欲，定必發慧，三學備焉。定則攝心防禦，故喻於城。戒則入道漸次，故喻於陛。陛，即階也。」（三九〇頁中）

〔九〕**佛意令弟子隨道行，捨世樂故，讚十二頭陀為本**　鈔批卷二六：「案智論第六十八云是十二頭陀。佛意欲令弟子隨道行，捨世樂故，讚十二頭陀是。佛意：當以頭陀為本，有因緣，不得已，而聽餘事。如初轉法輪時，五比丘既得道已，白佛言：『我當著何等衣？』佛言：『應著納衣。』又，受戒法中，制盡形壽著納衣、乞食、樹下坐、弊棄藥。於古四聖種中，頭陀即是三事也。佛法唯以智慧為本，不以苦為先。（一〇頁上）是法皆助道隨道，故諸佛常讚歎。（文止此述。）」（一〇頁下）資持卷下三：「智論初明佛讚意。『道行』即通三乘聖道，『世樂』即五欲苦因，四依、頭陀是根本制，望後開教，故云為『本』。」（三九〇頁中）

〔一〇〕**有因緣，不得已，而聽餘事**　鈔批卷二六：「私云：有因緣不得已等者，謂出

家人先以頭陀為根本行。脫若身病、盛夏、嚴冬等緣,方聽作其餘業耳。」（一〇頁下）資持卷下三:「『有』下示開聽。言因緣者,即中、下機,生衣、食、房、藥,四種開教,皆有緣故。不得已者,非聖意故。餘事者,通指一切聽教也。」（三九〇頁中）簡正卷一六:「聽餘事者,或欲入塔寺、看病、聽法等緣,（九七二頁下）要捨頭陀之行,皆聽許之。不同外人,一向制也。」（九七三頁上）【案】智論卷六八,五三八頁中。

就中分四〔一〕:一、釋總名,二、列數明體,三、諸部異行,四、雜出諸法。

【校釋】

〔一〕就中分四　資持卷下三:「上二,唯局本部;三、顯他部,四、（三九〇頁中）出餘行。」（三九〇頁下）

初,釋總名顯德

善見云:頭陀者,漢言「抖擻」,謂抖擻煩惱,離諸滯著〔一〕。聖善住意天子經〔二〕云:頭陀者,抖擻貪欲、瞋恚、愚癡、三界、六入,一一別論〔三〕。又云:我說此人能善抖擻〔四〕。如是抖擻,不取不捨,不修不著,我說此人能說頭陀〔五〕。

增一阿含〔六〕云:其有毀讚十二頭陀一一行者,則為毀讚於我。我常讚行此法。由此住世故,我法久住於世也。十輪云:毀破禁戒失頭陀,以造逆故非我滅,如過去佛之所說,破淨戒者不入眾數〔七〕。華手經〔八〕云:以迦葉行頭陀苦行故,來至佛所,如來移身,分座與迦葉。辭讓不受〔九〕。雜含中,佛親命以半座,手授僧伽梨,易迦葉所著大衣〔一〇〕,於大眾中稱讚頭陀大行。四分:佛三月靜坐,唯除一供養人〔一一〕。時有六十頭陀,往至佛所,為佛讚歎,名供養佛人。

十住婆沙〔一二〕:阿練若比丘,略說十利,盡形不應捨〔一三〕:一、自在來去;二、無我、我所;三、隨意無障;四、心樂習空處;五、住處少欲少事;六、不惜身命,為具功德;七、遠離鬧語;八、雖行功德,不求報恩;九、隨順禪定,易得一心;十、處於空處,易生無礙想。若有因緣,聽入塔寺,有通有局〔一四〕。不同外道,盡形空處〔一五〕。廣說如頭陀品中〔一六〕。

「頭陀」,名通聚落、空野。蘭若、塚間,定出城邑,餘之十行,喧靜通行〔一七〕。

【校釋】

〔一〕頭陀者，漢言「抖擻」，謂抖擻煩惱，離諸滯著　簡正卷一六：「『頭陀』是總名，『十二』是別行。漢無正譯，約義翻為『抖揀』，謂抖揀煩惱者。又唐三藏云：西梵本音『杜多』，此云『搖動』，亦云『洗浣』，即搖動滯著、洗浣三毒等義也。（復有釋云：小乘頭陀，抖揀房、臥具等；大乘頭陀，抖揀煩惱也。如諸經說之。）」（九七三頁上）資持卷下三：「善見初二句翻名。『抖擻』舉棄於物，令盡無餘，從喻為名。『謂』下，釋義。煩惱是惑，滯著即業。」（三九〇頁下）【案】善見卷六，七一二頁上。

〔二〕聖善住意天子經　資持卷下三：「聖善經中，彼經『天子』下有『所問』字。經但示義，頗合論名。」（三九〇頁下）【案】聖善住意天子經卷三，大正藏第一二冊，一二九頁上。

〔三〕抖擻貪欲、瞋恚、愚癡、三界、六入，一一別論　資持卷下三：「『抖擻』即能治之智，欲、恚、癡，即所治煩惱。一一別論者，彼云：抖擻貪欲，抖擻瞋恚，抖擻愚癡，抖擻三界，抖擻內外六入。（六塵為外，六根為內。）今鈔總牒，故此指之。」（三九〇頁下）簡正卷一六：「欲、色、無色，三也。色、聲、香、味、觸、法，為六也。六根為能入，六境為所入。如於上妙好色起貪，中色起痴，下色起瞋。餘五皆爾，即成十八，一界十八。三界計都五十四，故曰別論。如此皆應離著。」（九七三頁上）鈔批卷二六：「諸各有別別對治三界煩惱。故法華經云『滅三毒，出三界』，即其義也。及對治六入、煩惱，此亦可知也。」（一〇頁下）

〔四〕又云：我說此人能善抖擻　資持卷下三：「『又』下，次歎修、說。初歎修，故云能善。『如是』下，歎說。」（三九〇頁下）

〔五〕不取不捨，不修不著，我說此人能說頭陀　鈔批卷二六：「不取不捨者，私云：是為中道觀，不修不著也。竇云，聖住意經下卷云：抖揀貪、欲、瞋、恚、愚、痴（【案】『痴』疑『癡』。），抖揀三界內外六入，我說彼人能說抖揀。如是抖揀，若不取不捨、不修不著、非不著，我說彼人能說頭陀。（述曰：）謂因抖揀而能證理，不取不捨。既證理已，能依自所證為人宣說，故云我說彼人能說頭陀。」（一〇頁下）資持卷下三：「『不取不捨』謂於法離有無二執，『不修』謂不取所修行。不者（【案】『者』前疑脫『著』字。），謂不取所證道。彼云：無有少法可取。既無所取，則無所捨。又無自他兩修，則無所證著故。（不見自修，不見他修）。」（三九〇頁下）

〔六〕**增一阿含**　簡正卷一六：「若毀議頭陀，同佛無別，似佛常讚故。頭陀依戒行，即令法久住。失頭陀者，既毀戒，不能抖挄，違佛制故名逆。非我滅者，非是如來滅，此行佛佛皆作。此說不獨釋迦，不得入清淨頭陀眾。」（九七三頁上）資持卷下三：「引文有五。增一中，毀讚同佛者，欲明損益重故。」（三九〇頁下）【案】此節說頭陀之德。增含卷五，五七〇頁上。

〔七〕**毀破禁戒失頭陀，以造逆故非我滅，如過去佛之所說，破淨戒者不入眾數**　鈔科卷下三：「『十』下，彰勝利。」（一二〇頁下）資持卷下三：「準彼，乃是七字偈。今鈔第四句下多『數』字，恐是後人妄加。彼文但訶『破』。由破戒故，失頭陀行，則彰破戒過重也。初句示過；次句明過重，謂同五逆，佛所不救。下二句引證。不入眾者，即二種僧中，此據犯初篇為言。」（三九〇頁下）鈔批卷二六：「案十輪經第五卷初云，時金剛藏菩薩以偈問佛言：『毀破禁戒失頭陀，以造逆故非我滅，如過去佛之所說，破淨戒者不入眾，諸有一切沙門事，猶如燋炷皆棄捨，四方眾僧資生業，悉不聽取微少分。若犯四重根本罪，為眾棄捨如死屍。云何此經說忍辱，於惡比丘起悲心，遮制一切諸摘罪，復令供養惡比丘。』看此文問意，從前經生。」（一〇頁下）前經云：破戒比丘，一切僧事利養，皆不預分，又不聽國王、大臣摘罰。何以若斯？故致此同（【案】『同』疑『問』。）。上言『以造逆故非我滅』，只喚破戒為逆。由破戒故，自滅頭陀，非我我（原注：『我』字疑剩。）令頭陀失，故曰『非我滅』。」（一一頁上）【案】大方廣十論經卷五，大正藏第一三冊，七〇二頁上。

〔八〕**華手經**　簡正卷一六：「『彼云迦葉在事提可山（【案】經作『韋提訶山』。）帝釋石室，與五百比丘俱止，其中皆行十二頭陀等行。」（九七三頁上）大迦葉於石室中，忽然不現，來至佛所。世尊遙見，告諸比丘：『汝等觀大迦葉，此人常行阿練若行。』佛命善來就此半座。佛移身時，大千振動，迦葉合掌。白言：『我是第子，不敢從命也。』」（九七三頁下）【案】華手經卷一，大正藏第一六冊，一二七頁中～下。

〔九〕**辭讓不受**　資持卷下三：「彼云：我見聖王尚以為難，況復得與分床共坐？我今得見，親近咨請，已為大利。況乃見命，分床共坐？甚為希有。如來深具慈、悲、喜、捨等。」（三九〇頁下）

〔一〇〕**佛親命以半座，手授僧伽梨，易迦葉所著大衣**　資持卷下三：「雜含緣同，但加易衣稱讚為異。彼明佛在祇桓，諸比丘見迦葉著麤衣來，起於慢心，佛即易衣以息彼慢。由行苦行，佛尚尊敬，則知功勝矣。」（三九〇頁下）

〔一一〕**佛三月靜坐，唯除一供養人** 鈔批卷二六：「案四分云：佛在舍衛國，住處多
　　諸比丘尼、憂婆塞、憂婆夷、國王、大臣、外道、沙門、婆羅門。世尊告諸比
　　丘：『我欲三月靜坐思惟，無使外人入，唯除一供養人。』諸比丘便自立制限：
　　若有入者，犯波逸提。爾時，長老和先與波羅國六十比丘盡是十二頭陀者，詣
　　舍衛國祇洹精舍。問諸比丘：『如來在何處，我欲往見？』答言：『世尊三月靜
　　坐，唯除一供養人。若有入者，作提懺。』和先問言：『世尊有如是語耶？』
　　答：『我等諸比丘自立制耳。』和先云：『我不用汝制。何以故？佛有如是語：
　　佛不制者，不應制，已制者，不應違。我等悉是阿蘭若，乃至持三衣人，得隨
　　意問訊世尊。』即詣佛所，慰問已。問言：『汝不聞餘比丘語耶？』答：『聞餘
　　比丘語。我與波羅國六十比丘。（一一頁上）俱是蘭若，持三衣，故來問訊世
　　尊。』佛言：『善哉！善哉！汝等真是練若，乃至持三衣，得隨意問訊世尊。
　　若復有如汝者，亦得隨意問訊世尊。』善見云：世尊何故三月靜坐？世尊遍觀
　　眾生，於此三月中無得道者，是以靜坐。諸比丘等，不解我意，立非時制等
　　也。多論云：佛為諸天說密法故。大論師說云：不欲令外道譏謗故，以常見佛
　　馳騁諸國，謂直棲棲，內無實法，是故靜坐。又，欲令將來弟子作軌則故。十
　　誦中，欲令多畜衣故，故我靜坐。即四分云：因靜坐，讚歎頭陀諸比丘故，行
　　因捨衣成積是也。別儀云：迦葉分衛，佛命同床。和先節食，名真供養。」（一
　　一頁下）【案】四分卷四一，八五九頁下～八六○頁上。

〔一二〕**十住婆沙** 簡正卷一六：「彼明練若比丘樂靜有十利，不應捨此行也。若有因
　　緣等者，聽入塔寺不同。外道一制無開，不許入城；常居蘭若，有十緣聽捨：
　　一、供給病人，（九七三頁下）二、為病人求藥，三、為病者求看病人，四、
　　為病人說法，五、為餘人說法，六、聽教化，七、為供養大德，八、為供給聖
　　眾，九、為讀誦經，十、教他讀誦經。有上諸緣，佛聽至入塔寺也。」（九七
　　四頁上）資持卷下三：「論明十二頭陀各具十利，且引練若一種，以彰多利故。」
　　（三九一頁上）

〔一三〕**略說十利，盡形不應捨** 資持卷下三：「言略說者，明不盡故；言盡形者，明
　　要期故。次，列相：初，謂身無所屬；二、謂無物所繫；三、即不為他阻；四
　　中，論云：心轉樂習阿練若住處，謂樂靜之心，轉增勝故；五、謂無所營求；
　　六、謂空處無畏，以彰本志；七、離喧潰；八、以獨處閑靜，無所為故；九、
　　凡修禪定，必託靜緣故；十、無礙想者，謂空三昧，論作無障礙想者。」（三
　　九一頁上）

〔一四〕**若有因緣，聽入塔寺，有通有局**　鈔批卷二六：「私云：佛法隨機，行藏任時，（一一頁下）故有通塞。若外道法，一閉不開。」（一二頁上）資持卷下三：「『若』下，三、示緣開。有因緣者，論云：一、供給病人，二、為病人求醫藥，三、為求看病人，四、為病人說法，五、為餘人說法，六、聽法教化，七、為供養大德，八、為供給聖眾，九、為讀誦深經，十、教他令讀深經。有通局者，給緣有無也。」（三九一頁上）

〔一五〕**不同外道，盡形空處**　資持卷下三：「外道一制無開，故不同之。」（三九一頁上）鈔批卷二六：「濟云：外道一制無開。在蘭若之中，若苦行，則終身不許入城；若入，則諸外道擯之也。故玄弉法師初發西域歸之前，彼戒日王欲顯弉之德，乃語曰：朕欲大作論場試師，師制，然後放師歸東土。竟於城中，擊論皷，盛集七眾及外道，於恒水邊，令弉登論席，四眾作難。經於七日，奬（【案】『奬』疑『奘』。次同。）竟不屈。初從城中，奬與戒日王及戒賢論師同載一船，往趣論場。道逢一外道，於高幢頭立，幢上著盤，其人立上，合掌向日，從朝至暗，視日不息，至夜方下。如是終身，奬欲化之。戒賢勸莫往，化不可得。弉往由增誘喻，令入佛法出家。外道答言：『我亦知佛法勝我之法，然我祖父相承此業，終無改期，化竟不得。』」（一二頁上）

〔一六〕**廣說如頭陀品中**　資持卷下三：「下指彼品，文見十三、十四。」（三九一頁上）【案】十住毗婆沙論卷一六、十七，二六冊。另解脫道論卷二也有頭陀品，三二冊。

〔一七〕**蘭若、塚間，定出城邑，餘之十行，喧靜通行**　鈔科卷下三：「『頭』下，料簡通塞。」（一二〇頁中）資持卷下三：「簡行通局，謂二局、十通也。喧靜即目聚蘭。」（三九一頁上）簡正卷一六：「辨通局也。（玄云：料簡也。）『喧』即城邑，『靜』謂山間。」（九七四頁上）鈔批卷二六：「謂十二頭陀中，有蘭若、塚間二法，要出城邑之外；餘十，通空聚也。唯願律師不許此義。謂就處五中，蘭若一處是位，餘塚間、樹下等四是別。若在聚落，雖露坐塚間等，不名頭陀也。就食四中，乞食一法是位，若一揣一坐是別。以乞得食，（一二頁上）制一揣一坐不作殘食，名為頭陀。若食僧食，縱令一坐一搏等，不名頭陀。然律無此文，但願律師自釋也。」（一二頁下）

二、列數者

位分為四：謂衣、食、處及威儀也。

先出相生次第，後一一列行〔一〕，各辨方法。

初，衣服中者

衣是資道之緣，濟身最要，故先就外資，以明知足〔二〕。若於此衣〔三〕，取不得方，廣生罪累，為惡業所纏──縛在三有，障礙出道，即非頭陀。是故，教諸比丘，於彼外資，少欲知足，受取有方〔四〕，趣得資身長道便罷，即是頭陀，離諸貪著。故衣中立二：一者納衣〔五〕，二者三衣〔六〕。

雖得衣以障身，內有飢虛等惱，寧堪進業。故就食中，立四頭陀：一者，乞食；二、不作餘食法；三、一坐；四、一摶也。

然衣食乃具〔七〕，修道義立。若處在慣鬧，心多蕩亂；必托靜緣，始成正節〔八〕。是以於處，立五頭陀〔九〕，謂：蘭若、塚間、樹下、露坐、隨坐。

上來三種，竝是助緣〔一○〕。若繫念思量，斬纏出要〔一一〕者，無過坐法，故於威儀，立一「常坐」。

二、列名行體〔一二〕

初，納衣〔一三〕者。

四分云：捨檀越施衣，著糞掃衣〔一四〕。十住婆沙〔一五〕云：比丘欲具足行持戒品，應著二種衣，謂：居士施、糞掃得也。以有十利故：一、慚愧〔一六〕；二、障寒熱毒蟲；三、表示沙門儀法；四、一切天人見法衣，尊敬如塔；五、厭離心者染衣，非貪好〔一七〕；六、隨順寂滅〔一八〕，非為熾然煩惱〔一九〕；七、由著法衣，有惡易見〔二○〕；八、更不須餘物莊嚴〔二一〕故；九、隨八聖道〔二二〕故；十、我當精進行道〔二三〕，不以染汙心於須臾間。寶梁經：周那沙彌洗糞掃衣，諸天取汁自洗身〔二四〕。

二者，三衣。

四分：捨諸長衣，著三衣〔二五〕。論云：但有三衣，更不畜餘衣〔二六〕。有十利：一、於三衣外，無求受疲苦；二、無守護疲苦；三、所畜物少；四、唯身所著為足；五、細戒行〔二七〕；六、行來無累〔二八〕；七、身體輕便；八、隨阿練若處住〔二九〕；九、處處住，無顧惜；十、隨順道行〔三○〕。

三、乞食法。

善見云：三乘聖人，悉皆乞食〔三一〕。

薩婆多〔三二〕，受乞食法者：一、以在眾因緣故，多諸惱害〔三三〕。

二、以鞭打，僧祇人民共相瞋惱，多諸非法，食不清淨〔三四〕。三、以觀他意，色心不安〔三五〕。四、少欲知足，修四聖種〔三六〕。受檀越請，亦有過失：以請因緣，先麤者更令精細；若少勸多，若無兼味〔三七〕，教增眾饌；心有希望，即非少欲聖種之法，常懷彼我得失之心。若乞食者，蕭然〔三八〕無繫，意無增減。又，眾食有盡〔三九〕，乞食無窮，佛教弟子，修無盡法。

四分〔四〇〕：蘭若比丘，入村乞食者，清旦淨浣手，至衣架邊，一手舉衣，一手挽取抖擻。著七條〔四一〕已，襵大衣著肩上，若鉢囊中，執打露杖在道行〔四二〕。常思惟善法〔四三〕。若見人，先問訊〔四四〕，言「善來」。若近聚落，便著大衣〔四五〕；至於村門，應看巷相、空處相、第一門相、第七門相〔四六〕；右手捉杖，左手持鉢，道側而行，次第乞食〔四七〕。若俗人送食，不得迎取，除喚來往取〔四八〕。不得強乞，應知，當得者立待〔四九〕；得食已，作念言：「此為賊食，此自食〔五〇〕。」乃至出村〔五一〕，安鉢著地，襵僧伽梨，如前進不。至蘭若處，方共〔五二〕食之。僧祇云：若乞食時，不得語云：「與我食，得大富。」當在現處，默然而立〔五三〕。十誦：乞食，得入三重門〔五四〕，至庭中，三彈指，不得，便去〔五五〕。食時，先噉熟〔五六〕者，後噉生菜果等。

十住云，乞食十利：一、所用活命，自屬不屬他〔五七〕；二、施我食者，令住三寶〔五八〕，然後當食；三、施我食者，當生悲心〔五九〕；四、順佛教行；五、易滿易養〔六〇〕；六、行破憍慢法〔六一〕；七、無見頂善根〔六二〕；八、見我乞食，餘修善法者效我〔六三〕；九、不與男女大小，有諸緣事〔六四〕；十、次第乞食，於眾生中，起平等心〔六五〕。

善見云「分衛〔六六〕」者，乞食也。

僧祇，迦葉發願：乞食，初得施與僧尼，後得者自食。智論：佛將釋子去迦毗羅城五十里住，來往入城乞食，皆竝告苦，因說「不寐夜長，疲極道長，愚生死長〔六七〕」等法。增一云：大目連乞食，為梵志所圍〔六八〕，瓦石打，骨肉爛盡。為往業故，還見舍利弗，便入滅度。舍利弗先入滅度，為患重故〔六九〕。三界諸天墮淚如雨〔七〇〕。故知業能隨逐，至聖不免〔七一〕，但斷總報惡業，別報不亡〔七二〕。

四、不作餘食法〔七三〕。

由食多無度，妨道業故。智論：由求小食、中食、後食，則失半日

之功〔七四〕。佛法為行道故，不為益身〔七五〕，如養馬、養猪等。

五、一坐食〔七六〕者。

論云：先受食處，更不復食〔七七〕。有十利故：一、無有求第二食疲苦〔七八〕；二、於所受輕少〔七九〕；三、無有所用疲苦〔八〇〕；四、食前無疲苦〔八一〕；五、入細行食法〔八二〕；六、食消後食；七、少妨患；八、少疾病；九、身體輕便；十、身快樂。智論云：有人雖一食，而貪心極噉，腹脹氣塞，妨廢行道，故受節量食〔八三〕。三千云：不得數數食，應一食，以長婬、怒、癡結，不異俗人〔八四〕。

六、一揣食〔八五〕。

謂數受益故，貪心則多；今總受內鉢中，斟量取足，更不受益〔八六〕。

解脫道論：節量食〔八七〕，斷於貪恣故，取盡二十一揣等。如彼十二頭陀品中，廣有對治〔八八〕。智論：節量食者，隨所能食，三分留一，則身輕安隱，易消無患。如經中說〔八九〕，舍利弗云：「我若食五口、六口，足之以水，則足支身。」於秦人食，可十口許〔九〇〕。

七、阿蘭若處〔九一〕者。

智論：名遠離處，最近三里，能遠益善〔九二〕。餘諸雜行，如第六十八卷中〔九三〕。四分云：空靜處〔九四〕，去村五百弓——弓長四肘，用中肘量也。則一肘長一尺八寸，六尺為步，積之便有若干里〔九五〕也。中國，僧寺竝在城外，尼寺城內〔九六〕。十誦云繞祇桓虎吼〔九七〕。此寺去舍衛城南千二百步〔九八〕。薩婆多云：去村一拘盧舍。此云一鼓聲〔九九〕。謂蘭若閑靜處，不令聞村中鼓聲，恐亂諸坐禪比丘。

若「僧」「衣」二種蘭若，如前明〔一〇〇〕。

僧祇〔一〇一〕：阿蘭若比丘，不得輕聚落比丘。應讚言：「汝聚落中住，說法教化，為法作護，覆廕我等。」其聚落者，不得輕練若比丘云：「汝希望名利，與禽獸同處。從朝竟日，止可數歲耳。」應讚言：「汝遠聚落，在閑靜處思惟，上業所崇〔一〇二〕，此乃難行之處，能於此住而息心意等。」

八、塚間坐者。

十住論：謂在死人間住者，隨順厭離心〔一〇三〕故。常止宿死人間，有十利〔一〇四〕：一、常得無常想〔一〇五〕；二、得死想〔一〇六〕；三、得不淨想〔一〇七〕；四、一切世間不可樂想〔一〇八〕；五、常得遠離一切所愛

人〔一〇九〕；六、常得悲心〔一一〇〕；七、遠離戲調〔一一一〕；八、心常厭離；九、勤行精進；十、能除怖畏〔一一二〕。

九、樹下坐。

智論云：樹下思惟。如佛生時，成道、轉法、入滅，皆在樹下〔一一三〕。行者隨諸佛法，常處樹下。論云〔一一四〕：樂不處覆地，有十利〔一一五〕，所謂：無有房舍、臥具、所愛、受用疲苦，及隨四依法〔一一六〕，易得無過，復無有眾鬧等。

十、在露地者。

智論云：我觀樹下〔一一七〕，如半舍無異，蔭覆涼樂，又生愛著。便受露地，月光遍照〔一一八〕，空中明淨，易入空定。

增一云：比丘，因緣和合，乃有此身〔一一九〕。骨有三百六十，毛孔九萬九千，脈有五百，筋亦五百，蟲八萬戶。當常思學，名最空法〔一二〇〕。

善見：若受上頭陀法，在樹下〔一二一〕，若在空地，乃至不得以袈裟為屋，不得將僧臥具在外受用；若能愛護，乃至袈裟覆，不令濕，得用。受中頭陀者，無雨時露地，雨時屋下，得用僧臥具〔一二二〕。

論云，十利〔一二三〕故：一、不求樹下；二、遠離我所有；三、無有諍訟；四、若餘去，無顧惜；五、少戲調〔一二四〕；六、能忍風雨、毒蟲、寒熱；七、不為音聲、荊棘所刺〔一二五〕；八、不令眾生瞋恨〔一二六〕；九、自亦無有愁恨〔一二七〕；十、無眾鬧行處〔一二八〕。如來依大畏林〔一二九〕：風雨交流，晝入林中，夜便露坐。或村人以木枝著耳鼻中，或加屎尿及以土坌，終不起意向彼，云云。

十一、隨坐〔一三〇〕者。

論云：隨所得坐處，不令他起〔一三一〕。有十利：一、無求好精舍住疲苦；二、無求好臥具疲苦；三、不惱上座〔一三二〕；四、不令下座愁惱〔一三三〕；五、少欲〔一三四〕；六、少事〔一三五〕；七、趣得而用；八、少用則少務〔一三六〕；九、不起諍因〔一三七〕；十、不奪他所用。

十二、常坐不臥〔一三八〕者。

薩婆多云：加趺坐者，將正心故〔一三九〕。然始正身，異外道故，生人信心。故三乘人，皆以此坐悟道。

解脫道論云夜常不臥〔一四〇〕也。如決定王經中，有四法〔一四一〕：一、乃至彈指頃，於眾生中不生瞋心；二、不應與一時頃，使睡眠覆心；三、

引導眾生，使得阿練若功德；四、晝夜不離念佛。餘如論說〔一四二〕。

十住論說十利〔一四三〕：一、不貪身樂；二、不貪睡眠樂；三、不貪臥具樂；四、無臥時脇著席苦〔一四四〕；五、不隨身欲〔一四五〕；六、易得坐禪；七、易讀誦經〔一四六〕；八、少睡眠；九、身輕易起；十、求坐臥具衣服心薄。

四分中，蘭若比丘，敷好臥具安眠。佛言：「不應爾；應初夜、後夜，警意思惟。」所為出家，為存出要。「觀行法」如後說〔一四七〕。智論云：身四威儀，坐為第一，食易消化，氣息調和；求道者，大事未辦，煩惱賊常伺其便，不宜安臥〔一四八〕。若欲睡時，脇不著席〔一四九〕。

【校釋】

〔一〕先出相生次第，後一一列行　資持卷下三：「先出相生，但據總數；後科列行，乃約別數。」（三九一頁上）

〔二〕衣是資道之緣，濟身最要，故先就外資，以明知足　資持卷下三：「初文先敘生起，『故』下後列行相。資道濟身，衣食皆爾。但食有時限，衣必常須，故云最要，明合居先。」（三九一頁上）

〔三〕若於此衣　資持卷下三：「『若於』下，顯須立所以。初，敘過非。」（三九一頁上）

〔四〕少欲知足，受取有方　資持卷下三：「『是』下，示教立。少欲知足者，離貪求也。受取有方者，合制法也。制法如下所示。下之三科，一一並有，躡前生起，列相二段，尋文可分。」（三九一頁上）

〔五〕納衣　簡正卷一六：「納衣為對著檀越施衣人。」（九七四頁上）

〔六〕三衣　簡正卷一六：「對畜長衣者。」（九七四頁上）

〔七〕然衣食乃具　鈔科卷下三：「『然』下，處有五種。」（一二〇頁上）

〔八〕正節　資持卷下三：「『節』謂節行。」（三九一頁上）

〔九〕是以於處，立五頭陀　簡正卷一六：「蘭若、塚間，對聚落居人；樹下、露坐，對畜房舍人；隨坐，對用畜臥具人，若草、若石等。」（九七四頁上）

〔一〇〕上來三種，竝是助緣　鈔科卷下三：「『上』下，威儀有一。」（一二〇頁上）簡正卷一六：「是坐威儀之緣，緣一正是其行。佛坐菩提樹下等。」（九七四頁上）資持卷下三：「前三望坐。『坐』是正修，故名助緣。若望心觀，坐亦緣耳。」（三九一頁中）

〔一一〕若繫念思量，斬纏出要　資持卷下三：「『繫念思量』即修正觀。『斬纏』即破

惑，『出要』即證理。」（三九一頁中）

〔一二〕列名行體　資持卷下三：「下十二種，並首標故。『行體』者，謂一一顯相，示所修故。（舊將『行體』分釋，云『依行目，行十二事』號『體』，非。）」（三九一頁中）扶桑記：「會正：列名行體者，納衣至常坐，是名而行之曰行；隨說十二種事，號體。若今記意，不必行字無心唯體。行體離分，謂納衣行體，捨檀越施衣，受糞掃衣是也。」（三四三頁上）【案】本節明十二頭陀名體，如下按序釋之。

〔一三〕納衣　簡正卷一六：「此上行之人，着之表云：『只唯一細，又不摞相，唯前文中『若入聚落，便施鉤欄』也。迦葉為初，迄今無墜。問：『此與第二三衣何別？』答：『淮南云：即將割截三衣，併為一納，貴輕髮故。（今謂不然：三衣對畜長衣人，納衣對著檀越施故。若將三衣合為一納者，即違教文也。）乾素（【案】『乾』疑『懷』。）云：三衣各成一納，乃至五條亦是納作。』『若爾，與下三衣何別？』（九七四頁上）答：『下是割截，此納有殊。又，下是檀越施衣，此是糞掃衣也。（今恐不然：未曾見有納衣各為一也。如迦葉但是一衣，若總畜三，即是重滯。雖有此數難，以依承也。）今但據前科以言之，納衣是此科，三衣屬後科也。』」（九七四頁下）

〔一四〕捨檀越施衣，著糞掃衣　資持卷下三：「捨檀越衣者，多過患也。著糞掃衣者，具諸利也。」（三九一頁中）鈔批卷二六：「有云，梵言『謗藪茍腹擔』，此言糞掃衣也。」（一二頁下）

〔一五〕十住婆沙　鈔科卷下三：「『十』下，明勝利。」（一二〇頁下）資持卷下三：「據此論文，通示二衣並具十利。然今所引，正用糞掃，居士施衣，因帶而引。對上律文，別相可見。」（三九一頁中）

〔一六〕慚愧　簡正卷一六：「慜檀越衣難消故捨，愧糞掃衣無事故着。」（九七四頁下）資持卷下三：「由服此衣，不憍逸故。」（三九一頁中）

〔一七〕厭離心者染衣，非貪好　簡正卷一六：「『猒』名衣染此服，不貪好故。」（九七四頁下）資持卷下三：「『者』字傳誤，合作『著』字。論云：以厭離心著染衣，非為貪好故。」（三九一頁中）【案】十住婆沙卷一六，一一一頁下。

〔一八〕隨順寂滅　簡正卷一六：「心不動搖，是寂滅法。今納衣賤物，不起貪心，即心不動也。」（九七四頁下）資持卷下三：「謂少欲順道，多求長惡。」（三九一頁中）

〔一九〕非為熾然煩惱　簡正卷一六：「不着外境故。」（九七四頁下）

〔二〇〕**由著法衣，有惡易見**　簡正卷一六：「遺教經云：當自摩頭，以捨飾好，著壞色衣，執持應器，以乞自活，自見如是。若起憍慢，當疾滅之。」（九七四頁下）鈔批卷二六：「慈云：若有惡起，當觀此衣：『我今披此衣，寧容造惡也？』故遺教云：自見如是，若起憍慢，當疾滅之。」（一二頁下）資持卷下三：「謂檢身。」（三九一頁中）

〔二一〕**更不須餘物莊嚴**　資持卷下三：「為捨飾好。」（三九一頁中）

〔二二〕**隨八聖道**　資持卷下三：「論云隨順修八聖道，以離邪求順正命故。」（三九一頁中）

〔二三〕**我當精進行道**　簡正卷一六：「著此衣非懈怠也。」（九七四頁下）資持卷下三：「謂由服此衣，策勤心行，不染世故。論總結云：見是十利，著二種衣，故知此十不專『糞掃』。準論，糞衣自有十利：一、不以衣故與在家者和合；二、不現乞衣相；三、亦不方便說得衣相；四、不四方求索；五、若不得衣亦不憂；六、得亦不喜；七、賤物易得，無有過患；八、不違初受四依法；九、入在麤衣數中，（謂入糞衣頭陀中故；）十、不為人所貪著。」（三九一頁中）

〔二四〕**周那沙彌洗糞掃衣，諸天取汁自洗身**　鈔科卷下三：「『寶』下，顯功能。」（一二〇頁下）資持卷下三：「彼經云：佛告迦葉，周那沙彌拾糞掃中物，至阿耨達池浣洗，諸天皆遙為作禮，取其浣汁，以自沐浴。（業疏云：由心清淨故。）外道持淨氈，次後將洗，諸天遙遮，勿污池也。（疏云：由邪命得，體不淨故。）然此糞衣，並是世人所棄零碎布帛，收拾鬥綴，以為法衣。欲令節儉，少欲省事，一納之外，更無餘物。今時禪眾，多作納衫，而非法服，裁剪繒綵，刺綴花紋，號『山水納』，價直數千。」（三九一頁中）簡正卷一六：「（表云：周那，羅漢也。今云沙彌，是果中談因。洗衣之時，已受戒了，非謂『沙彌羅漢』。）」（九七五頁上）【案】寶積卷一一四，六四七頁上。

〔二五〕**捨諸長衣，著三衣**　資持卷下三：「捨諸長者，離貪積也。著三衣者，或名但三衣。」（三九一頁下）【案】四分卷四一，八六〇頁上。

〔二六〕**但有三衣，更不畜餘衣**　鈔科卷下三：「『論』下，明勝利。」（一二〇頁中）資持卷下三：「但，猶獨也。三法服外，無別衣故。」（三九一頁下）

〔二七〕**細戒行**　簡正卷一六：「不以諸長物，令此人為犯戒故。」（九七五頁上）資持卷下三：「由離諸長持，奉精微故。」（三九一頁下）

〔二八〕**行來無累**　資持卷下三：「不為物滯故。」（三九一頁下）

〔二九〕**隨阿練若處住**　資持卷下三：「『隨』下，準論有『順』字，謂練若空處，宜少

事故。」（三九一頁下）

〔三〇〕隨順道行　資持卷下三：「以八聖道，離邪命故。」（三九一頁下）

〔三一〕三乘聖人，悉皆乞食　簡正卷一六：「乞食，三世諸佛皆同。又，得死飢長迫；又，福利施主，兼倣効聖人規模也。」（九七五頁上）鈔批卷二六：「礪云：佛自乞食，且論有四意：一、三世諸佛法爾乞食；二、為充驅資身長道，自行益故；三、福利施主及報益故；四、為聲聞弟子彷彿成規故。」（一三頁上）資持卷下三：「三乘皆乞，由此正命是聖種故，折我慢故，離諸惡故，修平等故，生物善故，令行檀度起大行故，令生慈悲下佛種故。」（三九一頁下）

〔三二〕薩婆多　鈔科卷下三：「『薩』下，明制意。」（一二〇頁）簡正卷一六：「『薩婆多』下，明受僧食之過急。」（九七五頁上）【案】「薩婆多」明五意，前四如鈔列，第五為「又，眾食」下。

〔三三〕以在眾因緣故，多諸惱害　資持卷下三：「謂處眾多惱，以食僧食故。」（三九一頁下）

〔三四〕多諸非法，食不清淨　資持卷下三：「謂造食多過。言非法者，或買物侵虧，或損傷物命，或宿煮惡觸，故不清淨也。」（三九一頁下）

〔三五〕以觀他意，色心不安　鈔批卷二六：「慈云：若作直歲維那，常觀他綱維及徒眾，喜恐不如法，故自頑色常，或變或動，心亦戰恐故也。」（一三頁上）資持卷下三：「謂繫屬多患，強顏故色，不安承意，故心不安。」（三九一頁下）簡正卷一六：「不安者，看他顏色，取他意故，但恐停廚。」（九七五頁上）

〔三六〕少欲知足，修四聖種　資持卷下三：「順行四依。」（三九一頁下）【案】第四意，分二：初「少欲知足，修四聖種」明制意；次「受檀越請」下明損益，又分五。

〔三七〕若無兼味　資持卷下三：「『若』下，明乞食之益。兼味，『兼』猶重也。」（三九一頁下）鈔批卷二六：「喚多有菜蔬為兼味也。或可食中加常之味，故曰兼味。」（一三頁上）

〔三八〕蕭然　扶桑記：「即脫離之貌，又云寂靜。」（三四四頁上）

〔三九〕眾食有盡　資持卷下三：「『又』下，即第五。謂即事表法。無盡法者，佛法大海，無源底故。」（三九一頁下）簡正卷一六：「『眾食』下，結乞食益。隨處乞求，無有窮盡。（表云：眾者，諸也。亦不局僧食，為眾知之。）」（九七五頁上）【案】多論卷二，五一二頁下。

〔四〇〕四分　簡正卷一六：「示乞食相也。」（九七五頁上）鈔科卷三：「入聚法。」

（一二〇頁下）資持卷下三：「先明出蘭若法。」（三九一頁下）【案】四分明
著衣、持鉢、行走等法，見卷四九，九三二頁～九三三頁。

〔四一〕著七條　資持卷下三：「著衣、執杖行等，即『身業』。」（三九一頁下）

〔四二〕執打露杖　資持卷下三：「打露杖，謂去草上露水，恐濕衣故；或云執錫驚虫、
獸故。」（三九一頁下）

〔四三〕常思惟善法　資持卷下三：「思惟即『意業』。見人問訊等即『口業』。」（三九
一頁下）

〔四四〕問訊　資持卷下三：「見人問訊等即『口業』。」（三九一頁下）

〔四五〕若近聚落，便著大衣　資持卷下三：「『若近』下，次，入聚行乞法，有六。初，
著衣法。」（三九二頁上）

〔四六〕第一門相、第七門相　資持卷下三：「『至』下，二、瞻視法。至第七門相，以
律制法，不過七家故。若準多論，則有三種次第乞食：一、日到一家得食，則
食不足，則止；二、次第到七家得食，則食不得，亦止；三、次第從家至家，
食足則止，不限多少。後日乞食，還從先次第。準此，隨人標意，受行不同，
則非定制。」（三九二頁上）簡正卷一六：「第一一（原注：『一』字疑衍。），
即第一家乃至第七家也。玄云：然乞食之於諸教不同。若依五分，或至一家，
得食足者善；若不足，許至餘家。足即止也。今文中，至第一相一，至第七一
相，似至第七家為足也。」（九七五頁上）

〔四七〕道側而行，次第乞食　資持卷下三：「『右』下，三、正乞法。『道側』，示謙下
故。『次第』，不擇豪賤故。準下，除惡狗、惡牛等家。楞嚴中，迦葉捨富從貧，
須菩提捨貧從富，俱為佛呵，非平等故。」（三九二頁上）

〔四八〕若俗人送食，不得迎取，除喚來往取　資持卷下三：「『若俗』下，四、受取法。
『迎取』謂見他持來，進前迎受。由乖尊相，故制不得。」（三九二頁上）

〔四九〕不得強乞，應知，當得者立待　資持卷下三：「『不得』下，五、觀時法。」（三
九二頁上）

〔五〇〕此為賊食，此自食　資持卷下三：「『得食』下，六、作念法。準下須留賊分，
或疑賊奪，不專己想，亦薄貪情故也。」（三九二頁上）鈔批卷二六：「對此文
因，引涅槃三十四云，佛言：『若有比丘，發心乞食，預作是念：我當乞食，
願得好者，莫得兼（原注：『兼』疑『麁』。）惡；願必多得，莫令尟少；亦願
速得，莫令遲晚。如是比丘，不名於食得厭離想。所修善法，日夜衰耗；不善
之法，漸當增長。若有比丘，欲乞食時，先當願言：令諸乞者，悉得飽滿；其

施食者，得無量福；我若得食，為療毒身，修習善法，利益施主。住是願時，所修善法，日夜增長，（一三頁上）不善之法，漸當消滅。若有比丘，能如是修，當知是人，不空食於國中信施。』」（一三頁下）

〔五一〕**乃至出村**　資持卷下三：「『乃至』下，後出聚法。如前進不同，上三業行也。」（三九二頁上）

〔五二〕**方共**　扶桑記：「濟覽謂諸家所得，合而食之也。」（三四四頁上）

〔五三〕**當在現處，默然而立**　資持卷下三：「在現處者，令他見故。默然立者，不求自捨，獲大福故。」（三九二頁上）

〔五四〕**三重門**　鈔科卷下三：「『十』下，至家法。」（一二〇頁下）資持卷下三：「三重門者，據有言之，此間俗舍，不喜輒入，止可簾障之外，避譏疑也。」（三九二頁上）

〔五五〕**至庭中，三彈指，不得，便去**　資持卷下三：「使內知故。今或振錫，代之彌善。不便去者，遲留待出，不出方去。」（三九二頁上）

〔五六〕**噉熟**　簡正卷一六：「謂熟藏在下，生藏在上也。」（九七五頁上）資持卷下三：「無所損故。」（三九二頁上）

〔五七〕**自屬不屬他**　資持卷下三：「身得自在。」（三九二頁上）簡正卷一六：「自乞而活命故。」（九七五頁上）

〔五八〕**令住三寶**　簡正卷一六：「不為邪魔可惑也。」（九七五頁上）資持卷下三：「因行勸化。」（三九二頁上）

〔五九〕**施我食者，當生悲心**　簡正卷一六：「能拔苦救一切故。」（九七五頁上）資持卷下三：「謂悲他慳吝，少福德故。彼論續云：我當勸行精進，（行乞不懈。）令善住布施，（發起大行。）作已乃食。（謂作念也。）」（三九二頁上）

〔六〇〕**易滿易養**　簡正卷一六：「食知止足即易滿，不擇善惡即易養。」（九七五頁上）資持卷下三：「一缽即足，趣得支身故。」（三九二頁上）

〔六一〕**行破憍慢法**　資持卷下三：「以生業中，乞最下故。即經云：自見如是，若起憍慢，當疾滅之是也。」（三九二頁上）

〔六二〕**無見頂善根**　簡正卷一六：「頂者，極頭之義也。由行乞食，捨我慢故，後成道，得無見頂相。此相因乞食而生，故號善根。（表云：如無邊身菩薩聞釋迦長丈六，乃運通來看頂相，及至到來，了不可得見其頂也。此且約報以釋。玄記或約法身解，恐疎也。）」（九七五頁上）鈔批卷二六：「如前乞食無盡因，說無見頂報。」（一三頁下）資持卷下三：「謂護勝果，一切諸佛，三十二相

中，無見頂為第一相。因中行乞，卑下於人而感此相，故為善根也。」（三九二頁上）

〔六三〕**餘修善法者，效我** 資持卷下三：「謂導他。」（三九二頁上）

〔六四〕**不與男女大小，有諸緣事** 簡正卷一六：「明受請有此過也。」（九七五頁下）資持卷下三：「即少事。」（三九二頁上）【案】「女」，底本為「子」，據十住婆沙改。

〔六五〕**次第乞食，於眾生中，起平等心** 資持卷下三：「離分別。若受別施，心高下故。」（三九二頁中）【案】十住婆沙卷一六，一一一頁下。

〔六六〕**分衛** 簡正卷一六：「寶云：若梵云『邠茶夜』，或『賓伽耶』，此云乞食也。……或依僧祇明，乞得食已，轉施僧尼，即『分』我已分，『衛』護他身，故云分衛也。」（九七五頁下）資持卷下三：「梵云『分衛』，此翻『搏墮』，以西竺多搏食墮疊盂中故。論云乞食，舉事顯也。」（三九二頁中）

〔六七〕**不寐夜長，疲極道長，愚生死長** 資持卷下三：「次引遠道，以誡辭勞。」（三九二頁中）鈔批卷二六：「立云：西國語倒，合是十五里，是翻譯者過也。何有五十里乞食耶？案智論云：佛成道已，淨飯王令諸釋子出家為佛弟子，佛便將釋子至舍婆提。所以爾者？以其未離欲，若近親里，恐其破戒，故將至舍婆提。令身子、目連等教化之，初夜、後夜，專精不睡，勤修精進，皆得道果。得道果已，佛將還本國，住迦毗羅婆仙人林中。此林去迦毗羅婆城五十里，是諸釋子先遊戲園。諸釋子在舍婆提時，初夜、後夜，專精不睡，故以夜為長。今又從林中來，入城乞食，覺道里長遠。佛知其心。爾時有一師子，來禮佛足，住在一面。以此上三因緣故，佛意說偈：『不寐夜長，疲倦道長，愚生死長，莫知正法。』佛告諸比丘：『汝未出家時，其心放逸，多睡眠故，不覺夜長。今初夜、後夜，專精求道，減省睡眠，故覺夜為長。又此迦羅婆林，汝本駕乘遊戲，不覺為遠，今著衣持鉢，（一三頁下）步行疲極，故覺道長。又，此師子，毗婆尸佛時為婆羅門，師子見佛說法，來至佛所。是時，大眾以聽佛法故，無共語者，意生惡念，發惡罵言：『此諸禿輩，與畜生何異！』不別好人，不知言語，以惡口業故，從毗婆尸佛乃至今日，九十一劫，常墮畜生。此人，爾時意應合得道，以愚痴故，自作生死長久。今於我所，心清淨故，當得解脫。』」（一四頁上）【案】智論卷三三，三〇七頁。

〔六八〕**大目連乞食，為梵志所圍** 資持卷下三：「引遭難，以誡輕動。」（三九二頁中）簡正卷一六：「增一云：目連被執杖梵志團打，還至精舍，見舍利弗，具

述前事。舍利弗問云：『汝其時何，不現通避之？』目連答云：『我本造行，極為深重，要當受執也。』」（九七六頁上）【案】增一卷一八，六三九頁中。

〔六九〕舍利弗先入滅度，為患重故　資持卷下三：「舍利弗先歸本村入滅。舍利弗常患風疾，故云患重。諸天墮淚，悲其去世故。」（三九二頁中）鈔批卷二六：「所以先滅度者，三世佛法，第一弟子皆先佛涅槃，以不忍見佛滅故。又如俗中國王，欲遊行時，大臣必先往。故今此中，文明身子先在目連前滅者，為初悟入佛法，身子在前，今涅槃亦在前也。以身子一生恒病風，兼患頭痛，故言為患重故。」（一四頁上）簡正卷一六：「舍利弗先入滅，為患重也。謂目連：『當初擬先入滅。』舍利弗告云：『汝且小停，先不滅，為順過去諸佛（九七五頁下）上足弟子常住，皆先涅槃。』遂往辭佛，歸於本村滅度。以其舍利弗為風病絕患重故。」（九七六頁上）

〔七〇〕三界諸天墮淚如雨　鈔批卷二六：「問：『既言三界，則無色天，本無其色，如何得言墮淚？復有經言：無色界天，佛邊側立者？』答：『古來解云：無色界天，雖無麤色，而有細色，故言墮淚。今解不然。雖可麤細有殊，莫非俱是其色，何名無色天也。唐三藏解云：然無色天，報處實無其色，但以生於彼者，（一四頁上）皆是定心相應，故入定之力，變其識故，為其色身，故能佛邊側立，或復墮淚。』」（一四頁下）簡正卷一六：「問：『無色有情，因何有淚？』答：『准大乘，雖無麤色，而有細色。若准婆沙，無業果色，而有定果色。從定而起，色身有淚。』」（九七六頁上）

〔七一〕故知業能隨逐，至聖不免　資持卷下三：「『故』下，顯業，初二句，歎業力。由二尊者，並償先業故。」（三九二頁中）

〔七二〕但斷總報惡業，別報不亡　資持卷下三：「『但』下，示牽報。斷總報業者，以破見思業根，永喪不墮三惡道故。別報，即遭打及病，故亡無也。」（三九二頁中）簡正卷一六：「修苦至忍位，便免地獄總報。今目連即受別報，明今乞食是佛勝行，不得辭勞。若嫌，即是嫌法，同彼愚痴輩也。」（九七六頁上）

〔七三〕不作餘食法　資持卷下三：「由先食正食，堪充一飽。日未中前，若欲更食開，作餘食法已食之。法式具在隨相。上根少欲，不受此開，故得名耳。」（三九二頁中）

〔七四〕由求小食、中食、後食，則失半日之功　資持卷下三：「智論中，上明營求，證上無度。後食即餘食。失半日者，證上妨業。」（三九二頁下）簡正卷一六：「小食是粥，中食即業（原注：『業』字未詳。），後食即餘食池也。」（九七

六頁上）鈔批卷二六：「立謂：是小食，齋是中食。若作餘食法，名為後食。」
（一四頁下）扶桑記：「三藏法數解後食為過中食者，謬之甚也。設不頭陀，
而有比丘非時食耶？」（三四四頁下）

〔七五〕佛法為行道故，不為益身　資持卷下三：「十住婆沙無此二行，故如下諸部異
行中明之。」（三九二頁下）【案】智論卷六八，五三七頁下。

〔七六〕一坐食　資持卷下三：「謂但一食，不同前行，猶受小食。」（三九二頁下）

〔七七〕先受食處，更不復食　簡正卷一六：「文勢似約處不重受，若捨此處，札（【案】
『札』疑『於』。）餘處更受，即乖一坐食也。准下十利中。」（九七六頁上）
【案】「復」，底本為「得」，據大正藏本、貞享本及十住婆沙改。十住婆沙卷
一六，一一四頁下。

〔七八〕無有求第二食疲苦　鈔批卷二六：「別處亦不許再食也。」（九七六頁上）簡正
卷一六：「若食小食，即要求第二食，人一坐便止，故無求第二食也。」（九七
六頁上）資持卷下三：「以飽食之人多不念道，但增長三毒，非道人故。」（三
九二頁下）

〔七九〕於所受輕少　資持卷下三：「謂無所餘故。」（三九二頁下）

〔八〇〕無有所用疲苦　資持卷下三：「謂無作務之煩。」（三九二頁下）簡正卷一六：
「既一度受食，無有所用食器數珠疲苦也。」（九七六頁上）資持卷下三：「以
飽食之人多不念道，但增長三毒，非道人故。」（三九二頁下）

〔八一〕食前無疲苦　簡正卷一六：「謂一坐食未食之前，無有求不食等疲苦。」（九七
六頁上）

〔八二〕入細行食法　簡正卷一六：「若數（【案】『數』，義即多次。）食，與俗不殊，
名為麁行。今一坐食便止，名細行也。」（九七六頁上）

〔八三〕受節量食　資持卷下三：「有行一食，恐飢多噉，故有此過。節量食法，文見
下科」（三九二頁下）扶桑記：「濟覽：準十二頭陀經，以『一坐』與『節量』
為二，則節量一搏異名歟！」（三四五頁上）

〔八四〕不異俗人　資持卷下三：「以飽食之人多不念道，但增長三毒，非道人故。」
（三九二頁下）【案】三千卷一，九一四頁中。

〔八五〕一搏食　簡正卷一六：「謂和合一處，斟量得足，方食盡廿，即斟量取足也。」
（九七六頁下）鈔批卷二六：「私云：一鉢食是也。」（一四頁下）

〔八六〕斟量取足，更不受益　鈔科卷下三：「初，標示行體。」（一二〇頁中）資持卷
下三：「一盂之外，更不受益，與前復異。」（三九二頁下）

〔八七〕**節量食** 鈔科卷下三：「『解』下，節量對治。」（一二〇頁中）資持卷下三：「即『一坐』異名。二十一揣，彼土揣食，此方不爾，宜約口論。此方人小，準下可十口許。應隨人增減，不必一定。」（三九二頁下）鈔批卷二六：「案彼論第二卷頭陀品中明十三頭陀，加『常節量食』。文云：『云何節量食？』『若食飲無度，增身睡重，常生貪樂，為腹無猒，知是過已，見節量功德。我從今日斷不（【案】經中為『斷不』，『不』疑剩。或可『斷不』分為兩句。）貪恣，節量食，謂籌量所食，不恣於腹，除貪滅病，斷諸懈怠，善人所行。』」（一四頁下）【案】解脫道論卷二，大正藏第三二冊，四〇四頁中。

〔八八〕**十二頭陀品中，廣有對治** 鈔批卷二六：「廣有對治者，案解脫道論云：『云何受糞掃衣？』『謂斷居士施。』『云何受三衣？』『謂斷長衣過。』『云何乞食？』『謂斷他請。』『云何次第乞？』『謂斷超越。』『云何節量食？』『謂斷於貪恣。』『云何樹下坐？』『謂斷屋舍住。』『云何冢間？』『謂斷餘勝處？』『云何常坐不臥？』『謂離寢寐。（云云。）』下則一一解：受居士施有某過，受長衣有某過，受他請有某過，乃至貪恣食、屋下住，各有其過。」（一四頁下）

〔八九〕**如經中說** 簡正卷一六：「玄云：智論自指，不出經名。」（九七六頁下）資持卷下三：「『如』下，論家自引經證。」（三九二頁下）

〔九〇〕**於秦人食，可十口許** 簡正卷一六：「謂彼是乾釜飯，此是溫飯，半是水，故彼五、六，當此十口計，引此足之。」（九七六頁下）資持卷下三：「彼人身大，故五、六口可為此方十口也。」（三九二頁下）【案】智論卷六八，五三八頁上。智論由鳩摩羅什譯於姚秦世，故文中稱中土者為秦人。

〔九一〕**阿蘭若處** 鈔批卷二六：「出要律儀音義云，西音『阿蘭若伽』，此言『寂靜處』也。」（一四頁下）

〔九二〕**名遠離處，最近三里，能遠益善** 鈔科卷下三：「初，定量遠近。」（一二〇頁下）資持卷下三：「智論遠離處者，對村聚為名，三里極近，減則不成。」（三九二頁下）

〔九三〕**餘諸雜行，如第六十八卷中** 資持卷下三：「論云：得身遠離已，亦當令心遠離五欲、五蓋等，及廣明十二上行，尋彼看之。（文見六十七。此間藏經分卷不定。）」（三九二頁下）鈔批卷二六：「智論名遠離處，最近三里，乃至雜行，如第六十八卷中者。」（一四頁下）【案】參見智論卷六八，五三七頁下。

〔九四〕**空靜處** 資持卷下三：「就當體為名。」（三九二頁下）

〔九五〕**若干里** 簡正卷一六：「玄記云：一弓四肘，肘長尺八，四八三十二，此一弓

成七尺二寸，十弓有七丈二尺。以步法步之，一步六尺，十步六丈，二六十二，一丈二尺，又得兩步足，前成十二步，十弓十二步，百弓一百二十步，五百弓成六百步為一里，則成一里二百四十步也。（有記中筭云：一弓四肘七尺二寸，百百弓成三千六百尺，合成六百步，即成二里也。云云。）」（九七六頁下）資持卷下三：「弓有七尺二寸，百弓七十二丈，五百弓計三百六十丈。六尺為步，六十丈為百步，三百六十丈為六百步，即為二里。」（三九二頁下）【案】「干」，底本、簡正、資持作「千」，據大正藏本及義改。

〔九六〕僧寺竝在城外，尼寺城內　資持卷下三：「『中國』下，引士通。初示彼土寺法。尼恐陵辱，故須城內。」（三九二頁下）【案】資持釋文中，「中國」指中天竺。

〔九七〕繞祇桓虎吼　簡正卷一六：「引此，證在城外。十通云去城三里。」（九七六頁下）鈔批卷二六：「引此文證僧寺在城外蘭若也。案十通云：佛在舍衞國，時有虎狼殺鹿食已，餘長。諸比丘見殘肉，持還。時虎飢，起覓殘鹿，遶祇洹吼聲。佛問阿難：『虎何故吼？』阿難具答。佛言：『從今不得取虎殘，犯吉羅。何以故？虎不斷望故。若取師子殘，無犯。何以故？師子斷望故。』」（一五頁上）【案】十通卷三九，二八六頁。

〔九八〕千二百步　資持卷下三：「繞寺虎吼，可驗遠城千二百步，三百步為里，則四里也。」（三九二頁下）

〔九九〕一鼓聲　資持卷下三：「一鼓聲間，準集僧中解，即有二里，頗同四分。然諸文不同。宜以本宗為準，如前智論，能遠益善。」（三九二頁下）【案】多論卷五，五三八頁中。

〔一〇〇〕若「僧」「衣」二種蘭若，如前明　簡正卷一六：「僧界無難，五里衣界。如隨相『護衣戒』中明之。」（九七六頁下）鈔批卷二六：「謂集僧通局中明僧蘭若界也。隨相『護衣戒』中，明衣界蘭若也。此明頭陀蘭若。」（一五頁上）資持卷下三：「指僧衣者，名同相別，恐相濫故。準僧，蘭若無難五里，有難五十八步四尺八寸，如集僧篇。護衣蘭若，七十餘步，如『離衣戒』。」（三九三頁上）

〔一〇一〕僧祇　鈔科卷下三：「『僧』下，引誡毀聖。」（一二一頁下）資持卷下三：「三中。以事情相反，人喜相輕。增過滅法，故聖特制。」（三九三頁上）【案】僧祇卷三五，五一〇頁上。

〔一〇二〕上業所崇　資持卷下三：「業即是行。崇，猶重也。謂上行中，尤重蘭若故。

（十利如前。）」（三九三頁上）

〔一〇三〕在死人間住者，隨順厭離心　資持卷下三：「引論名別，則知此法不必塚墓。」（三九三頁上）鈔批卷二六：「本猒世間，不可樂想。今既在死人中住，隨順此心也。離一切所愛人，即六親等。（九七六頁下）又，在塚間，常悲一切，悉皆歸此，此心常得也。在塚間，常起悲心，有何戲調？又，見死屍骨肉，狼藉臭穢，故心常猒離此不淨身也。又，怖畏之中，無過於死，今能塚間，更有何怖也！」（九七七頁上）【案】十住婆沙卷一六，一一五頁上。

〔一〇四〕十利　資持卷下三：「前『四想』者，『想』即是觀。」（三九三頁上）

〔一〇五〕常得無常想　資持卷下三：「一切有為法，有二種：一、眾生，二、國土，（即有情、無情也。）是二皆新，新生滅故，無常也。乃至別歷色、心、陰界、入等，一一皆然。由對死境，觀行現前，是故論中並標『常』字。智論云：因是屍故，觀一切法，易得無常相是也。」（三九三頁上）

〔一〇六〕死想　資持卷下三：「謂一期果報，常為二種死之所逐，（分段死、變易死。）則出息不報入息也。」（三九三頁上）

〔一〇七〕不淨想　資持卷下三：「觀自他身，內有三十六物，（如戒疏說。）外則九孔，惡露常流，從生至終，無一淨也。」（三九三頁上）

〔一〇八〕一切世間不可樂想　資持卷下三：「觀二種世間：一者眾生，二者國土，皆有過惡，無可樂也。（上並依法界次第釋。）」（三九三頁上）

〔一〇九〕遠離一切所愛人　資持卷下三：「謂因觀死屍，即於顏色心不繫故。」（三九三頁上）

〔一一〇〕悲心　資持卷下三：「傷其世相。」（三九三頁上）

〔一一一〕遠離戲調　資持卷下三：「因悲不樂。」（三九三頁上）

〔一一二〕能除怖畏　資持卷下三：「常見死屍，無餘怖故。」（三九三頁上）

〔一一三〕佛生時，成道、轉法、入滅，皆在樹下　資持卷下三：「引智論明所效。佛在無憂樹下生，菩提樹下成道，吉祥樹下轉法輪，娑羅樹下入涅槃。」（三九三頁上）

〔一一四〕論云　簡正卷一六：「十住論也。」（九七七頁上）

〔一一五〕十利　資持卷下三：「十住示十利，文出七利，今具引之。一、無有求房舍疲苦；二、無有求臥具疲苦；三、無有所愛疲苦；四、無有受用疲苦；（今文以無有疲苦，上下括之中間，別列四事。）五、無處名字；（謂無住處名

也。）六、無鬥諍事；（多無護故。）七、隨順四依法；八、易得無過；九、隨順修道；十、無眾鬧行處。（今鈔略五、六、九在『等』字中，舊記將所愛受用為一、四依為四，誤他久矣。）」（三九三頁上）

〔一一六〕**及隨四依法**　鈔批卷二六：「立明：糞掃衣、樹下坐等也。今既能樹下坐，當知隨四依法也。」（一五頁上）

〔一一七〕**我觀樹下**　鈔科卷下三：「明行體。」（一二一頁下）簡正卷一六：「初引智論，明露坐空易成。」（九七七頁上）資持卷下三：「敘樹下多過。」（三九三頁上）

〔一一八〕**便受露地，月光遍照**　資持卷下三：「『便』下，明露地深益。」（三九三頁上）【案】「月」，底本為「日」，據智論改。智論卷六八，五三八頁上。

〔一一九〕**比丘，因緣和合，乃有此身**　鈔科卷下三：「『增』下，示所修。」（一二一頁下）簡正卷一六：「昔有比丘，持鉢乞食，女人送食，二皆染心。比丘受食，欲心平（原注：『平』疑『手』。）振棄食鉢外，女人見，笑中齒露。比丘見已，憶念佛言『人身有若干骨』等，（如文中述之。）因茲證果。又為女說法，亦得道果。」（九七七頁上）鈔批卷二六：「案分別功德論：觀身法者三十六物，惡露不淨，意得涅槃。何以知之？昔有比丘，蘭若修道乞食，於江水邊食，食訖澡鉢。時上流岸邊塚間，有斷（原注：『斷』疑『新』。）死女人，風吹頭髮，忽墮鉢中，比丘手執髮，諦視之，訶好，心口獨語：『若是馬尾，此復太細。若是男子髮，復太濡細，必是女髮。』便生欲念：『其髮如是，人必妙好，面如桃華，眼如珠，鼻如截筩，（一五頁上）口如含丹，眉如蚰蜒。』作是念已，便起欲心，順水尋求，想見顏色。尋求不已，見一女人，狐狼已噉，其半身形臭爛，其髮猶存。將髮比之，長短相似。向者欲想，釋然自解。復重觀之：『此人生時，形容嚴好，今者敗壞，令人得見；我向所起想者，但欲貪身愛欲而生斯念；彼身如是，我復何異，諦計我身，四大合成，福盡緣離，自然解散。』覩變心悟，即得道迹。』」（一五頁下）【案】「三」，底本為「六」。據增含改。增一卷二，七一四頁上。

〔一二〇〕**當常思學，名最空法**　資持卷下三：「引增一觀法，成上空定，以觀此身。既假骨毛等緣和合而成，當知我身畢竟叵得，是為人空。又了諸緣，自體亦空，是為法空。如實了知，人法俱空，即破二執，故云最空法也。」（三九三頁中）

〔一二一〕**在樹下**　鈔科卷下三：「『善』下，簡深淺。」（一二一頁下）資持卷下三：「引論初明上法。在樹下者，謂雨時也。」（三九三頁中）

〔一二二〕**無雨時露地，雨時屋下，得用僧臥具**　資持卷下三：「『受』下，次明中法。雨歸屋下，與上為異。覆處少損故，得用僧物。」（三九三頁中）

〔一二三〕**十利**　鈔科卷下三：「『論』下，彰勝利。」（一二一頁下）資持卷下三：「十利：一、無求，二、無繫，三、無他護，四、無所愛。」（三九三頁中）

〔一二四〕**少戲調**　簡正卷一六：「樹下，猶聚人共相戲調，露地反此。」（九七七頁上）

〔一二五〕**不為音聲、荊棘所刺**　簡正卷一六：「多聚眾鳥及風飄樹，皆有音聲壞人耳根如棘刺。今在露地，無此過也。」（九七七頁上）鈔批卷二六：「五（原注：『五』疑『立』。）謂：在樹下坐，樹上多為眾鳥作聲，躁鬧比丘也。樹復有棘刺刺人。今在露地，無此過也。」（一五頁下）

〔一二六〕**不令眾生瞋恨**　資持卷下三：「不占他處。」（三九三頁中）

〔一二七〕**自亦無有愁恨**　資持卷下三：「不慮他奪。」（三九三頁中）

〔一二八〕**無眾鬧行處**　簡正卷一六：「人行依道，此露地非行處也。」（九七七頁上）

〔一二九〕**如來依大畏林**　資持卷下三：「『如來』下，引聖所行，令忻樂故。大畏林，亦名『恐畏林』、『寒林』，即『屍陀林』，在王舍城西北十里許。彼國人死，多送林中，名為林葬。為人觸惱，不起意者，示行忍辱，垂誡後來。經云：能行忍者，乃可名為有力大人是也。」（三九三頁中）

〔一三〇〕**隨坐**　簡正卷一六：「有人解云：入眾之時，隨得位便坐，不簡夏臘大小。」（九七七頁下）資持卷下三：「謂但無人處即坐，不必樹下露地。解脫道論名『遇得處坐』，解云：不樂人所貪，不惱他令避故。」（三九三頁中）

〔一三一〕**隨所得坐處，不令他起**　簡正卷一六：「又云不惱上座，不令下生愁惱也。表不許此解。大小二乘，並依夏臘坐，如梵網經等。若言不依次第，隨處便坐，豈名頭陀？故名不可也。今但約隨得房舍，便止住，隨作臥具，便坐臥，並不擇精麁。而以下文，無求好精舍住，及無求好臥具疲苦。文相甚明。」（九七七頁下）鈔批卷二六：「立謂：隨得處即坐，不假他所讓處。」（一五頁下）

〔一三二〕**不惱上座**　資持卷下三：「謂無所讓故。」（三九三頁中）

〔一三三〕**不令下座愁惱**　資持卷下三：「即不令避故。」（三九三頁中）

〔一三四〕**少欲**　資持卷下三：「約希望。」（三九三頁中）

〔一三五〕**少事**　資持卷下三：「約他事。」（三九三頁中）

〔一三六〕**少用則少務**　資持卷下三：「約己務。」（三九三頁中）

〔一三七〕不起諍因　資持卷下三：「謂不惱他故。彼具云不起諍訟因緣。」（三九三頁中）【案】十住婆婆沙卷一六，一一五頁上。

〔一三八〕常坐不臥　簡正卷一六：「『常坐』即兩足於交如結，名跏趺坐也。」（九七七頁下）

〔一三九〕加趺坐者，將正心故　鈔科卷下三：「明行體。」（一二一頁下）資持卷下三：「多論前明坐法。」（三九三頁中）【案】多論卷三，五一八頁中。

〔一四〇〕夜常不臥　鈔科卷下三：「『解』下，示心用。」（一二一頁下）資持卷下三：「初標行相，即身業也。」（三九三頁中）

〔一四一〕如決定王經中，有四法　資持卷下三：「『如』下，引示心行，明不徒坐也。經中四法。前二治過即自利，三是利他，四即投心勝境。睡眠掉散，則離念佛，故不臥也。」（三九三頁中）

〔一四二〕餘如論說　資持卷下三：「即解脫論。彼云：常坐功德，斷生怠處，除為身疾。（開病緣也。）離染觸樂，少於纏睡，常多寂靜，堪修禪定。善人所行，是業無疑。」（三九三頁中）【案】十住婆婆沙卷一六，一一四頁上。

〔一四三〕十利　鈔科卷下三：「『十』下，引勝利。」（一二一頁下）資持卷下三：「十利。前三治樂，四即離苦，五不縱情，六七成業，八神爽，九身安，十業輕。」（三九三頁中）

〔一四四〕脇著席苦　簡正卷一六：「久臥卻痛苦生。今常坐，無此苦也。」（九七七頁下）

〔一四五〕不隨身欲　簡正卷一六：「不取自身穩，便或縮或申，仰覆等也。」（九七七頁下）鈔批卷二六：「謂臥者，或欲伸、或欲縮、或倚臥，此名隨身欲也。今常坐故，離此過也。」（一五頁下）

〔一四六〕易讀誦經　鈔批卷二六：「既坐不臥，欲續經即便易也。」（一五頁下）【案】十住婆婆沙卷一六，一一四頁上。

〔一四七〕「觀行法」如後說　資持卷下三：「思惟即修觀。此中不明，故指如後。即主客篇『四儀法』中。（或指沙彌篇『三觀』。）」（三九三頁中）鈔批卷二六：「如後說者，如沙彌篇辯觀引等。」（九七七頁下）

〔一四八〕求道者，大事未辦，煩惱賊常伺其便，不宜安臥　資持卷下三：「『求』下，誡睡眠。『大事』即指聖道伺候也。即經云：無以睡眠因緣，令一生空過，無所得也。又云：諸煩惱賊，常伺殺人，甚於怨家，安可睡眠，不自警悟等。」（三九三頁下）

〔一四九〕若欲睡時，脅不著席　資持卷下三：「『若』下，教臥法。脅不著席，謂倚臥也。」（三九三頁下）

三、諸部異行

毗尼母中云：若瞋心不止，我則不食〔一〕。待瞋滅，方食。智論：中後不飲漿〔二〕。由此緣故，心生樂著，不一其心〔三〕，修習善法。寶雲經云四分之一食〔四〕。凡乞得食，分為四分：一分與同梵行者，第二分與窮下乞丐之者，第三分與諸鬼神〔五〕，第四分自供身食。但念修道，於食中不生貪染心。若乞食時〔六〕，繫念威儀，終不輕躁，諦視目前不過一尋，次第乞之。除惡狗、惡牛，先破禁戒〔七〕，隨有人、畜能擾惱者，皆悉不往。可譏嫌處，亦不往彼。餘如彼十二頭陀中說。十住婆沙〔八〕，有著「毳衣」，「食後不受非時飲食」，各有十利，如彼說〔九〕。毳衣者，即羊毛等作。解脫道中有「十三頭陀〔一〇〕」：衣二，食五，處五，十三是常坐，勇猛之分。十誦：多雨國土，四月在露地，八月在覆處〔一一〕；少雨國，反前〔一二〕。

上列十二，依四分而言〔一三〕。統明經論所述，竝不及解脫道論次第詳悉。正行既成，定慧斯立〔一四〕。彼論廣有次第法，略不述之。

【校釋】

〔一〕若瞋心不止，我則不食　資持卷下三：「母論對食治瞋。折挫煩惱，即為上行。」（三九三頁下）簡正卷一六：「自調瞋心也。玄云：不作餘食法，頭陀唯四分有，諸教無。餘十一即大同小異。今母論無『不作餘食法』，頭陀以此添之，亦成十二也。」（九七七頁下）【案】「諸部異行」文分為二：初，「毗尼母」下，列示；二、「上列」下，結指。毗尼母卷一，八〇四頁下。

〔二〕中後不飲漿　資持卷下三：「智論斷漿十二之外。」（三九三頁下）簡正卷一六：「恐心不專一也。更不觀於實理，只有緣漿之心。今不飲之，免茲失矣。」（九七七頁下）智論無餘色法，亦以此成十二也。」（九七八頁上）【案】智論卷六八，五三八頁上。

〔三〕不一其心　資持卷下三：「彼云：因飲漿故，遂求種種漿，謂果漿、蜜漿等。如馬不著勒，左右嚙草，不肯進路。若著勒，則嚙草意斷。」（三九三頁下）

〔四〕四分之一食　資持卷下三：「即乞食別行。」（三九三頁下）扶桑記引行宗：「此謂以己一飽之分，分為四耳，非謂多受。」（三四六頁上）【案】寶雲經卷

五，大正藏第一六冊，二三一頁中。

〔五〕**與諸鬼神** 資持卷下三：「即今施食。」（三九三頁下）

〔六〕**若乞食時** 資持卷下三：「『若』下，因引乞法。」（三九三頁下）

〔七〕**先破禁戒** 資持卷下三：「或在家破五、八，或出家反道者，可譏嫌處，即婬
女家、酒肆等。」（三九三頁下）

〔八〕**十住婆沙** 簡正卷一六：「彼有二頭陀，異於諸部：一着毳衣，二食後不受非
時飯食。飯食者，飲即漿食，謂七日蘇等，藥食也。」（九七八頁上）資持卷
下三：「彼無餘食一摶，故有此二，與上不同。」（三九三頁下）【案】十住婆
沙卷一六，一一四頁下。

〔九〕**各有十利，如彼說** 資持卷下三：「彼云，受毳衣有十利：一、在麤衣數，（謂
同糞掃衣行；）二、少求索；三、隨意可坐；四、隨意可臥；五、浣濯則易；
六、染時亦易；七、少有虫壞；八、難壞；九、更不受餘衣；十、不失求道。
食後，不受非時飲食，有十利：一、不多食；二、不滿食；三、不貪美味；四、
少所求欲；五、少妨患；六、少疾疾；七、易滿；八、易養；九、知足；十、
禪誦身不疲極。」（三九三頁下）

〔一〇〕**十三頭陀** 簡正卷一六：「解脫道論加不飲漿，同前智論、十住也。亦有飯食
法，更添次第乞及不飯漿，為十三也。」（九七八頁上）資持卷下三：「彼云：
一、法衣相應，謂糞衣及三衣；（即『衣二』也。）五法食相應，謂乞食次第，
乞一坐節量，時後不食，（『食五』是也；）五法坐臥相應，無事處（蘭若）、
樹下、露地、塚間、遇得處，（處五是也；）一勇猛相應，謂常坐不臥，然是
勇猛之一事，故加『之分』二字。（食中多次第乞，餘同四分。）」（三九三頁
下）扶桑記：「時後不食，準子注云：食中多次第乞，餘同四分。記主以此為
餘食也。」（三四六頁上）【案】解脫道論卷二，四〇四頁。

〔一一〕**多雨國土，四月在露地，八月在覆處** 資持卷下三：「十誦，多雨處四月。在
露，即冬分也。八月在覆春，夏雨多也。」（三九三頁下）【案】十誦卷五七，
四二三頁下。

〔一二〕**少雨國，反前** 資持卷下三：「冬春八月在露，夏四月在覆。」（三九三頁下）

〔一三〕**上列十二，依四分而言** 簡正卷一六：「上依四分諸戒，明其十二經論，如前
所辨，依之抖揀頓（【案】『頓』疑『煩』。）惱。」（九七八頁上）資持卷下三：
「初，指前列。『統』下揀諸文。彼論先總列名，（三九三頁下）次總顯相，後
逐行別明。一一行中，並先示過，二明受，三顯德，四辨失，故云次第詳悉等。

且略引示。彼云：『云何受乞食？』『若受他請，則妨自業。（示過。）我從今日斷受他請受乞食法。〔此郎（【案】『郎』疑『即』。）受法，餘行並準。此立誓受行，若不行，準下五分須捨。〕』『云何功德？』『依心所願，進止自由，銷除懈怠，斷滅憍慢。（顯德。）若受他請，是失乞食。（辨失。）餘行並爾，具見第二，須者尋看。」（三九四頁上）

〔一四〕正行既成，定慧斯立　簡正卷一六：「性空即是正行。既成心觀顯，現即定慧，因而立之。」（九七八頁上）

四、雜法〔一〕

四分〔二〕：蘭若比丘，乞食至蘭若中，往常食處，淨掃灑，具水器、殘食器、牀座、洗腳石、盛水器、拭腳巾。若見餘蘭若來〔三〕，應遠迎，為取鉢取衣、舒張有污者，應拭揉、抖擻、浣、暴等。令其坐訖〔四〕，與彼水器及水、洗足石、拭腳巾，持革屣安左邊，勿令水漬。彼洗足已，洗足諸器物復本處，將澡豆淨洗手。別留賊食。便授水與彼比丘已〔五〕，次授食，供給所須苦酒、鹽、菜等。若熱，應扇。若日時欲過，應俱食；不爾者，待〔六〕彼食已，取鉢自食已。有餘食者，應與人〔七〕；若非人，若淨地無草處、無蟲水中〔八〕。餘諸食具，淨洗復本處。淨掃食地。有賊來〔九〕者，語言：「此是水，此是食，為汝等故，別留淨潔。若欲食，便食之。」須善知夜時節，及以方相、星名，恐賊來問答有失〔一〇〕。十誦：開練若讀星經〔一一〕；若見人來，先共語，和悅顏色。不應垂頭，應正憶念。餘如四分〔一二〕。

四分：開用鑽木出火；在屏處，亦開用火珠〔一三〕。

善見〔一四〕：若頭陀比丘，雖住寺中，不住僧房，不食眾食，施主自為起房，僧不得差為知事。若比丘，有能讀誦、教化、說法，能利僧者，亦不得差為知事。好房舍、衣鉢，先與之；飲食果木，得加分與。

五分：若不捨十二頭陀法，在人間受請，一一吉羅〔一五〕。若不能者，皆應捨頭陀法〔一六〕。

【校釋】

〔一〕雜法　資持卷下三：「雜法，即蘭若中所須之事。」（三九四頁上）

〔二〕四分　鈔科卷下三：「初，明瞻待。」（一二一頁中）簡正卷一六：「初，供給同行。」（九七八頁上）【案】「四分」一節又分四：初，「蘭若比」下；次、「若見餘」下；三、「有餘食」下；四、「有賊來」下。次又分三：初，「若見餘」

下；二、「令其坐」下；三、「便授水」下。四分卷四九，九三四頁中。

〔三〕若見餘蘭若來　資持卷下三：「『若見』下，次，明待同學，又三。」（三九四頁上）【案】初，「若見餘」下；二、「令其坐」下；三、「便授水」下。

〔四〕令其坐訖　資持卷下三：「『令其』下，浣濯。」（三九四頁上）

〔五〕便授水與彼比丘已　資持卷下三：「『便授』下，與食。」（三九四頁上）

〔六〕待　【案】底本為「持」，據大正藏本、弘一校注及義改。

〔七〕有餘食者，應與人　資持卷下三：「『有餘』下，三、明食已法。『與人』即乞匃（【案】『匃』疑『丐』。）者。」（三九四頁上）

〔八〕若非人，若淨地無草處、無蟲水中　資持卷下三：「『非人』即施鬼神、禽畜等。淨地、水中，或無人畜，留置淨處，擬後施故。」（三九四頁上）簡正卷一六：「寶云：迴施餓鬼，須在淨地；若與畜生，須無草處。恐不見也。無虫水中者，若安食着有虫水中，恐水壞損虫也。」（九七八頁上）

〔九〕有賊來　資持卷下三：「『有賊』下，四、明待賊法，制知時節防賊難故。下引十誦文證。」（三九四頁上）簡正卷一六：「『有賊來』下，供賊法也。」（九七八頁上）

〔一○〕問答有失　簡正卷一六：「五分：蘭若比丘別星宿，賊寄宿失時，故被収獲，因制之屏處。」（九七八頁上）四分卷四九，九三四頁中。

〔一一〕開練若讀星經　鈔批卷二六：「十誦五十六云：阿蘭若比丘應知善道途、善知日數、善知夜、善知夜分、善知星宿，讀誦星宿經，善知修妬路、毗尼、阿毗曇，善知初禪、二三四禪，善知四果等。延聚落比丘，廣說亦同。」（一五頁下）案五分云：蘭若比丘，不別星宿，諸賊寄宿，語比丘言：『我等眠，欲曉語我。』賊小眠已，問比丘言：『早晚耶？』比丘言：『尚早。』如是三問，夜已際曉，猶故言早。逐賊人至，捉賊將去。便嗔言：『比丘若語我早晚，眠不至曉，今被此捉，坐此比丘。』因此事白佛。佛言：『蘭若比丘，眾知方相星宿、時節、早晚等相，復眾記日、月、歲數等。』」（一六頁上）資持卷下三：「『星經』即陰陽書。」（三九四頁上）【案】十誦卷四一，三〇一頁上。

〔一二〕餘如四分　資持卷下三：「四分即留食等。」（三九四頁上）

〔一三〕開用鑽木出火；在屏處，亦開用火珠　鈔科卷下三：「『四』下，明作務。」（一二一頁中）簡正卷一六：「恐賊疑是寶物故。」（九七八頁上）鈔批卷二六：「由其珠能出火，居日出時，將此珠對日則得火。若是水珠，對月時出水。此是因緣之法也。」（一六頁上）資持卷下三：「謂以木鑽鑽木，則有火出。火珠即水

精珠，日光照之，用艾引火，恐同出術，故開屏用。」（三九四頁上）【案】四
分卷五二，九五四頁上。

〔一四〕善見　鈔科卷下三：「『善』下，明免事。」（一二一頁中）簡正卷一六：「『善
見』下，明賞勞法也。」（九七八頁上）資持卷下三：「前明頭陀，是今所用，
後讀誦等，因之而引。如上等人，放免差次。加分與物，皆謂推尊有德，誘進
後人故也。」（三九四頁上）扶桑記：「放免差次，會正：西域記云：講宣一部，
乃免知事；二部，加上房資具；三部，差侍者祇承；四部，給淨人驅使；五部，
則行乘象輿；六部，則導從周衛。感通傳：荊州河東寺主客一萬人，寺法立
制，誦經六紙，是維那，誦法華經者，免直錢。」（三四六頁上）【案】善見卷
九，七三八頁下。

〔一五〕若不捨十二頭陀法，在人間受請，一一吉羅　資持卷下三：「五分：受請犯吉，
旦約乞食為言，餘之十一例，皆違犯。準解脫道論：糞掃衣受居士施衣，即
失；但三衣畜，長衣即失；乞食，受請即失；（如上。）不作餘食法，作則名
失；一摶食，再食則失；（此二，論無。準義明之。）蘭若，聚落住即失；塚
間，餘勝處坐即失；樹下，屋舍住即失；露地，覆處即失；隨坐，貪樂處坐即
失；常坐，寢臥即失。不捨而違，例皆犯吉。」（三九四頁上）【案】五分卷二
六，一七六頁下。

〔一六〕若不能者，皆應捨頭陀法　資持卷下三：「應云『我從今日捨乞食』等。則知此
十二行，並須作法受行，不能，須捨。不受不成，不捨違犯。」（三九四頁上）

僧像致敬〔一〕篇第二十二「造立像寺法」附

法軌被時，景仰斯立〔二〕。謙恭斂敬，俗禮命章，遜恪攝儀，道宗爰
始〔三〕。豈以形服標異，而得倨慢無知？良由致敬有方，故能清革〔四〕
耳。

故增一云：有「慚」「愧」二法住世，則相恭敬〔五〕。是故比丘，當
勤共學。

比時移情淡，禮義云亡〔六〕。鄙末之小僧，妄參眾首〔七〕；眉壽之大
德，奄就下行〔八〕。以武力為智能，指文華為英彥〔九〕。如斯冒罔〔一〇〕，
孰可言哉！故輒略提引，永成明誡〔一一〕。

【題解】

簡正卷一六：「前明頭陀之儀，能修之行已具，至於僧像之法，所教之境未彰，

欲使五眾識其尊卑，二俗知其趣向。（九七八頁上）又，欲繕造須依軌摸，前既未明，故次辨也。」（九七八頁下）鈔批卷二六：「上辨衣鉢等儀乃是資道之要，次顯頭陀軌則以為勝行之綱。理須敬法重人，庶得光乎至道！此門來意，厥義若斯。又云：始從標宗，終乎頭陀之行，並明眾別之法。法不自立，必有能說之主，復有弘傳之人。法既必藉人弘，理宜加敬於人，故有此篇來也。」（一六頁上）

【校釋】

〔一〕僧像致敬　資持卷下三：「上二字即所敬境，下二字即能敬儀。『僧』即總於眾別，『像』即攝於經法。即下立敬儀中，三科之文，則三寶勝境，通為所敬矣。（古云『僧是能敬，像為所敬』者，誤矣。）取其語便，故僧在初。準下敬儀，佛在前列。致，即訓『至』。說文云：送、詣也。謂以至敬之心，投詣勝境故也。」（三九四頁中）簡正卷一六：「『僧』存略梵，性相具全。『像』者，素盡（【案】『盡』疑『畫』。）泥龕，倣其真跡。廣明設禮，故彰致敬之名。……問：『像是所依勝，僧是能依劣，何故先標耶？』答：『此不望能依、所依勝劣，以論但取能弘生善之邊，僧為信首也。如騰、蘭初達，現以僧儀；馬、勝化緣，亦是僧於等。』」（九七八頁下）鈔批卷二六：「僧是能敬，像是所敬。致者，至也。敬者，恭也。然其僧字，眾通能所也。文中明僧眾互相恭敬，故知通能所也。今言僧者，取五陰實法假名之僧，像取住持之佛像，即如剃髮、染衣、白四得戒，位通凡聖，明茲僧也。像者，似也。（一六頁上）泥龕素畫，住持靈儀是也。文中廣彰敬讓法則，故云然也。問：『師、弟名位，理應先像次僧，今題所標何以先僧後像？』解云：『夫三寶次第，佛寶在先，法、僧次後。謂佛三祇行滿，萬德功圓，捨金輪以出家，坐樹王以成道，此名佛寶。次於仙人鹿野苑中，為拘隣等五人說四諦法，乃至十二部經，即是法寶。彼聞法已，悟解資神，聖命善來，獲果得戒，鬚髮自落，法服隨身，此名僧寶。一期化儀，次第然矣。今論教傳東土，僧則居先，以迦、竺二士來至雒陽，此即僧為初也。白馬駄經而尋至，即法次也。後時來者，方乃圖畫法身，此則佛最後也。以像斯義，故僧居前。又，上來金容法身為佛寶，轉妙法輪為法寶，斷結離染為僧寶，此猶約事明三寶，名為別相三寶也。若論理寶又別，則一體之中具三，謂：至覺名佛，至理名法，至和名僧也。戒心疏中，辨三寶義，總有四別：一、理體三寶者。如五分法身為佛寶，滅理無為是法寶，聲聞學無學功德是僧寶。二、化相三寶者。如釋迦道王三千為佛寶，演布諦教為法寶，拘隣等五為僧寶。三、住

持三寶者。形像塔廟為佛寶，（一六頁下）紙素所傳為法寶，戒法儀相為僧寶。宣云：言住持三寶者。初明佛寶者，古人皆言佛塔、形像及舍利等，名住持佛。故報恩經等，佛在世時，昇忉利天，安居說法。時憂填王思慕世尊，刻壇為像。佛從天下，檀像起迎，禮拜世尊。世尊記言：汝於來世，廣為佛事，名住持佛。新經論師依解深密經言：汝化身是如來力所住持故，故取化身為住持佛。今詳。通上二義，並住持攝。次法寶者，古今同說。紙素文字所載，三藏名住持法。次言僧者，薩婆多論，僧為五種：一、群羊僧，二、無慚愧僧，三、別眾僧，四、清淨僧，五、第一義僧。於中勝義是真實僧，自餘四種，住持僧攝。准十輪經：無慚愧僧，於我正法，雖如死屍，猶勝外道，能示人天善法之處，我終不聽毀辱打罵。此出家者，三世諸佛，慈悲護念。據此經中，無慚之僧，亦有一分名住持僧也。四、一體三寶者。唯約心體，義分三相，理實無三，隨相則分，一方以化，故照理邊，即為覺義。體離名言，即為法義，至理無滯，和合僧義也。真諦三藏云：一切眾生有本覺性，即是第九阿摩羅識，以方便修，令此本覺本隱今顯，以為佛寶；（一七頁上）即本覺上可軌則義，以為法寶；無違諍義，為僧寶。唐三藏云：三寶之性，不離真如。真如既是覺之實性，立之為佛寶，即軌則性，無違諍性，皆不離如，為法僧寶。即涅槃云：若然計三寶常住固真諦，此是諸佛最上之誓願。又云：佛即是法，法是僧；僧即是常，常即虛空，虛空即是佛性，佛性即是法身。（述曰：）此即真如義。又淨名經云：一切眾生皆如也，一切法亦如也，眾賢聖亦如也。明先後次第者。初，理體三寶者，如前次第，列其先後。若覈其本，證理方具，法寶為初，但理不自顯，託行以彰，故先五分，佛寶居首。又一解云：理由人顯，道假行成，釋尊出世，方聞三寶，還依化相，故理無別。（此双制云：理体三寶與化相三寶，同次第耳。）二、明化相者，佛先、法次、僧後。以釋迦初證，唯佛獨尊，非尊不可在初，故佛居首也。大聖雖現，止得動其耳目，至於煩惑，要假法除，次演聲教，用滌心惱，故法次也。教之所及，行是所歸，雖說無證，還同不說，故拘隨會正，方僧寶現，此即化儀，次第不可乖也。三、住持三寶者，僧初、法次、佛後。由道假人弘，世途法爾，故迦、竺初達，現僧儀也。（一七頁下）述五乘為善因，明三途為惡果，現法儀也。斯法遠大，非凡小之所開，故表畫像於涼臺，推其所說現佛儀也。四、一體三寶者，法先、僧次、佛後。由體是心體，本來無染，妄覆迷倒，故興邪正。今了法本，理實無三，隨相用分，

一方行化。故照理邊，即是覺義；體離名言，即是法義；至理無滯，即和合僧義。非法不知，故法居首；非佛不曉，故後說；僧居中者，體未純淨，如雜血乳，分有所遣，豈喻醍醐，故不同佛也。明功用者，四寶為言，理寶為勝，由常住故，為世所歸，餘三隨設，體是有法。』問：『心本清淨，非世所染，一體常住，何不為勝？』答：『就理為言，誠如所問，語相為論，穢雜非現，何得同佛所證心源？故涅槃云：或有佛性，二人俱無，明知行果異俱有也。若住持三寶，末世為勝，理在冥通，但為玄德。世唯相有，假相開通，濁世鈍情，非相不動，約機接俗，故說為勝。（至下導俗『受三皈五戒』中，須引此義略示。）』（一八頁上）【案】本篇文分為二：初，「法軌」下；次，「就中」下。

〔二〕**法軌被時，景仰斯立**　鈔科卷下三：「初，明道俗義同。」（一二一頁下）資持卷下三：「上二句，明弘通立法。謂比丘之眾，舉事有法，化被於時，光世生善。發生物信，則彰佛法高深，人知歸嚮，故云景仰斯立也。」（三九四頁中）簡正卷一六：「法者，教法。軌謂軌儀。被及於正像之時，追思如來光景，眾生瞻仰，因茲教法，軌儀而立。（有釋云：遠論起於周代，示跡現生，而成正覺。若明像教，即上天圖寫栴檀像，以為標准。若近明，此直即後漢明帝，迦、竺二尊者，傳至此方等。今祥之，未成通義。）」（九七八頁下）鈔批卷二六：「此明若時代大大欽仰此佛法，佛法則建立不墜也。（一八頁上）慈云：景者，影也。欲如來影像被時，應須敬仰，故言斯立也。」（一八頁下）

〔三〕**謙恭斂敬，俗禮命章，遜恪攝儀，道宗爰始**　資持卷下三：「『謙』下四句，明道俗所宗。謙恭遜恪，言其內心。斂敬攝儀，言其外貌。退己自卑，謂之謙遜。尊他專謹，謂之恭恪。儒宗有禮記，首云『無不敬』，是知，敬者禮之主也。又，儒教不出五常，而禮統焉！故論語云：恭而無禮則勞。則知謙敬，俗典明示，故云命章。又，下引佛制敬佛、法、僧，師資相攝，上、中、下座互相禮敬，則知遜恪，佛法推先，故云爰始。或可凡對勝境，或見尊上，必先致敬，故云始也。」（三九四頁中）鈔批卷二六：「立謂：俗中尚有禮儀相敬重也，謂如此致敬之法，先著於俗典之初也。如禮記第一卷曲禮曰無不敬也。禮者，敬而已矣。敬者，禮之本也。由屈敬故，表情盡儀，故曰禮也。又，禮者，理也。了合於正理，故曰禮也。立云：至如禮記曲禮、周禮、儀禮，皆備明卑遜、揖讓之法，著在禮章中也。以禮章中明，即廣敬之儀式，故云俗禮命章也。命者，召也，亦云告也，亦云作也。謂此謙恭之法，俗禮中命之作章篇

也。說文云：口令曰命。故『命』字，『口』邊作『令』也。遜恪攝儀等者，立明：卑遜勤攝威儀，則是道之宗本，故曰始也。字林云：遜者，慎也、謙也，有云讓也。恪者，字林云：恭也、敬也，又勒也。謂恭而且勤，曰恪也。言爰者，於也、及也。今言『始』等者，謂上既謙恭是俗禮所明，今攝儀則是道宗之始也。如律序即云：『稽首禮諸佛，及法比丘僧。』又諸論中，皆先序敬三寶之辭，故曰道宗爰始也。」（一八頁下）

〔四〕豈以形服標異，而得倨慢無知，良由致敬有方，故能清革　資持卷下三：「『豈』下，明敬慢可不。上二句示非所宜，下二句明須立敬。『形』謂削髮。『服』即壞衣。『倨慢』謂傲物。『方』謂法度，即下所明。然出家異世，不但外儀，必由內法，故云『清革』。」（三九四頁中）簡正卷一六：「『豈以』下，倨傲憍慢，不存禮敬，故曰無知。不以形相異儒，乖於禮式也。『良田』（【案】『田』疑『由』。）段下，革也。明其敬式，依教有方，能清其身，章彼無知之失者。」（九七八頁下）

〔五〕有「慚」「愧」二法住世，則相恭敬　資持卷下三：「省已所短，則內懷慚愧。由有慚愧，則推重於他。則知慚愧是敬之本，倨慢自矜無慚故也。」（三九四頁中）簡正卷一六：「涅槃云：著自名慚，羞他名愧。又云：羞天曰慚，羞人曰愧。有此二法，能眾（【案】『眾』前疑脫『令』字。）生識別尊卑、禮樂也。」（九七九頁上）鈔批卷二六：「辱彰於外曰慚，羞結於內曰愧（原注：插入『愧』字。）。（一八頁下）准涅槃云：羞自名慚，羞他名愧。又云：羞天名慚，羞人名媿。案增一阿含經云，佛告諸比丘：有二妙法擁護世間，謂是有慚、愧心也。若無此二法，世間則不知有父母、兄弟、妻子、知識、尊長、大小。當與猪、雞、狗、牛、羊六畜之類而共一等。以其世間有二法故，便識別父母、尊男（原注：『男』疑『卑』。）等也。汝諸比丘，當如是學。比丘聞已，歡喜信樂奉持。故遺教經云：無慚、愧者，與諸禽獸無相異也。」（一九頁上）

〔六〕比時移情淡，禮義云亡　鈔科卷下三：「『比』下，斥時顯意。」（一二一頁下）資持卷下三：「初敘禮壞。上二句通示。『移』謂遷變，『淡』謂浮薄。」（三九四頁中）簡正卷一六：「傷歎今時禮敬顛倒也。謂時遷入像、末，名之為『移』。人漸倨傲無知，故云『情淡』也。禮義云已（【案】『已』疑『亡』。次同。）者，於讓曰義，今時並失，故曰云已也。」（九七九頁上）鈔批卷二六：「『謂時遷流入像、末，名為時移，人漸洗（原注：『洗』疑『浮』。）薄，無復禮義

之味，名曰情淡。」（一九頁上）

〔七〕**鄙末之小僧，妄參眾首**　資持卷下三：「次六句，別釋。『鄙』謂庸惡，『末』
　　謂卑下，輒為領袖，故參眾首。」（三九四頁中）

〔八〕**眉壽之大德，奄就下行**　簡正卷一六：「謂耆年宿德，眉有長毫，謂之秀眉，
　　表其壽永。奄，忽也。『下行』即用靜之處，不用其言，無指揮之分也。」（九
　　七九頁上）鈔批卷二六：「眉者，慈云高也。如人眉最處於高，喻生高者名眉
　　耇也。毛詩云：遐不眉壽。傳云：眉壽，秀眉也。又云：毫，眉也。謂老人眉
　　中，有豪毛秀出也。又云：永眉、豪眉，乃言『眉老』也。乃呼云『眉老』，
　　謂眉壽也。私云：傳曰者，即毛詩傳也。謂毛詩注稱於傳也。又，言壽者，年
　　百二十曰壽，明如此秀眉、高壽在下行也。」（一九頁上）資持卷下三：「眉謂
　　尤眉，壽即高臘。反相欺壓，故在下行。」（三九四頁中）扶桑記：「書大禹謨
　　有『奄有天下為天下君』之語。注：奄，盡之。」（三四六頁下）

〔九〕**以武力為智能，指文華為英彥**　簡正卷一六：「英者，美質也。俗中說：才兼
　　十人曰豪，百人曰英，千人曰俊，萬人曰傑，倍萬曰聖。彥者，美玉也。並足
　　秀匙（【案】『匙』疑剩。）美之嘉名。今此小僧，但抗（【案】『抗』疑『指』。）
　　此文華以為英彥，不依律教處斷是非也。」（九七九頁上）鈔批卷二六：「才德
　　兼美稱為彥也。欲明今時小僧，能習讀俗書，解作五言文章，以為英彥也。
　　三藏聖教，一事不達，此即滅法不久也。」（一九頁下）資持卷下三：「『武
　　力』謂恃勢陵物之者，『文華』謂世俗文筆之流。上四句敘坐次乖道，（三九
　　四頁中）下二句明推舉同俗。彼時尚爾，況今衰末，不足怪矣！」（三九四
　　頁下）

〔一○〕**如斯冒岡**　資持卷下三：「『如』下，結歎生起。」（三九四頁下）鈔批卷二六：
　　「冒，（『毛盜』反），覆也，見毛詩，又，貪也，見左傳。」（一九頁下）

〔一一〕**故輒略提引，永成明誡**　資持卷下三：「提引者，即指當篇。明誡者，乃彰垂
　　訓。」（三九四頁下）簡正卷一六：「『故略』下明正篇意，具依諸教，致此一
　　篇，以明教相故。」（九七九頁上）

　　　就中分二〔一〕，如題所明。

【校釋】

〔一〕**分二**　鈔批卷二六：「謂『僧』與『像』為二也。」（一九頁下）資持卷下三：
　　「即本篇、法附也。」（三九四頁下）

初中

分三：一、制相敬意；二、對敬立緣，合不兩相；三、立敬儀式。
初中。

智論〔一〕云：諸佛不以生身為禮敬也，若見法身，是名供養。如佛從忉利天下，須菩提在石窟中，觀無常、空故，為先見佛。蓮華色尼，寶階先禮，佛不受之。

所以相敬者，為除慢法故。四分中：由諸比丘不知大小故，佛訶責已，告言：「汝謂誰應受第一座、第一水、第一食，乃至起迎逆禮拜、恭敬問訊耶？」諸比丘言各不定：或云「十二頭陀者」「大姓」「多聞」「法師」「持律」「禪師」等。佛言：「汝等各各長慢，故作是語。」廣說「三鳥獸相恭敬法〔二〕」。便說偈言：「其敬長老者，是人能護法，現世有名譽，將來生善道〔三〕。」教化人民，皆隨法訓〔四〕。汝等於我法律中出家，更相恭敬，佛法可得流布。自今已去，聽隨長幼，恭敬禮拜上座，迎逆問訊〔五〕。大悲〔六〕云：佛過去時，若見三寶、舍利塔像、師僧、父母、兄弟姊妹、耆年善友、外道、諸仙、沙門、婆羅門等，無不傾側〔七〕，謙下禮敬。以是報故〔八〕，成佛已來，山林人畜，見佛行時，無不傾側，低頭禮拜。增一云：無恭敬心於佛者，當生龍蛇中。以過去從中來，今猶無敬、多睡等〔九〕。雜含云：告諸比丘，若見四眾攝持諸根，長夜安樂等〔一〇〕。智論〔一一〕云：外道是他法，故輕佛，來至佛所自坐；白衣如客，故命坐；一切出家五眾，身心屬佛，故立。若得道羅漢——如舍利弗等，皆坐。三道以下，並不聽坐，以所作未辦，結賊未破〔一二〕故。又云：釋迦牟尼佛，無別菩薩僧〔一三〕，故文殊師利、彌勒等，入聲聞僧中次第而坐〔一四〕，云云。

【校釋】

〔一〕智論　鈔科卷下三：「初，敬佛意。」（一二一頁中）資持卷下三：「智論前示真境，以佛生身是法身所依器故。」（三九四頁下）鈔批卷二六：「案智論云：須菩提好行空三昧。如佛在忉利天，夏安居竟，還閻浮提。時須菩提於石室中，住自思惟：『佛從忉利天來下，我當至佛所耶？不至佛所耶？』又念言：『佛常說，若人以智慧眼觀佛法身，則為見佛中最。』時佛從天下故，在閻浮提中間，四部眾集，諸天見人，人亦見天。諸天眾會，先未曾有。須菩提心念：『今此大會，雖復奇特，勢不久停，磨滅之法，皆歸無常。』因此觀無常，

悉知諸法空，空無有實。作此觀時，即得道證。爾時眾人，皆欲先見佛，禮敬供養。有華色比丘尼便化為轉輪聖王及七寶千子，眾人見之，皆避坐起去。化王到佛所已，遂復本身為比丘尼，最初禮佛。佛即告尼言：『非汝先禮佛，須菩提最初禮我。何以故？須菩提觀諸法空，是為見佛法身，得真供養，供養中最，非以致敬生身為供養也。』私云：引此文證，（一九頁下）令人致禮，莫著相也。」（二〇頁上）【案】智論卷一一，一三七頁上。

〔二〕三鳥獸相恭敬法　鈔批卷二六：「案四分房舍犍度云：佛從王舍城與諸比丘詣毗舍離。時六群先佛前，往一住處，取得好房。為和上同和上、闍梨同闍梨、為知識親厚故，取得好房。以目連、身子，不得房宿，宿外塸上。明日，佛問身子：『昨夜臥起安樂不？』身子具答上事。佛即集諸比丘：『汝謂誰應受第一座、第一水、第一食？』諸比丘各答不同，或言大姓、多聞、乞食、糞掃衣、持律、坐禪等。佛言：『汝等善聽，過去有三親友，豈（【案】『豈』疑『象』。）、彌猴、鶏（『都滑』反，亦云『都談』反。）鳥，依一尼拘律樹住。彼作是念：（二〇頁下）『我等共住，不應不與恭敬。今（原注：『今』一作『寧』。）可推年大小、次第尊卑，更相恭敬。』彌猴、鶏鳥共問象言：『汝憶事遠近？』象言：『我憶小時，此尼拘律樹，我行時觸我臍。』象與鶏鳥次問彌猴言：『汝憶事近遠？』彌猴答言：『我憶小時，此樹舉手及頭。』象語彌猴：『汝生年多我。』象與彌猴共問鶏言：『汝憶事近遠？』答言：『我憶雪山王右面有大尼拘律樹，我於彼食果子，來此便出，即生此樹。』彼作是念：『鶏生年多我。』時象即以彌猴置頭上，彌猴以鶏置肩上。……若依十誦，結會古今云：爾時鳥者，佛是也；彌猴者，舍利弗是也；象者，目連是也。所以今引此事者，舉下以況上也。今時若不相恭敬無尊卑者，准菩薩戒云是外道兵奴法也。」（二一頁上）扶桑記：「尼拘律，名義曰：此云無節，又云縱廣，葉如此方柿葉，其果名多勒，如五升瓶大，食除熱痰。」（三四六頁下）【案】五分卷五〇，九四〇頁上。

〔三〕其敬長老者，是人能護法，現世有名譽，將來生善道　資持卷下三：「上句行敬，次句顯益，三即現報，四是後果。」（三九四頁下）扶桑記：「考現律，非偈。」（三四六頁下）

〔四〕教化人民，皆隨法訓　鈔批卷二六：「謂此三鳥獸，說法、遊行化人也。」（二一頁下）

〔五〕自今已去，聽隨長幼，恭敬禮拜上座，迎逆問訊　資持卷下三：「『自』下，立

制。今時僧眾，不別尊卑，宿德晚生，互相作禮。受戒徒分時分，坐夏空數淺

深。堪嗟世薄情浮，深痛律崩法壞。有心弘護，宜（三九四頁下）切故承。」

（三九五頁上）

〔六〕大悲　鈔科卷下三：「『大』下，引因果勸修。」（一二一頁下）簡正卷一六：

「佛初成道時，祥河息浪，寶樹低枝，至於滅時，雙林變白等，皆感非情也。」

（九八〇頁上）【案】大悲經卷三，大正藏第一二冊，九六〇頁中。

〔七〕傾側　資持卷下三：「傾謂盡心，側謂迴避。」（三九五頁上）

〔八〕以是報故　資持卷下三：「『以是』下，次明感果。如佛將成道，在尼連河沐

浴，身瘦不能自持，感樹垂枝，助佛身出。至於入滅，雙林變白之類，無情尚

爾，況有情耶！」（三九五頁上）鈔批卷二六：「謂過去中行恭敬故。今感非

情之物，亦恭敬也。問：『山林是非情，何然示恭？』答：『山河大地，是眾生

依報。若業善招淨土，業惡招穢境。以是義故，情然感非情，如佛生滅時，地

動之相，是情感非情也。又如祥河惙（【案】『惙』同『綴』。）浪、寶樹任枝

等。』」（二一頁下）

〔九〕以過去從中來，今猶無敬、多睡等　資持卷下三：「增一中，初，示來報。『以』

下，推往因。」（三九五頁上）鈔批卷二六：「按增一阿含云：佛在羅閱城迦蘭

陀竹園，與無央數眾，圍遶說法。時有長老比丘，在眾中向佛舒腳睡。復有摩

耶沙彌，年八歲，去佛不遠，結跏趺坐，繫念在前。世尊既見，即說偈言：『所

謂長老者，未必剃鬚髮，雖復年齒長，不免於患行。我今謂長老，樂必先出

家，修其善本業，分別於正行。設有年幼少，諸根無漏缺。此謂名長老，分別

正法行。』又問：『汝等頗見舒腳而睡者乎？』『此比丘，五百世中恒為龍身，

今設命終者，當生龍中。所以然者？無有恭敬之心於佛、法、僧。若有眾生，

無恭敬心於佛、法、僧者，身壞命終，皆生龍中。』」（二一頁下）【案】增一

卷二二，六九五頁下

〔一〇〕若見四眾攝持諸根，長夜安樂等　資持卷下三：「雜含中，誡敕比丘。『四眾』

即所敬。攝諸根者，謂恭謹也。『長夜』通目現、未，『安樂』通世、出世。」

（三九五頁上）【案】雜含卷三八，二八三頁上。

〔一一〕智論　鈔科卷下三：「『智』下，明坐立差異。」（一二一頁下）簡正卷一六：

「『三道』即三果。至凡夫斷惑未盡故。」（九八〇頁上）資持卷下三：「智論

初明對佛不同有四。前二俗眾俱坐，命、不命別。後明道眾，或坐、不坐，學、

無學分。」（三九五頁上）鈔批卷二六：「案智度論云：佛法中，諸外道出家，

及一切白衣來到佛所坐。外道他法輕（【案】『輕』下疑脫『佛』字。），故（【案】『故』後疑脫『坐』字。）；白衣如客是故坐；一切五眾，身心屬佛，是故立。若得道諸羅漢，如舍利弗、須菩提、目連等，所作已辦，是故聽坐。餘雖得三道，亦不聽坐。大事未辦，結賊未破，譬如王、臣，大有功勳，故得坐。」（二二頁上）【案】智論卷一〇，一三一頁上。

〔一二〕三道以下，並不聽坐，以所作未辦，結賊未破　鈔批卷二六：「謂三果人，以德未圓故也。」（二二頁上）資持卷下三：「三道即三果。凡夫可知。『未辦』謂所證道，『未破』謂所斷惑。」（三九五頁上）

〔一三〕釋迦牟尼佛，無別菩薩僧　資持卷下三：「『又』下，次明大小坐次。餘佛僧徒，三乘位別。釋迦之眾，純一聲聞，故云無別菩薩僧也。」（三九五頁上）鈔批卷二六：「無別菩薩僧者，非謂釋迦佛法都無菩薩，謂其菩薩皆剃染入聲聞眾中，隱於菩薩之儀，從聲聞之像也。經云：內秘菩薩行，外現是聲聞等也。」（二二頁上）

〔一四〕文殊師利、彌勒等，入聲聞僧中次第而坐　資持卷下三：「文殊師利，此云『妙吉祥』。彌勒，此云『慈氏』。『次第』謂依夏臘。準此以明諸大菩薩，必應示受聲聞律儀，即經所謂『即現聲聞而為說法』是也。」（三九五頁上）

二、明對緣是非

四分中有四〔一〕：一、不應禮一切白衣及女人；二、前受戒人，不應禮後受戒者；三、不禮犯邊罪等十三難人〔二〕，被舉、滅擯、應滅擯等；四、不禮一切說非法語者。寶梁經云，若破戒比丘，受他持戒者恭敬禮拜，得八輕法〔三〕：一、作愚癡；二、口瘖啞；三、顏貌醜陋；四、其面側戾，見者嗤〔四〕笑；五、轉受女身，作貧窮婢使；六、形體羸瘦，夭損壽命；七、人所不敬，常有惡名；八、不值佛世。此破戒者，乃至大地無涕唾處〔五〕。餘如上篇〔六〕。

二、應禮

分二。

初無緣合敬〔七〕。律中，小沙彌尼，如是展轉，乃至如來及塔。餘如後說〔八〕。

四分，十種非威儀不應禮：大、小行〔九〕，裸身，若剃髮，若說法，嚼楊枝〔一〇〕，洗口，若飲，若食，若噉果。增一云：塔中不應禮〔一一〕。

五分：相瞋，屏處不得禮〔一二〕。十誦〔一三〕：睡、縫衣、大眾中、在路

行、病時，不得禮。僧祇：泥作、浣衣、洗浴及手足、著一衣〔一四〕時、疾行等，不應禮。十誦：佛塔、聲聞塔前，自他不得互禮。五百問云：佛塔前禮比丘，犯墮〔一五〕。僧祇：禮塔、誦經、讀經、寫經、授經、闇中，並不得禮。皆謂別有所敬〔一六〕故也。

【校釋】

〔一〕四分中有四　資持卷下三：「前是俗人，餘皆道眾入（【案】『入』疑『人』。）。復二是下座，三即非僧，四即無德。」（三九五頁上）【案】四分卷五〇，九四〇頁上。

〔二〕十三難人　資持卷下三：「十三難人無戒，三舉行缺，二滅體壞。古來國朝，多有令僧反拜君父，蓋不知三寶福田、四生依怙，道超塵網、德跨樊籠。君不得臣、父不得子，不墮四民之數，是為三界之賓。形雖免於屈申，心敢忘於奉敬？但以志求解脫，仰答劬勞，不忘重修，上資治化。豈唯拜伏，方為報德乎？」（三九五頁上）

〔三〕八輕法　資持卷下三：「由無慚、恥、慢、易，有德即因心也。下列八法，並來報也。或可六、七，通於現、未。」（三九五頁上）

〔四〕嘻　【案】底本為「蚩」，據敦煌甲本、敦煌乙本及弘一校注改。

〔五〕乃至大地無涕唾處　資持卷下三：「『乃至』下，明德薄。毀戒之人，片地無分。即梵網經云：不得國王地上行，不得飲國王水，五千大鬼常遮其前，掃其腳跡，罵言『大賊』等。又如佛藏：不消一杯之水、一納之衣，何況四事！」（三九五頁上）鈔批卷二六：「佛告迦葉：若有比丘，非沙門自言我是沙門，非梵行自言我有梵行。於此大地，乃至無有涕唾之處。況舉足下足，去來屈申！何以故？過去大王，持此大地，施與持戒有德行者，令於中行道。迦葉，是破戒比丘，不然必報信施，如一毛端、如一分毛，分為百分，破戒比丘不然消一分之施，況僧坊及招提僧舍經行之處等耶？爾時，眾中有諸淨行比丘二百人，（二二頁上）聞說是已，收淚而言：『世尊，我今當死，不欲以不得沙門果受他信施，乃至一食。』佛言：『善哉，如是慚愧，畏於後世，喻如金剛。若然精進，亦得解脫。堅持戒者，受信施如須彌山，亦然報此信施之福，如千世界所有大海尚可竭盡，而此施主福不可盡。』又案梵網經云：若佛子，信心出家，受佛正戒，故起心毀犯聖戒者，不得受一切檀越供養，亦不得國王地上行，不得飲國王水，五千大鬼，常遮其前，鬼言『大賊』。若入房舍城邑宅中，鬼復常掃其腳迹，一切世人罵言佛法中賊，

一切眾生眼不欲見，破戒之人畜生無異，木頭無異等，即其義也。」（二二頁下）【案】大寶積經卷一一三，六四〇頁上～中；梵網經卷下，一〇〇九頁上。

〔六〕餘如上篇　簡正卷一六：「如上引四分『內空腐爛，外現見淨』等。」（九八〇頁上）資持卷下三：「即對施中。」（三九五頁中）

〔七〕無緣合敬　簡正卷一六：「無上所列諸緣名『無緣』，即須依次相敬也。」（九八〇頁上）資持卷下三：「無緣者，『緣』見次科。下禮於上，故云合敬。下『大小相敬』中自說，故此指之。」（三九五頁中）鈔批卷二六：「立謂：無病患因緣，及非十種非威儀緣者，須各各相敬。」（二二頁上）

〔八〕餘如後說　簡正卷一六：「『大小相敬』中也。」（九八〇頁上）

〔九〕大、小行　鈔批卷二六：「深云：非謂正便利時有人來禮，豈有斯事耶？但是大小便竟，未洗淨，不得受他禮，不得禮佛。應語言：『我未洗淨。』（云云，未詳。）又，食竟，未嗽口例之。私言：律中無文，但應是正大小便時，義亦無妨也。」（二二頁下）資持卷下三：「初廣引諸文，四分十種，大、小行為二。」（三九五頁中）

〔一〇〕嚼楊枝　鈔批卷二六：「四分律中有三事：在屏處、大小便、嚼楊枝也。既是屏事，故不合加禮也。礪疏引五分云：（二二頁下）佛塔前禮比丘，犯墮；著一衣時，不應禮者。慈云：五條為一衣也。有人云：但著內襯身衣，何妨五條為襯也！」（二三頁上）

〔一一〕塔中不應禮　資持卷下三：「非處也。」（三九五頁中）【案】增含卷二七，六九九頁下。

〔一二〕相瞋，屏處不得禮　簡正卷一六：「恐轉令他瞋故。屏處不見、眾鬧處等，不合禮。屏處不合禮，若聞而不見，雖禮前人不見故。若見而不聞，即口中陳寒喧等，前人不聞也。」（九八〇頁上）資持卷下三：「相瞋，謂心惡也。」（三九五頁中）【案】五分卷二六，一六九頁中。

〔一三〕十誦　資持卷下三：「十誦有五，并下二『塔前』，為七。」（三九五頁中）【案】二「塔前」，即於佛塔、聲聞塔前。十誦卷四一，二九九頁下。

〔一四〕著一衣　簡正卷一六：「謂但著涅槃僧也。闇中雖不隔障等，前人不見亦成屏也。（九八〇頁上）上三十餘緣，並不合禮。」（九八〇頁下）【案】僧祇卷三五，五一〇頁中。

〔一五〕佛塔前禮比丘，犯墮　資持卷下三：「五百問示犯，準應得吉。」（三九五頁

中）【案】五百問，九七三頁下。

〔一六〕皆謂別有所敬　資持卷下三：「『皆』下，別示經塔等不得之意。」（三九五頁中）

三、立敬儀式〔一〕

分三：初敬佛法，二、敬僧法，三、大小致禮法。

初中，敬佛塔法

若塔、廟、支提〔二〕受用受之物，乃至擬造堂殿、牀座材石等，已經佛像受用者，縱使風吹雨破，當奉敬之，如形像無異。故四分中，王〔三〕以園施佛，佛不受，當令奉僧。何以故？若佛園，及園物、房舍、房舍物、衣鉢、坐具、針筒，便是塔廟。一切諸天世人、沙門、魔、梵，不能受用，應恭敬如塔。若施僧者，我在僧中〔四〕。

增一云，告諸比丘，禮佛承事，有五功德〔五〕：一者端正〔六〕——以見佛像，發歡喜心；二者好聲〔七〕——由見形像，口自稱號「南無如來無所著至真等正覺〔八〕」；三、多財報〔九〕——由以華香供施故；四、生長者家〔一〇〕——由見形已，心無染著，志心禮故；五、命終生天〔一一〕。此即諸佛常法，當如是學〔一二〕。

智論，禮法有三〔一三〕：一者口禮；二、屈膝，頭不至地；三、頭至地，是為上禮。地持：當五輪至地作禮〔一四〕。阿含云：二肘、二膝、頂，名「輪」也，亦云「五體投地〔一五〕」。先正立已〔一六〕，合掌〔一七〕，右手褰衣，屈二膝已，次屈兩肘，以手承足〔一八〕，然後頂禮；後起頂頭，次肘，次膝，以為次第。不相亂〔一九〕也。

智論云：若聞諸佛功德，心敬尊重，恭敬讚歎〔二〇〕。知一切眾生中〔二一〕，德無過上，故言「尊」也；敬畏之心，過於父母、師長、君王，利益重故，故云「重」也；謙遜畏難故云「恭」；推其智德故云「敬」〔二二〕；美其功德，為讚；讚之不足，又稱〔二三〕揚之，為「歎」。又云：植佛福田者，「植」謂專心堅著也；隨以一善，禮誦香華等，至佛無盡，由智勝故〔二四〕。

毗尼母：不得著革屣入塔、繞塔〔二五〕。富羅不得入塔者，彼土諸人，著者皆起慢心，故不聽著；寒雪多處，聽著靴、富羅。三千云繞塔法〔二六〕：一、低頭視佛〔二七〕，二、不得蹈蟲，三、不左右視，四、不唾地〔二八〕，五、不與人語。又當念佛恩大難報〔二九〕，念佛智慧〔三〇〕，

念佛經戒〔三一〕，念佛功德〔三二〕，念佛精進乃至泥洹〔三三〕；又念僧恩〔三四〕、師恩、父母恩〔三五〕、同學恩〔三六〕；又念一切人，皆使解脫離苦；又念學慧，除其三毒，求出要道。見塔上草，念手去之，不得捉拔；有不淨，即分除之〔三七〕。若天雨，當脫履塔下，乃上禮佛〔三八〕。

五百問云：比丘繞塔，女眾隨者，不得；有優婆塞，不犯〔三九〕。大論〔四○〕：如法供養法，必應右繞。賢愚：舍利弗辭佛，膝行繞百帀〔四一〕也。善見云辭佛法：繞佛三帀，四方作禮而去，合十指爪掌，叉手於頂上，卻行〔四二〕，絕不見如來；更復作禮，迴前而去。雜含云：憍陳如久不見佛，後來，便以面掩佛足上，致禮〔四三〕。

二、正明相〔四四〕者

佛像經教，住持靈儀，並是我等所尊敬，則至真齊觀〔四五〕。今流俗僧尼，多不奉佛法〔四六〕，並愚教網，內無正信，見不高遠，致虧大節〔四七〕；或在形像之前〔四八〕，更相戲弄，出非法語，舉目攘臂〔四九〕，偏指聖儀〔五○〕；或端坐倨傲，情無畏憚，雖見經像，不起迎奉——致令俗人輕笑，損滅正法。故僧祇中：禮人不得對於佛、法；乃至懸施旛蓋〔五一〕，不得蹈像，別施梯隥。以此文證，明敬處別。既知多過，彌須大慎！至堂殿、塔廟，如覆冰臨深；覩形像、經教，必懍然加敬。此則道俗通知奉法，賢聖達其信心。且如對王臣、令長〔五二〕，事亦可會。凡情難任，聖法宜遵〔五三〕。比世中，多有在下牀上禮佛者，此全無楷模〔五四〕。敬人尚自被責〔五五〕，敬佛自心在慢。有心存道者，必不行之。余親問天竺諸僧，諸國無有此法，來此方見。又三千威儀云：自在高處；及上座在前，自於後作禮；亦不得座上作禮。

十誦：聽持香爐、伎樂，在僧、佛前行〔五六〕；為和尚傳信，得代和尚禮〔五七〕；得對佛加趺坐〔五八〕。僧祇云：作樂供佛，有欲心著，即須捨去；俗人倩結華、研香供佛者，得〔五九〕；餘一切不合。大論、持世經並云：為眾生故，碎身如麻米，又如芥子〔六○〕，令眾生恭敬故，得入涅槃。僧祇：佛生日，乃至涅槃日，為大眾說法，稱揚佛德〔六一〕。薩婆多〔六二〕云：二月八日成佛，亦以此日生；八月八日轉法輪，亦以此日取涅槃。若依瑞應等經，多云四月八日生。涅槃初云：二月十五日臨涅槃，復度十仙〔六三〕，云「過三月已，入涅槃」。月德太子經：八月十五日入滅〔六四〕。此並由眾生見聞不同故，時節不等〔六五〕。智論云：王舍城十

二億家，舍婆提城九億家，尚三億見或聞〔六六〕——由慢業故〔六七〕。佛世猶爾，何況末法轉輕，心業最重〔六八〕。四分〔六九〕云：「何得知正法久住？」佛言：「若比丘敬佛、法、僧戒，以是故，正法不滅。反上則滅。」

次，明敬僧法〔七〇〕

若眾主是和尚、闍梨，隨徒並是弟子者，縱有十人、二十人，立奉敬者，亦無有違〔七一〕。傳云「佛見僧來便立」者，此無正教〔七二〕。

若師僧犯「僧殘」已下罪〔七三〕者，必欲行別住，佛制弟子經理〔七四〕，亦須恭敬禮拜〔七五〕。為僧設禮，非禮弟子〔七六〕。如是例之〔七七〕。

次明大小設禮法

毗尼母云：吾去世後，當依波羅提木叉行法。當各各謙卑行之，除去憍慢，安心淨法〔七八〕。下座稱上座為「尊者〔七九〕」，上座稱下座為「慧命〔八〇〕」。

四分：五眾相禮，如來及塔通禮〔八一〕。初，小沙彌尼禮大沙彌尼、沙彌、式叉、比丘尼、比丘、如來及六塔〔八二〕；二、小沙彌禮大沙彌尼、沙彌乃至如來及六塔；三、小式叉摩那禮大式叉，乃至如來及四塔；四、小尼禮大尼〔八三〕、比丘、如來三人、三塔；五、小比丘禮大比丘及如來二人及塔。五百問云：得禮師塚〔八四〕。還自問曰：「生時是師，死成枯骨，何由向禮？」答：「佛在世時，應須供養，泥洹已，亦是枯骨。師亦如是，須報恩故，得禮塚也。」死屍未葬，義準禮之〔八五〕。四分：沙彌當以生年為次第〔八六〕。若生年等者，應以出家年為次第。問〔八七〕：「沙彌得禮大沙彌尼。男女位別，今許禮者？」答：「莫非未具總名，無勝德可彰〔八八〕；又非師攝，但得向禮，及以屍塚〔八九〕也。」

四分：至上座前，脫革屣，偏袒右肩，合掌，手執兩足，云「我和南」，義云「度我」。而作禮也。出要儀云：「和南」者，為恭敬也。聲論云：「槃那寐」，此翻為「禮」。五分：若人多，但別禮師，總禮餘人而去。中含云：至俗人家，先坐已，後設禮敬。餘廣如彼恭敬經說〔九〇〕。

毗尼母〔九一〕云：從無夏至九夏，是下座；十夏至十九夏，名中座；二十夏至四十九夏，名上座；五十夏已去，一切沙門、國王之所尊敬，是耆舊長老。

僧祇：無歲比丘得共三歲坐，乃至七歲得共十歲坐〔九二〕。若臥牀，得三人坐〔九三〕。坐牀，二人坐，長一肘半牀，相降三歲，得二人共坐；

若減，併與上座〔九四〕。若臥牀過三肘，得降四歲共坐〔九五〕；若減，不得。若大集會，牀座少，得連牀接繫，勿令使動，得同坐。若方褥，長三肘〔九六〕，得共四歲坐；減者，不得。若散敷草地，共坐無罪〔九七〕。伽論云：地敷，得共未受具人坐〔九八〕。薩婆多：長牀相接，但令異席、異褥、異繁，令中空絕各異，得與女人坐〔九九〕。

僧祇：受人禮拜，不得如啞羊不語〔一〇〇〕。當相問訊「少病、少惱、安樂不」「道路不疲苦」等。共上座語，亦得云「慧命」〔一〇一〕。

【校釋】

〔一〕立敬儀式　資持卷下三：「標分有三。初是佛寶，義須兼法；下正明云佛像經教住持儀等是也，即題中『像』字；下之二科，僧別分之，即題中『僧』字。」（三九五頁中）

〔二〕塔、廟、支提　簡正卷一六：「梵云『塔婆』，或云『偷婆』，此云『高勝處』。今言『塔』者，存略名也。新云『卒都婆』者，此云『高顯處』，謂封殯舍利處也。廟，貌也，安形像處。支提，亦是塔廟之異名。生處、訖法處、苦行處等，皆置立支提也。」（九八〇頁下）資持卷下三：「準前盜戒，佛受用物乃至為佛，亦不得賣易。支提亦翻為廟。」（三九五頁中）【案】「敬佛」分二，初示敬塔廟儀，次正明示敬像儀。

〔三〕王　資持卷下三：「王即瓶沙王。」（三九五頁中）【案】四分卷五〇，九四一頁中。

〔四〕若施僧者，我在僧中　鈔批卷二六：「謂在應供僧中也。」（二三頁上）資持卷下三：「注文語勢連上，合是大書，疑其傳誤。施佛則永不通僧，施僧則兼通於佛。」（三九五頁中）【案】資持釋文中的「大書」，即是正文，不是注文。五分卷一六，一一〇頁中。

〔五〕五功德　鈔科卷下三：「『增』下，承事感報。」（一二二頁中）資持卷下三：「五功德。前四別報，並列因果。後一總報，通前為因，故但示果。」（三九五頁中）【案】增含卷二四，六七四頁上。

〔六〕端正　鈔批卷二六：「以因禮佛，見佛形像，發歡喜心，以此因緣，而得端正。」（二三頁上）

〔七〕好聲　鈔批卷二六：「以見佛形像，口三自稱號『南無如來至真等正覺』。以此因緣得好音聲。」（二三頁上）

〔八〕南無如來無所著至真等正覺　資持卷下三：「『南無』，經音義中翻為『歸禮』，

或云『歸敬』，或云『度我』。『如來』者，成論云：乘如實道來成正覺。『無所著』者，離塵染故。『至真』者，離虛偽故。『等正覺』者，謂三世道同，正即簡異邪妄。」（三九五頁中）

〔九〕**多財報**　鈔批卷二六：「以見如來，而作大施，散香然燈，及餘所施之物。以此因緣，獲大財寶。」（二三頁上）

〔一〇〕**生長者家**　鈔批卷二六：「以見如來形已，心無染著，右膝著地，長跪叉手，至心禮佛。以此因緣，生長者家。」（二三頁上）

〔一一〕**命終生天**　鈔批卷二六：「以諸佛世尊常法，諸有眾生，以五事因緣，禮如來者，便生善處天上。」（二三頁上）

〔一二〕**此即諸佛常法，當如是學**　資持卷下三：「『此即』下，勸修。諸佛所行，下凡宜學。」（三九五頁中）鈔批卷二六：「是故比丘，若男子、女人，欲禮佛者，當方便成此五功德，當如是學。且禮佛功德雖多，要而言之，得二種益：一者自行，二者莊嚴。從自行故，內長功德；莊嚴眾故，外生物善。」（二三頁上）

〔一三〕**禮法有三**　鈔科卷下三：「『智』下，設禮儀式。」（一二二頁中）資持卷下三：「初引三禮。口即言相審問，名下禮。屈膝即跪，為中禮。頭至地，即稽首也。」（三九五頁中）簡正卷一六：「正示禮儀。口禮即今問訊。玄云：既云不審，理合尊體。動止萬福，單言不審，亦非敬儀。（寶云：如北地人，喫茶飯了，去云但云『謝』，亦非禮儀也。）二、屈膝者，長跪禮，名中禮也。三、頭至地，將貴頂頭禮前卑足，敬之極故，為頂禮。如論云：頂禮佛足，哀世尊也。」（九八〇頁下）【案】智論卷一〇〇，七五一頁上。

〔一四〕**五輪至地作禮**　簡正卷一六：「五者，數。身有五處也，圓滿如輪。輪即摧破義，推破心中輕慢煩惱也。（有釋：儒宗九拜，出自太祝之官：一、稽手，二、頓首，三、振動，五、凶拜，六、吉祥，七、奇，八、褒，九、肅拜。今此五輪，即初拜也。又准西域記，致敬之式，其儀有九：一、發言慰問，二、府手示敬，三、舉高揖，四、合掌手供，五、屈膝，六、長跪，七、手膝倨地，八、五輪俱屈，九、五體投地。今當第九也。）」（九八〇頁下）【案】地持卷七，九二六頁上。

〔一五〕**五體投地**　資持卷下三：「地持語通，故引阿含續釋。五處皆圓，故名『五輪』。四支及首，名為『五體』。『輪』則別指五處，『體』則通目一身。」（三九五頁中）【案】「五」，底本為「丘」，據大正藏本及弘一校注改。

〔一六〕先正立已　資持卷下三：「『先』下，正示禮儀。正立者，攝身儀也。」（三九五頁中）

〔一七〕合掌　資持卷下三：「定心想也。兩掌相抵，指掌齊合，今人但合指耳。」（三九五頁中）

〔一八〕以手承足　資持卷下三：「舒手仰承，表敬之極。今人有結印者，不知法也。」（三九五頁中）

〔一九〕不相亂　簡正卷一六：「先下者後起，後下者先起。」（九八〇頁下）資持卷下三：「屈則先下後上，起則先上後下，故注云不相亂也。」（三九五頁中）

〔二〇〕若聞諸佛功德，心敬尊重，恭敬讚歎　鈔科卷下三：「『智』下，對境用心。」（一二二頁中）簡正卷一六：「『智論』下，六義中具三業：尊重是意業，恭敬是身業，讚歎是口業。」（九八〇頁下）【案】智論卷三〇，二七六頁下。

〔二一〕知一切眾生中　資持卷下三：「『知』下，牒釋六義。通是敬心，別分三業。」（三九五頁下）

〔二二〕謙遜畏難故云「恭」，推其智德故云「敬」　資持卷下三：「『恭敬』二字，義必兼身。又，通約『能敬』，『尊重』二字，則兼『所敬』。」（三九五頁下）

〔二三〕稱　【案】底本為「秞」，據大正藏本及弘一校注改。

〔二四〕隨以一善，禮誦香華等，至佛無盡，由智勝故　資持卷下三：「『隨』下，法合。一善等是因，至佛是果。『由』下，顯意。」（三九五頁下）簡正卷一六：「至佛無盡者，至成佛時，功德不盡也。由智勝者，一、由佛智勝，二、由人心智勝。為求菩提而施，故無盡也。」（九八〇頁下）

〔二五〕不得著革屣入塔、繞塔　鈔科卷下三：「『毗』下，入塔法。」（一二二頁中）資持卷下三：「西國以跣足為敬，故不得入塔。此方以穿著為禮，或著襪履，亦須潔淨。」（三九五頁下）【案】毗尼母卷五，八二五頁下。

〔二六〕寒雪多處，聽著靴富羅　簡正卷一六：「寒雪處，開靴等即入塔，非慢心。」（九八一頁上）資持卷下三：「開邊國。」（三九五頁下）扶桑記：「富羅，濟緣記：即是皮履。又云：靴之類。」（三四八頁上）【案】毗尼母卷四，八二二頁上。

〔二七〕繞塔法　資持卷下三：「初，明遶法：一、現卑下，二、示慈心，三、離輕掉，四、離觸穢，五、離潰鬧。」（三九五頁下）【案】三千卷一，九一五頁中。

〔二八〕地　【案】底本為「佛」，據敦煌甲本及三千改。

〔二九〕又當念佛恩大難報　簡正卷一六：「念佛恩者，〔有將『太』（【案】『太』鈔作

『大』。）字在上句者，亦通。〕謂三祇劫修行，垂六道化導有情，令其出離也。」（九八一頁上）資持卷下三：「『又當』下，次，明用心。念佛恩者，無量劫來為度我等，不惜身命求菩提故。」（三九五頁下）

〔三〇〕**念佛智慧**　資持卷下三：「權巧方便，不思議故。」（三九五頁下）

〔三一〕**念佛經戒**　資持卷下三：「三藏教法，開發我故。」（三九五頁下）簡正卷一六：「依此『能詮』求『所詮』義，能識邪正修行故。」（九八一頁上）

〔三二〕**念佛功德**　資持卷下三：「威神相好，無與等故。」（三九五頁下）

〔三三〕**念佛精進乃至泥洹**　資持卷下三：「念精進者，乃至無一芥子地，非捨身處故。念泥洹者，示現滅度，令諸眾生，追慕勤修故。『乃至』者，略降生、成道、轉法輪故。」（三九五頁下）

〔三四〕**念僧恩**　鈔批卷二六：「念佛慈悲，塵形六道，化導眾生，歷劫苦行，捨身頭目，至求菩提，教我輩曾無有倦也。俱舍十八云：菩薩過去，專精經七日晝夜，忘下一足，（二三頁上）以妙伽陀讚底沙佛，名為精進圓滿。讚曰：天地此界多聞室，逝宮天處十方無，丈夫牛王大沙門，尋地山林遍無等。由此讚故，釋迦便超彌勒九劫。」（二三頁下）資持卷下三：「僧是福田，師則攝誘。（上即三寶。）」（三九五頁下）【案】俱舍卷一八，九五頁中。

〔三五〕**師恩、父母恩**　鈔批卷二六：「師僧生我法身，父母育我肉身，故須念也。」（二三頁下）

〔三六〕**同學恩**　簡正卷一六：「謂能互相率勵琢磨，有道之益故。」（九八一頁上）鈔批卷二六：「謂同學互相率勵，然進善業，故俗云學無朋友，孤陋寡聞，此言實也。然朋友主相成成（【案】次『成』疑剩。）之道，有切磋之益也。又云：生之父母也，成之朋友也。對此須引大莊嚴論，明比丘為屠兒事。」（二三頁下）資持卷下三：「父母生育，同學琢磨，皆思報故。念一切人即利他，念學慧即自利。」（三九五頁下）

〔三七〕**有不淨，即分除之**　資持卷下三：「念除草，即營福。」（三九五頁下）

〔三八〕**若天雨，當脫履塔下，乃上禮佛**　資持卷下三：「天晴，亦通著上，但須淨耳。如上所念，不出三寶親友，慈悲福慧，自利利他。」（三九五頁下）

〔三九〕**五百問**　資持卷下三：「五百問息嫌疑。」（三九五頁下）【案】五百問，九四一頁中。

〔四〇〕**大論**　資持卷下三：「智論示遶法。」（三九五頁下）【案】智論卷六七，五三一頁中。

〔四一〕**舍利弗辭佛，膝行繞百帀** 簡正卷一六：「不欲見佛入涅槃故，歸本村先入滅也。」（九八一頁上）資持卷下三：「賢愚明禮辭。彼說：舍利弗辭佛入涅槃。佛問：『何不住壽一劫？』答曰：『世尊年尚八十，不久涅槃，我不忍見故。』又，三世諸佛，上足弟子，皆先取涅槃。（按本起經，是佛右面，弟子且連左面故也。）經文但示旋遶。」（三九五頁下）【案】賢愚卷六，三八七頁下。

〔四二〕**卻行** 簡正卷一六：「即背前面，後退行也。」（九八一頁上）【案】善見卷五，七〇五頁下。

〔四三〕**憍陳如久不見佛，後來，便以面掩佛足上，致禮** 資持卷下三：「雜含中，明禮足示敬之極。然諸經論，皆令右遶，古今諍論，紛紜不息，都緣不曉遶佛遶壇，兩儀自別。且直據祖教，略明大途，餘廣如別。初明遶佛者。歸敬儀云：右遶者，面西北轉（三九五頁下），（如像面南行者，面北舉步，迴身面西而去，從北而迴。），右肩袒侍，向佛而恭。（此示正儀。）比見有僧非於此法，便東迴北轉，此為右（【案】『右』疑『左』。）遶。（出錯見也。）西竺梵僧闐聚京邑，經行旋遶，目閱其蹤，並乃西迴而為右遶，以順天道，如日月焉。（此引親見之事，證成上義。）次明遶壇者。感通傳天人述西竺戒壇云：眾僧登壇，受戒、說戒事訖，東迴左遶，南出而返。戒壇經祖師對真懿云：律師勿見東迴左遶，以為非法耶？此乃天常之大理也。（感通傳云：天常乃左，人常乃右。）祖訓明顯，人妄穿鑿，或曲引俗書，（如執天文誌李長者之說是也。）或妄憑世事，（如執牛踏稻、蜘蛛結網之類。）且遶佛者，本乎致敬。遶壇者，便乎行事。致敬，則必須右遶，表執侍之恭勤。行事，則必須左遶，使上下而倫序。（如入食堂及說、恣時，入堂之式。）必依此判，寧復疑乎？『若爾，壇經云：東迴北轉，遶佛一匝者？』答：『此本登壇，為行受法，因旋佛後，故云遶佛。豈同殿塔！特申卑敬耶。（古記引秀州靈光舍利左遶為證。子親瞻禮，但睹金鐸動搖，豈見舍利左右？此亦欺罔之甚！）（三九六頁上）【案】雜含卷四五，三二九頁中。

〔四四〕**正明相** 鈔批卷二六：「謂上是引文證，必須加敬。此下正明敬之儀式也。」（二四頁上【案】「正明」分二：初，「佛像」下，總斥非法；二、「十誦聽」下，列敬相。

〔四五〕**並是我等所尊敬，則至真齊觀** 資持卷下三：「初敘合敬。『我等』者，通指末代。敬像同真佛，敬經同真法，故云齊觀。」（三九六頁上）簡正卷一六：「至真齊觀者，（表云：平聲呼之，今作『去』，似順也。）敬泥像，如真不殊也。」

（九八一頁上）鈔批卷二六：「立謂：敬泥尊素像，如敬至真之佛不異故，故言齊觀也。」（二四頁上）

〔四六〕今流俗僧尼，多不奉佛法　鈔科卷下三：「初，通斥輕慢之相。」（一二二頁下）簡正卷一六：「『今流俗』下，辨非也。不信法身，廓周法界觀，其云盡見是非真，不生敬意，即虧於大節也。」（九八一頁上）【案】通斥分二：初，「今流」下；二、「故僧」下。

〔四七〕並愚教網，內無正信，見不高遠，致虧大節　資持卷下三：「『並』下，示所以。初句無智，次句無信，三即無識。由無此三，不守禮度，故云虧大節也。」（三九六頁上）簡正卷一六：「不信法身，廓周法界，觀其云盡，見是非真，不生敬意，即虧於大節也。」（九八一頁上）

〔四八〕或在形像之前　資持卷下三：「『或』下，出非相。文敘多事，不出三業。」（三九六頁上）簡正卷一六：「『或在』下，正明不敬之相也。」（九八一頁上）鈔批卷二六：「攘者，卻也，將臂卻後也。又可將臂上衣向後曰卻也。如言攘災者，亦是卻災也。遍（【案】『遍』疑『偏』。）指聖儀者，謂指於像，云此匠拙，太長短等也。」（二四頁上）

〔四九〕攘臂　資持卷下三：「『攘謂揎袖出臂，憚難也。』（三九六頁上）簡正卷一六：「攘臂者，玄云：攘者，卻也。謂將臂向後卻也。（不正。）今云攘者，宜臂上衣露至肘遍也。」（九八一頁上）鈔批卷二六：「攘者，卻也，將臂卻後也。又可將臂上衣向後曰卻也。如言攘災者，亦是卻災也。」（二四頁上）

〔五〇〕偏指聖儀　簡正卷一六：「謂指尊像『此好此惡』等。『凡情』下，若縱任凡情，多行非法，遵崇聖教，免見乖儀也。」（九八一頁上）鈔批卷二六：「謂指於像，云此匠拙，太長短等也。」（二四頁上）

〔五一〕懸施幡蓋　資持卷下三：「引文禮人懸幡，俱非惡事。猶誡輕侮，良由對聖，更無所尊，故云敬處別也。蹈，謂足踐。」（三九六頁上）

〔五二〕令長　資持卷下三：「『且』下，舉況。令長，即郡縣官典。」（三九六頁上）

〔五三〕凡情難任，聖法宜遵　資持卷下三：「『凡』下，勸依任信也。」（三九六頁上）簡正卷一六：「『凡情』下，若縱任凡情，多行非法，遵崇聖教，免見乖儀也。」（九八一頁上）

〔五四〕比世中，多有在下牀上禮佛者，此全無楷模　鈔科卷下三：「『比』下，別斥居牀設禮。」（一二二頁下）簡正卷一六：「明此土非相也。」（九八一頁上）資持卷下三：「『下牀』即低牀。今時愚徒，多習訛風，有識苟聞，幸宜悛革！

『此』下，正斥。祖師嘗遊晉、魏，親睹其事，乃於床上與僧設禮。彼反責之，故云敬人等。楷模即指法律。」（三九六頁中）

〔五五〕**敬人尚自被責**　簡正卷一六：「玄云：如拜官人，身居床上，豈不被責耶？（不正。）今准表釋，謂鈔主遊於魏府，彼僧相承床上禮佛。鈔主觀此非法，意欲改之。見彼僧時，乃上床上設禮，彼遂責及等。」（九八一頁上）鈔批卷二六：「且如拜官長於床上，豈不被責也！況禮佛耶？今京中小寺時有此事，盡在床上禮佛。曾聞有遊方小師至食堂中，上床禮上座老僧。老僧即呵責：『師從何處來，頓少法用，如何床上禮我？』答云：『闍梨大於佛耶？闍梨是佛弟子，尚於床上禮佛。某甲在床，禮於闍梨，何爽而以見責？』老師當時結舌，不作一言。」（二四頁上）

〔五六〕**聽持香爐、伎樂，在僧、佛前行**　鈔科卷下三：「『十』下，雜列敬相。」（一二二頁下）資持卷下三：「十誦三事。初，在前行，為導從故。『伎樂』即伎者、樂器。準下僧祇，即是自作，非但手持。」（三九六頁中）鈔批卷二六：「如弟子欲遊行，謂語云：『汝若見大德某尊像，為我致禮。』其和上即禮弟子云：『為我傳禮也。』其弟子得受師禮，以受寄也，至彼傳拜。今俗家多有此事。」（三九六頁中）【案】「三事」即持香導引、為僧傳信和代和尚禮坐。「十誦聽」下分四：初，「十誦聽」下；二、「大論持」下；三、「僧祇佛」下；四、「四分云」下。

〔五七〕**為和尚傳信，得代和尚禮**　資持卷下三：「『為』下，次，代他禮為傳信故。文開和尚，餘人理得。（古云，似俗中傳拜，先受命禮。據理不然，但須師囑，上座準同。）」（三九六頁中）簡正卷一六：「代和上禮者，謂弟子遊行，語云：『若見彼某人大德等，與我設禮。』其師便禮弟子，弟子得受師三拜，以表受寄也。雖受師禮，不失敬儀。若准俗中，傳拜即不得受。纔一拜了，至第二拜初，便避之等。」（九八一頁下）鈔批卷二六：「如弟子欲遊行，謂語云：『汝若見大德某尊像，為我致禮。』其和上即禮弟子云：『為我傳禮也。』其弟子得受師禮，以受寄也，至彼傳拜。今俗家多有此事。」（三九六頁中）

〔五八〕**得對佛加趺坐**　資持卷下三：「『得』下，三、明對坐。或為瞻想，或復禪誦故。」（三九六頁中）

〔五九〕**俗人倩結華、研香供佛者，得**　資持卷下三：「次明為俗所使，唯開佛事。」（三九六頁中）簡正卷一六：「俗使僧為之，亦為供養，佛故開作。」（九八一頁下）

〔六〇〕**碎身如麻米，又如芥子**　鈔科卷下三：「『大』下，遺身利物。」（一二二頁下）
簡正卷一六：「『大論』下，證上為利益接引，故通許也。」（九八一頁下）資
持卷下三：「智論、持世並述如來遺身之意。欲彰恭敬，獲報甚深。麻米、芥
子，並比舍利。持世經有四卷。第一云：我今雖得阿耨菩提，猶精進不息，至
涅槃時，猶發精進，碎身骨如芥子。何以故？憐愍未來眾生故。又，應以舍利
度者，心得清淨故。」（三九六頁中）鈔批卷二六：「案智論第五十九云：若男
子女人，自供養舍利。若復有人分舍利如芥子許與他人，令供養，其福甚多。
世尊見此福利眾生故，入金剛三昧，自碎金剛身，作末舍利。何以故？有人於
佛滅後，供養舍利，乃至如芥子許，其福報無邊，乃至苦盡。又，按持世經云：
釋迦如來勤行精進，是故今日得無上菩提、難得菩提，精進不休，至涅槃時，
猶發精進，碎身骨如芥子，解散支節。何以故？怜愍未來諸眾生故，起大悲，
分布舍利，乃至如芥子，皆與神力。我滅度後，若有眾生應以舍利度者，心得
清淨。」（二四頁下）【案】智論卷五九，四八〇頁上。持世經卷一，大正藏第
一四冊，六四五頁上。

〔六一〕**佛生日，乃至涅槃日，為大眾說法，稱揚佛德**　鈔科卷下三：「『僧』下，修供
時節。」（一二二頁下）簡正卷一六：「越『得道』及『轉法輪』二時也。」（九
八一頁上）資持卷下三：「前引僧祇，通示四時。文略『成道』、『轉法輪』二
日，故云『乃至』。（今時但知降生、涅槃，二時供養，餘二，舉世未聞，聞者
行之。）」（三九六頁中）

〔六二〕**薩婆多云**　資持卷下三：「『薩』下，次定日月。又二：初，引文示異。多論總
明四日，但二日重疊。今取下瑞應四月八日降生。復準涅槃，二月十五日滅
度，則四日各異修供可行。復是此方機緣所樂，故一年四日，釋門時節：二月
八日成道，二月十五日涅槃，四月八日降生，八月八日轉法輪。適時之義，勿
事專隅。成道一日，唯出多論。生滅二日，如下自明。轉法輪日者，準今四
分。成道後五十六日，梵王方請，（四月初五，一小月故。）尋至鹿野，四月
調機。（八月初七，二小月故，過此說法，即八日也。）或有經說，成道後過
六七（三九六頁中）日說法，或云二七，或云三七，皆不可定。」（三九六頁
下）【案】多論卷二，五一〇頁中。太子瑞應本起經卷一，大正藏第三冊，四
七三頁下。

〔六三〕**二月十五日臨涅槃，復度十仙**　資持卷下三：「後引涅槃、月德，別明入滅。
涅槃初云者，即第一卷序分中文，簡後三十故。彼云：娑羅雙樹間，爾時與大

比丘八十億百千人俱前後圍繞，二月十五臨涅槃時，十仙者：一、闍提首那，二、婆私吒，三、先尼，四、迦葉氏，五、富那，六、淨梵志，七、犢子，八、納衣梵志，九、弘廣婆羅門，十、須跋陀羅。此十，並外道上首，聞佛涅槃，歸依得度。過三月者，即五月半後。又，第三十卷師子吼言：『世尊，何故二月涅槃？』佛言：『善男子，二月陽春之月，萬物生長，華果敷榮，江河盈滿，百獸孚乳。（『孚』猶生也。）是時，眾生多生常想，為破眾生如是常心故。』師子吼言：『如來初生、出家、成道、轉妙法輪，皆以八日，何故涅槃獨十五日？』佛言：『善男子，如十五日，月無虧盈，諸佛如來亦復如是，入大涅槃無有虧盈故。』（故知一經前後自別，今時即用後文。）（三九六頁下）簡正卷一六：「謂魔王是十一月十五日來請佛，言待過三月，證知定是二月十五日也。舍婆提即舍衛城，彼三億家見佛聞法，三億家但聞有佛名，更三億家不聞不見佛在彼處。得二十五年，由有眾生見聞不等。況今遠代，何辨定時？盖是眾生情慢、業重、輕機，悟非一故。准鈔文意，只如此已誠斷訖，不要別解。（或有依遠疏云：佛卯月八日生。寶法師云：蓋是建正不定故，到二四之別也。夏時建寅為正月故。二月中，卯也因（原注：『因』疑『周』，若『殷』。）時建子，為正月四月為卯也。今取此為定也。又二月八日成道，八月八日轉法輪定者，准四分，成道後五十六日，梵王方請轉法輪，經四月調根故。又二月十五日涅槃者，准涅槃經佛言：二月是陽春之月，江河盈滿，百獸孚乳，草木森榮，一切眾生多生常相，又破此，故取二月也。又謂二種法身，十五日者，月無虧盈也。）」（九八一頁下）【案】北本涅槃卷一，三六五頁下。

〔六四〕八月十五日入滅　資持卷下三：「月德中，與上多論相近。阿含亦云：如來八月八日涅槃。」（三九六頁下）

〔六五〕此並由眾生見聞不同故，時節不等　資持卷下三：「『並』下，二、約義會通。」（三九六頁下）【案】智論卷三，七八頁上。

〔六六〕王舍城十二億家，舍婆提城九億家，尚三億見或聞　資持卷下三：「舍婆提即是舍衛。文中且舉見、聞。準論，具云舍衛九億家，三億家眼見佛，三億家耳聞有佛而眼不見，三億家不聞不見。佛在舍衛二十五年，而此眾生不聞不見，何況遠者！（論舉王舍億數，不說見聞。）」（三九六頁下）【案】智論卷九，一二五頁下。

〔六七〕由慢業故　資持卷下三：「出『不見』及『不聞』之所以。」（三九六頁下）

〔六八〕佛世猶爾，何況末法轉輕，心業最重　資持卷下三：「『佛』下，舉況。滅後正

法不及現在，像不及正，末不及像，故云轉輕，謂奉佛之心薄也。『心業』即慢習也。（古記並以夏、殷、周三代正朔，和會諸文者，甚違租（【案】『租』疑『祖』。）意。若可和會，即非見聞不同，況復經論？並據西竺日月，那將此方正朔和會耶？）感通傳祖師問天人云：（三九六頁下）『此土傳佛生時不定，如何指的？』天人答云：『皆有所以。弟子是夏桀時生，具見佛之垂跡。然佛有三身，法、報二身，非人天所見；化身普被三千。故有百億釋迦，隨機所感，前後不定，不足疑也。』（準知昔記不可依也。）」（三九七頁上）

〔六九〕四分　鈔科卷下三：「『四』下，相敬遠益。」（一二二頁下）

〔七〇〕敬僧法　資持卷下三：「謂四人已上大眾也。」（三九七頁上）

〔七一〕亦無有違　鈔科卷下三：「初，攝眾開徒立。」（一二二頁上）簡正卷一六：「亦無有違者，若十、二十，雖成僧，（九八一頁下）立在師前，安然大坐，不乖敬儀，即弟子之僧，立奉敬師故。」（九八二頁上）資持卷下三：「前明徒眾侍立。無有違者，謂順教也。」（三九七頁上）

〔七二〕傳云「佛見僧來便立」者，此無正教　資持卷下三：「『傳』下，指妄。『傳』字，平呼。今時禪講不知禮法，端受眾禮，壞滅僧宗。且四人僧者，辦事功高，別人力弱，理無反敬，為存教誡，暫開眾立。況外無軌範，內德空虛，但欲自尊，寧思來報，必負高識，願聽直言。或對大眾必須起敬，或受眾禮，止可三人；或眾圍立，恒知非便。既居師表，豈得懵然！」（三九七頁上）鈔批卷二六：「立云：謂女人相傳此說也。無別記傳。（未詳。）」（二五頁下）

〔七三〕若師僧犯「僧殘」已下罪　鈔科卷下三：「『若』下，受懺須師禮。」（一二二頁上）資持卷下三：「僧殘已下者，以犯初篇，失師位故。」（三九七頁上）

〔七四〕佛制弟子經理　資持卷下三：「謂求僧行法弟子預數故。」（三九七頁上）

〔七五〕亦須恭敬禮拜　資持卷下三：「謂師乞懺，設禮陳詞也。」（三九七頁上）

〔七六〕為僧設禮，非禮弟子　資持卷下三：「『為』下二句，明反敬之意。是知弟子在僧，但據僧別強弱，不論師資高下也。」（三九七頁上）簡正卷一六：「師若有犯，未悔之時，普集僧徒，皆是弟子。和尚禮僧，求悔之時，即師禮弟子之僧也。」（九八二頁上）鈔批卷二六：「謂師犯僧殘，請二十出罪，並是門徒者，亦得致禮，以是僧故，而得禮也。」（二五頁下）

〔七七〕如是例之　資持卷下三：「行懺既爾，齋講餘事，準義皆同。」（三九七頁上）

〔七八〕淨法　資持卷下三：「『當』下，次令相敬。『淨法』即律範。」（三九七頁上）

〔七九〕尊者　簡正卷一六：「約相為言，位尊於己。」（九八二頁上）資持卷下三：「謂

臘高德重，為人所尊。」（三九七頁上）

〔八〇〕**慧命** 簡正卷一六：「命者，據性為號，以慧為命也。」（九八二頁上）資持卷下三：「慧命，謂博聞強識，以慧為命。皆相美讚之辭也。」（三九七頁上）【案】毗尼母卷四，八二〇頁中。

〔八一〕**五眾相禮，如來及塔通禮** 鈔科卷下三：「『四』下，五眾相禮。」（一二二頁中）資持卷下三：「初，通示。『五眾』下，略『及塔』字。相禮者，若五眾相對，則四位尊卑。二眾沙彌，同一位故。若五眾各論，自分大小，當眾同臘，則須對禮。如來及塔，五眾齊敬，一向是尊，故云通禮。塔即墳塚。」（三九七頁上）【案】「四分」下文分為二：初，「四分五眾」下；二、「四分沙彌」下。初又分二：初，「四分」下；二、「五百問」下。

〔八二〕**六塔** 鈔科卷下三：「初，通明五眾。」（一二二頁中～下）簡正卷一六：「第一、第二皆云前是小沙彌尼、後是小僧沙彌。約其所禮境，皆合有六。有鈔本第二句但云『五塔』，恐是寫錯耳。其第三禮四、第四禮三、第五禮二。並如文。」（九八二頁上）【案】「次禮」義即依次而禮。此五句，四分無「如來」二字。四分卷五〇，九四〇頁中。

〔八三〕**尼** 【案】底本無，據大正藏本及四分加。

〔八四〕**得禮師塚** 鈔科卷下三：「『五』下，禮師屍塚。」（一二二頁下）資持卷下三：「決前禮塔，引佛為比，意在報恩。」（三九七頁中）【案】五百問，九七八頁中。

〔八五〕**死屍未葬，義準禮之** 資持卷下三：「『死』下，義準論明禮塚，不言屍故。」（三九七頁中）鈔批卷二六：「立謂：五百問中，雖令禮屍，然其約理，別脫之戒，但隨其形。形滅戒失，不合致禮。今許禮者，唯通其亡師。餘亡比丘，以非恩造之德，定不許禮也。此解有妨，以四分明文，五眾之塔，不得不禮大之塔。」（二五頁下）簡正卷一六：「答據文戒矢。然其身骨，曾加勝妙之法，約是所加之處，由可致禮，還如來生處，及得道處，起塔供養。此可例之。」（九八二頁上）

〔八六〕**沙彌當以生年為次第** 資持卷下三：「若據沙彌，亦取受戒前後，分上、中、下。此約多人。初受排次為言。『生年』即俗年長幼，『出家年』即入道先後。」（三九七頁中）扶桑記：「生年，此有異義。一義云：是定法同沙彌坐次時，以生年為本，以受十戒為末，故先以生年為次第；若生年等時，依十戒臘次第為次第也。」（三五〇頁上）【案】「四分沙」下分二：初，「四分」下明次第；二、「問」下釋。

〔八七〕問　簡正卷一六：「未具總名，雖男女位殊，具未圓具戒，但約大小也。」（九八二頁上）資持卷下三：「問意，恐謂下眾，同大僧故。」（三九七頁中）

〔八八〕莫非未具總名，無勝德可彰　資持卷下三：「初約戒等釋。未具總名者，同號沙彌故；無勝德者，戒體同故。」（三九七頁中）

〔八九〕又非師攝，但得向禮，及以屍塚　資持卷下三：「『又』下，次，約非師釋。大僧不爾，反上二義故；百歲比丘尼，禮初夏比丘足也。」（三九七頁中）

〔九〇〕如彼恭敬經說　資持卷下三：「『中』下，明受俗禮。恭敬經即中含所集。彼云：爾時世尊告諸比丘：『當行恭敬及善觀、敬重諸梵行人。若不恭敬，必無是處。』」（三九七頁中）鈔批卷二六：「案中含第十卷中有恭敬經，明比丘須恭敬事耳。佛告諸比丘：『汝等當行恭敬，及善觀敬重諸梵行人。』」（二五頁下）【案】中含卷一〇，四八六頁下。

〔九一〕毗尼母　鈔科卷下三：「『毗』下，約夏分位。」（一二二頁中）簡正卷一六：「就位別釋，約夏分三等。」（九八二頁上）資持卷下三：「母論四名，局據夏限。若如五分，取上無人，隨時受稱，則通大小。今時禪眾，無論老小，例稱上座，不知孰為下座乎！」（三九七頁中）

〔九二〕無歲比丘得共三歲坐，乃至七歲得共十歲坐　鈔科卷下三：「『僧』下，共坐階降。」（一二二頁中～下）資持卷下三：「初科，前明共坐限齊。」（三九七頁中）簡正卷一六：「『僧祇』下，辨比丘同坐法式也。勿使動恐乖敬儀非，謂防觸失也。草地不動搖，無不失禮之過也。」（九八二頁上）【案】本節分二：一、僧祇下；二、伽論下。僧祇卷三一，四八五頁中。

〔九三〕若臥牀，得三人坐　資持卷下三：「『若』下，次，明床敷大小。有三。初明床座。臥床三人坐者，謂減三肘者，坐床肘半二尺七寸。」（三九七頁中）【案】此為資持「若臥牀」下分三之一。

〔九四〕若減，併與上座　資持卷下三：「不容並坐故。」（三九七頁中）

〔九五〕若臥牀過三肘，得降四歲共坐　資持卷下三：「臥床過三肘者，五尺。四已上三人有餘，故加至四。降四歲者，如六歲得共十歲坐也。」（三九七頁中）

〔九六〕若方褥，長三肘　資持卷下三：「『若方』下，次明氈褥準前床量。」（三九七頁中）【案】此為資持「若臥牀」下分三之二。

〔九七〕若散敷草地，共坐無罪　資持卷下三：「『若散』下，後明敷草。由無限量，故得共坐。」（三九七頁中）【案】此為資持「若臥牀」下分三之三。

〔九八〕地敷，得共未受具人坐　鈔科卷下三：「『伽』下，示餘眾。」（一二二頁中）

　　　　簡正卷一六：「『伽論』下，明與未受具人坐法也。既是地敷，女無搖動，免觸
　　　　失過，故許也。」（九八二頁上）資持卷下三：「地敷義是長連不可動者。」（三
　　　　九七頁中）【案】伽論卷三，五八二頁上。

〔九九〕令中空絕各異，得與女人坐　簡正卷一六：「『薩婆多』下，明與女連接坐法也。
　　　　但許同一行鋪床，非約同床也。仍須中間靡槃有異，以避嫌疑也。」（九八二
　　　　頁上）資持卷下三：「床連席異，謂床上敷席也。中空絕者，準須相遠，方免
　　　　譏過。論明俗女，俗士可知。」（三九七頁中）【案】多論卷四，五二四頁下。

〔一〇〇〕不得如啞羊不語　鈔科卷下三：「『僧』下，受禮慰勞。」（一二二頁中）資
　　　　持卷下三：「彼有啞羊，外道受不語法。世有持不語者，謂為上行。此外道
　　　　法，宜速捨之。」（三九七頁中）【案】僧祇卷三五，五一〇頁中。

〔一〇一〕共上座語，亦得云「慧命」　資持卷下三：「『共』下，明呼召。（三九七頁
　　　　中）慧命名通，不專下座故。雖耆宿，亦得呼之。即如經中，慧命須菩提是
　　　　也。」（三九七頁下）

二、明造佛像、塔寺法

初，明造經像法意者

　　如來出世有二益：一、為現在生身說法〔一〕；二、未來經像流布〔二〕，
令諸眾生於彌勒佛聞法悟解，超升離生。此大意也。

　　恐後生造像無所表彰，故目連躬將匠工上天圖取〔三〕。如是三反，
方乃近真。至于下天，此像垂地來迎〔四〕，世尊命曰：「汝於來世，廣作
佛事。」因垂敕云：「我滅度後，造立形像，一一似佛，使見者得法身
儀則〔五〕，乃至幡華供養，皆於來世得念佛三昧，具諸相好〔六〕。如是造
立，是佛像體〔七〕。」此像，中國僧將來漢地〔八〕，諸國不許，各愛護之，不令出
境。王令依本寫留之。今後傳者，乃至四寫。彼本今在揚州長樂寺，亦云「龍光瑞像」，
云云。

　　今人隨情而造，各生奇薄，不追本實，競封世染〔九〕。所以中國傳
像，在嶺東者〔一〇〕，並皆風骨勁壯，儀肅隆重，每發神瑞，光世生善
〔一一〕。如「長干瑞像」，是阿育王第四女作〔一二〕。腳趺銘云，今在京師〔一三〕，大
發靈相。逮于漢世，髮髵入真；流之晉、宋，頗皆近實〔一四〕。並由敬心
殷重，意存景仰，準聖模樣，故所造靈異〔一五〕。

　　今隨世末，人務情巧，得在福敬，失在法式〔一六〕。但問尺寸短長，
不論耳目全具：或爭價利鈍、計供厚薄〔一七〕；酒肉餉遺，貪婬俗務，身

無潔淨，心唯涉利〔一八〕。致使尊像雖樹〔一九〕，無復威靈。菩薩立形，譬類婬女之像，金剛顯貌，等逾妬婦之儀〔二〇〕。乃至抄寫經卷，唯務賤得，弱筆麤紙，惡匠鄙養〔二一〕。致使前工無敬，自心有慢，彼此通賤，法儀滅矣。

致令經像訓世，為諸信首，反自輕侮，威靈焉在〔二二〕？故致偷盜毀壞，私竊治鑄，焚經受用，多陷罪咎〔二三〕。並由違背世、出世法〔二四〕，現在、未來受無量苦，皆由失法之所致也。

若使道俗存法，造得真儀，鳥獸不敢汙踐，何況人乎！近見有賊，劫盜瑞像，纔入佛殿，便忽迷悶，莫知所趣〔二五〕。至曉，寺僧怪問，久而方醒。云云。但能奉聖像儀，佛亦垂形示跡。

善見云：佛右牙，帝釋處〔二六〕；右缺盆骨，師子國中〔二七〕。增一：優填王造栴檀，波斯匿王造紫金，二像各長五尺〔二八〕。

次，明造塔法

雜心云：有舍利名「塔」，無者名「支提」〔二九〕。塔，或名「塔婆」，或云「偷婆」。此云「塚」也，亦云「方墳」。支提云「廟」。「廟」者，貌也〔三〇〕。

增一阿含云：初起偷婆，補治故寺，並受梵福〔三一〕。云何梵福？如閻浮一洲人功德，不如一轉輪王功德〔三二〕，如是西、東、北天下，乃至四天、六欲、初禪，總多比一梵主功德。此為梵福量，當如是學〔三三〕。

四分〔三四〕：若起塔〔三五〕者，應四方，若圓，若八角，以石、墼、木。作已，用黑泥，乃至石灰、白土等。應安基，四邊作闌楯〔三六〕；安香華著上，聽安懸幡蓋物〔三七〕。不得上塔上、闌楯上，護塔神瞋。大論：密跡金剛〔三八〕，鬼神道中。又云執金剛菩薩，常執金剛衛護〔三九〕。五分：佛四面，五百金剛〔四〇〕也。若有所取與，開。彼安幡蓋，不得蹹像上，作餘方便梯隥安之。若塔露地，供養具，雨漬風飄，烏鳥不淨者，作種種舍覆之。地有塵，種種泥泥之。須洗足器，安道邊，外作牆門安置〔四一〕。若上美飲食，用金寶等器盛之〔四二〕，令白衣伎樂供養。若飲食，當與比丘、沙彌、優婆塞，經營塔作者，應食〔四三〕。舍利，安金寶塔中，若繒綿中；若持行者，若畜生，若頭上、肩上擔戴；若拂，應用樹葉、孔雀尾拂。多有香華，羅列基上、闌上、杙上，嚮中，繩貫懸屋簷前。有香泥，作手輪像〔四四〕，乃至有餘泥地等。

　　僧祇：塔事者，起僧伽藍時，先規度〔四五〕好地作塔處。其塔不得在南在西，應在東在北〔四六〕。中國，伽藍門皆東向，故佛塔、廟宇皆向東開，乃至廚廁亦在西南，由彼國東北風多〔四七〕故。神州尚南為正陽〔四八〕，不必依中土法也。不得僧地侵佛地，佛地不得侵僧地〔四九〕。餘如「盜戒」隨相說〔五〇〕。

　　善生經云〔五一〕：善男子！如來即是一切智藏〔五二〕。是故，智者應當志心勤修，供給生身、滅身〔五三〕、形像、塔廟。若於空野無塔像處，常當繫念，尊重讚歎。若自力作，若勸人作，見作生喜〔五四〕。如其自有功德力〔五五〕者，要當廣教眾多之人而共作之。既供養已，於己身中，莫生輕想——於三寶所，亦應如是。凡所供養，不使人作，不為勝他〔五六〕。作時不悔，心不愁惱，合掌讚歎，恭敬尊重。若以一錢〔五七〕、一線、一華、一香、一偈、一禮、一帀、一時，乃至無量寶、無量時，若自獨作，若共他作；善男子，若能如是志心供養佛法僧者，若我現在，若涅槃後，等無差別〔五八〕。若見塔廟〔五九〕，應以金銀銅鐵、繩鎖幡蓋、伎樂、香油、燈明而供養之。若見鳥獸踐蹋、毀壞，要當塗治，掃除令淨。暴風水火，人所壞處，亦當自治。自若無力，當勸人治；或以金、銀、銅、鐵、土、木，若有塵土，灑掃除拂。若有垢汙，以香水洗。若作寶塔〔六〇〕，及作寶像，當以種種幡蓋香華奉上。若無真寶，力不能辦，次以土木而造成之。成訖，亦當幡蓋、香華、伎樂，種種供養。若是塔中草木不淨，鳥獸死屍，及其糞穢，萎華臭爛，悉當除去。蛇鼠孔穴，當塞治之〔六一〕。銅像、木像、石像、泥像，金、銀、瑠璃、頗梨等像，常當洗治，任力香塗。隨力造作種種瓔珞，乃至猶如轉輪聖王塔。精舍內，當以香塗，若白土塗。作塔像已，當以瑠璃、頗梨、真珠、綾絹、錦〔六二〕綵、鈴磬、繩鎖，而供養之。畫佛像時〔六三〕，綵中不雜膠乳雞子，應以種種華貫、散華、妙拂、明鏡、末香、散香、燒香，種種伎樂、歌儛供養，晝夜不絕。不如外道〔六四〕，燒酥、大麥而供養之。終不以酥塗塔像身，亦不乳洗。不應造作半身佛像。若有形像，身不具足，當密藏覆〔六五〕，勸人令治。治具足已，然後顯示。見毀壞像，應當志心供養、恭敬〔六六〕，如完無別。如是供養，要身自作，自若無力，當為他使，亦勸他人令作助之。若人能以四天下寶供養如來，有人應以種種功德尊重讚歎〔六七〕——是二福德，等無差別。

　　無垢清信女問經〔六八〕云：「未知掃佛塔地，有何善報〔六九〕？四相

塗治〔七〇〕，華香供養，復何福報？禪修梵行〔七一〕，三歸五戒，復得何報？」佛告女言：「掃佛地得五福〔七二〕：一、自心清淨，他人見已，亦生淨心；二、為他愛；三、天心歡喜；四、集端正業；五、命終生善道天中。若人信佛，圓輪形塗塔地〔七三〕，散華燒香，如是供養已，彼人命終，生弗婆提，富樂自在，後生化樂天；若人信佛，作半月形塗塔，散華香者，生瞿陀尼，後生兜率天；若人信佛，於佛塔邊，四方塗地，散華燒香，彼終生鬱單曰，後生炎摩天；若人信佛，作人面形塗塔，華香供養，所有善根果報如是〔七四〕。若人入禪，修四梵行，歸佛法僧，受持五戒〔七五〕，彼人無量、無數善根，福報無窮，後得涅槃〔七六〕。」涅槃云：不犯僧佛物，塗掃佛僧地，造像若佛塔，常生歡喜心，皆生不動國〔七七〕。智論：「沙彌戒，不香塗身，云何供三寶〔七八〕？」答：「以所貴物，隨時所須，而用供養；或以塗地及壁，并行來坐處等〔七九〕。」十輪〔八〇〕：若破寺，殺害比丘，其人欲終，支節皆疼，多日不語，墮阿鼻獄，具受諸苦。

【校釋】

〔一〕為現在生身說法　資持卷下三：「『現在』即化相佛法，一期益近。」（三九七頁下）簡正卷一六：「生身說法，謂丈六之身，或有見聞，便獲道果也。」（九八二頁下）

〔二〕未來經像流布　資持卷下三：「『未來』即住持佛法，三時益遠。即經云：應可度者，皆悉已度。其未度，作得度緣是也。」（三九七頁下）簡正卷一六：「為未來者，謂涅槃之後，或有一類有情等。正、像、末之時，一瞻一禮，稱歎讀誦，一句一偈，次種善根至彌勒佛時，先蒙度脫，故曰超昇離生、免受輪轉等。」（九八二頁下）

〔三〕目連躬將匠工，上天圖取　資持卷下三：「初文先敘目連圖寫。……以佛生七日，摩耶命終，生忉利天。佛後成道，思報母恩，昇天說法，經于一夏。按造像經時，優填王思念如來，命目連引三十二匠往彼天中，以旃檀木各圖一相，如是至三，方得圓足。文云『恐』者，若論圖寫，似指目連，取後垂誡，須推佛意。雖緣在優填，意存來世。」（三九七頁中）鈔批卷二六：「案觀佛三昧經云：佛昇忉利天時，優填王戀慕世尊，鑄金為像，聞佛當下，載金像來迎世尊。爾時金像從象上下，猶如生佛，足步虛空，足下雨華，亦放光明，來迎世尊。其像合掌叉手，為佛作禮。爾時，世尊亦復長跪合掌向像。時虛空中，百千化佛，

亦皆合掌長跪向像。爾時，世尊而語像言：『汝於來世，大作佛事，我滅度後，我諸弟子，以付屬汝。空中化佛，異口同音，咸作是言。』」（二六頁上）

〔四〕**至于下天，此像垂地來迎**　資持卷下三：「『至』下，後引如來垂誡。……初明授記。即優填王聞佛下天，將像至寶階所，像即迎佛自行七步，佛為摩頂授記。……低首曲身，故云垂地。」（三九七頁中）

〔五〕**法身儀則**　資持卷下三：「威容相好法身之表故。」（三九七頁中）

〔六〕**得念佛三昧，具諸相好**　資持卷下三：「得念佛三昧者，由見色像三昧易成故。具相好者，由生忻慕，能感勝報故。」（三九七頁中）

〔七〕**如是造立，是佛像體**　資持卷下三：「如是者，即指檀像。敕後效之。」（三九七頁中）

〔八〕**中國僧將來漢地**　資持卷下三：「中國僧者，即鳩摩羅琰從西天負像欲來此方。路經四國，皆被留本圖寫。（注云今後傳者，即知第四寫本非優填造者。）至龜茲，國王抑令返道，以妹妻之。後生羅什，齎至姚秦。後南宋孝武破秦，躬迎此像還于江左，止龍光寺。（故號『龍光瑞像』。）至隋朝，於揚州置長樂寺，有僧奏請瑞像歸寺。（今在帝京。此據龍光壁記所載。若感通傳天神云，非羅什將來，未詳孰是。）」（三九七頁下）簡正卷一六：「准栴檀瑞像閣記，及隋朝祕書，即虞世南奉勅造栴檀瑞像碑文，皆言是羅什將來也。謂什是鳩摩羅琰之子，琰是西天輔相之子，捨榮入道，欲將瑞像到於此方。路經四國，皆被留本。至龜茲國中，又遭國王見琰瑞正，抑令還俗，以妹嫁之。事不獲免，乃無王命，其先將來之像。因在龜茲，不經歲餘，其妻懷妊未產，而失（【案】『失』疑『生』。）患，忽甚重。垂死之時，告妻曰：『汝後生子若是男，可捨出家，弘於佛教。』妻後而生果是男，即鳩摩羅什之身也。遂令出家，聰明多智，端正無比，明閑教法。乃將父在日，所賣（【案】『賣』疑『寶』。）之像，來至長安，（九八三頁上）即當後秦姚興之時也。秦有三主：一萇，二興，三泓。登位之後，南朝宋孝武帝伐破姚泓，乃西入咸陽，躬親禮敬，駕以文軒。旋（【案】『旋』疑『還』。）于江左，止龍光寺，因號龍光。瑞像至隋朝，移揚州於江北，安置淮南。有僧智曉，秦（【案】『秦』疑『奏』。）請歸長樂寺安置，後改為開元。今指揚州，即新揚州。〔上俵（【案】『俵』疑『依』。）抄注釋竟。〕鈔主雖依傳記，如此解判，然常有疑心。以什來秦之時，路中值難不少，謂前秦府豎（【案】『府豎』疑『苻堅』。）差呂光往龜茲迎取羅什。及至到此，已是後秦。呂光便住西涼，自為一繞（【案】『繞』字不詳。）。至

姚興弘始三秊（公元四〇一年）冬，方破得西涼，取什歸西涼長安，豈能負像
至于此地！後因冥告，方除疑也。故感通傳云：天人示曰：此是宗孝武帝（【案】
『宗』疑『宋』。）征破扶南，獲茲像也。彼云：佛涅槃後三百年，北天竺國
有一羅漢，名憂樓質多那，以神通力，加其工力，鑿大石山為五龕室，請彌勒
指授，高三百尺。若准聖跡記，云高八丈。唐三藏云高百尺。三處所說，不定
也。安置形像，第一重安栴檀像，二安午（【案】『午』疑『木』。）頭像，三
安金像，四安玉像，五安銅像。至佛涅槃後，六百秊時，有一羅漢名佛奈遮，
生已母已。彼羅漢思報母恩，觀母生處，知在扶南，遂以神力，（九八三頁下）
往大間山取栴檀像，送往扶南，與母供養。其母又終生陽州，後於新興寺出家
為尼，獲證三果。冥孝感宋孝武帝，代破扶南，得於瑞像，至於陽州龍光寺安
置。餘如前述。天人云：非羅什將來，或非寫之本，即是當初真也。」（九八
四頁上）

〔九〕今人隨情而造，各生奇薄，不追本實，競封世染　鈔科卷下三：「『今』下，此
方制度漸失。初，前代近真。」（一二三頁中～一二二頁下）資持卷下三：「此
方中。初科，前敘任情。奇薄世染，如下自述。」（三九七頁下）簡正卷一六：
「釋非也。各生奇薄者，謂各隨自情，出於奇妙，不案教也。競封世染者，爭
競封執，隨世之情而生染著，皆不追本實真儀。」（九八四頁上）【案】「今人」
下結構如下：初，「今人隨」下；二、「今隨世」下；三、「善見云」下。

〔一〇〕所以中國傳像，在嶺東者　簡正卷一六：「『所以』下，明西天之像也。」（九
八四頁上）資持卷下三：「『所』下，次引古製。初引西土傳來。嶺東即此震
旦，在蔥嶺之東。」（三九七頁下）

〔一一〕風骨勁壯，儀肅隆重，每發神瑞，光世生善　資持卷下三：「風骨勁壯，言其
體貌。勁，即直也。儀肅隆重，言其威勢。每發神光，言其靈異。光世生善，
言其動人。」（三九七頁下）

〔一二〕如「長干瑞像」，是阿育王第四女作　鈔批卷二六：「私云：謂是趺銘作此說
也。今在京師興善寺。此育王女總造七个像，今兩个汎海來至吳中。」（二六
頁上）簡正卷一六：「感通傳云：『干』是地之長隴為干。寺逼長隴之側，故曰
『長干』。（此寺在上元縣。）（九八四頁上）……求那三藏，云此是阿育王第
四女作。從晉至陳，經于五代，皆在。至隋朝，取長干像，并育王舍利入京，
送興善寺供養。」（九八四頁下）

〔一三〕腳趺銘云，今在京師　資持卷下三：「『腳趺銘』者，謂『阿』等七字，鑴在座

足。由是梵書，先無人識，後求那至，方乃辨定。在京師者，即隋朝迎入京兆府大興善寺。每至六齋，常放光明。」（三九八頁上）

〔一四〕逮于漢世，髣髴入真　簡正卷一六：「謂漢、晉兩朝，所作之者，情亦存如來往日光景。瞻仰慇懃，猶多靈異。」（九八四頁下）資持卷下三：「次，引此土刱製。漢世佛法初來，至于晉、宋已前也。」（三九八頁上）

〔一五〕並由敬心殷重，意存景仰，準聖模樣，故所造靈異　資持卷下三：「『並』下，總出所由。初句心重，次即追慕，三謂法古，『故』下，結成所引。」（三九八頁上）

〔一六〕今隨世末，人務情巧，得在福敬，失在法式　鈔科卷下三：「『今』下，後世失法。」（一二二頁下）資持卷下三：「先敘得失，與之且言福敬，奪之過在無法。」（三九八頁上）簡正卷一六：「『今隨』下，辨今時。但隨世作情，巧夫真故，致偷竊冶鑄也。由此像形經教，令人生信，故曰有諸信首也。」（九八四頁下）

〔一七〕或爭價利鈍、計供厚薄　資持卷下三：「『但』下，次列非相。又二：初，斥造像，前明經營不淨；……身量論其價直，故但問短長。相好不令用工，故不論全具。爭價利鈍者，『利』謂匠工欲其多得。『鈍』即主者不肯增加。計供即飲食供給。上四句，是營句（【案】『句』疑『勾』）人非。」（三九八頁上）

〔一八〕酒肉餉遺、貪婬俗務、身無潔淨、心唯涉利　資持卷下三：「『酒』下四句，即匠者之非。『餉遺』即獻送。『遺』字去呼。」（三九八頁上）

〔一九〕致使尊像雖樹　資持卷下三：「『致』下二句，顯其無功。『樹』字上呼。」（三九八頁上）

〔二〇〕菩薩立形，譬類婬女之像，金剛顯貌，等逾妬婦之儀　資持卷下三：「『菩薩』下，次示形像乖儀。……形體裸露，腰身曲折，故類婬女。……令瞋努目，袒膊揮拳，故逾妬婦。」（三九八頁上）鈔批卷二六：「因說婦夫往蜀，道興生取婦來，先婦見之，當即問死。」（二六頁上）

〔二一〕弱筆麤紙，惡匠鄙養　資持卷下三：「『乃至』下，次明造經。『弱筆』謂不善書者，（三九八頁上）『惡匠』謂不擇良工，『鄙養』即薄於供給。」（三九八頁中）

〔二二〕致令經像訓世，為諸信首，反自輕侮，威靈焉在　資持卷下三：「初敘無靈。經像住持功高故為信首。」（三九八頁中）簡正卷一六：「由此像形經教，令人生信，故曰有諸信首也。反自輕侮者，比丘覩此像儀，自生不敬，云何發他善

－2755－

心？」（九八四頁下）

〔二三〕**故致偷盜毀壞，私竊治鑄，焚經受用，多陷罪咎**　資持卷下三：「『故』下，顯過。『偷盜』是遭奪失；『毀壞』即風火所損；『私竊治鑄』謂金銅等像鎔為別物；『焚經受用』即金銀字經燒取餘用；『多陷罪咎』謂累他也。」（三九八頁中）

〔二四〕**並由違背世、出世法**　資持卷下三：「『並』下出意。薄賤輕侮，乖俗禮教，非佛嚴敕，故云違背世、出世法。現、未兩報因像，而致後之製造，可不慎耶！」（三九八頁中）簡正卷一六：「盜經焚經，違於王教，名背世法。如上盜戒，當墮地獄，有何出期，名背出世法也。」（九八四頁下）鈔批卷二六：「慈云：經像是出世所依之境。今若違背燒毀，是違世間尊敬之法，故曰也。」（二六頁下）

〔二五〕**近見有賊，劫盜瑞像，遶入佛殿，便忽迷悶，莫知所趣**　資持卷下三：「初明合法有靈。注中即前長干像，在興善寺。遭賊緣，具如注。又聖賢錄云：隋時蔣州興皇寺佛殿被焚，有丈六銅像正當棟下，及火發棟墜，像自移南五六尺，四面灰炭，去五六尺，略無塵沾。後在白馬寺，鳥雀不侵。斯皆造立有法之所致耳。」（三九八頁中）

〔二六〕**佛右牙，帝釋處**　簡正卷一六：「案荼毗經說四牙：一在忉利天，一為羅剎盜，餘二不載。根本律亦說四牙：一在忉利天，一在海龍王宮，一在健陀羅國，一在揭陵伽國。今京都現有五牙者：右衛莊嚴寺者，宋元徽二年（公元四七四年），金陵種山定林寺法獻三藏往西求法，至于闐已西，逢一僧，從烏纏國來。股中藏一佛牙，授與獻，得迦毗羅神衛護。獻將歸此土，是齊朝還居定林。十五年，密自供養。後因竟陵五（原注：『五』疑『王』。）感夢，見寺有貴寶，因乃出現也。梁普通三年（公元五二二年），有七人乍至寺宣王令，云臨川殿下有如逃走，於此搜之寺僧住他，入殿撿括。彼乃禮拜，開函取牙而去也。至隋朝內史王棟栖破棟（原注：『栖』等三字疑衍。）於栖霞寺佛頂中取得進上。文帝勅令東禪定寺安置（今莊嚴寺搜。）（九八五頁上）云此本是獻將歸者，中間被盜，藏佛頂中。（云云。）二、興福寺一牙。文成公主從蕃中附來。三、崇聖寺一牙，澄照大師顯慶五年（公元六六〇年）於京西明寺本院行道，跌足墜階，神人扶接。問之，云是南天王下使者捷疾。師曰：『恨生居像季，止在邊方，不覩如來真身舍利。』因從請佛牙，非人令建道場，七日之間果得。後付文剛律師。大師因居宗聖，為上座。（云云。）四、右衛薦福寺一牙。玄宗朝開元年（公元七一三年至七四一年），毗那遮三藏將來，并菩提葉等。五、

安國寺一牙。會昌二年（公元八四二年），菩提勝三藏從那爛陀寺將來，在千福寺，後因沙汰，牙在義宣坊戴家庿。乾符二秊（公元八七五年）放光，因而出現，勑送安國寺供養。今文中，帝釋處牙，或被羅剎盜者。」（九八五頁下）鈔批卷二六：「佛右牙帝釋處者，如佛牙記說。（云云。）立云：佛為四牙：一在帝釋處，一在龍宮，一在北天竺烏場國，一在南天竺國。（云云。）又云在師子國。今東禪定寺者，即是北天竺國者也。當時宋朝鍾山定林寺釋法獻，往西國得來，在江寧。在後隋家被南都，於仁壽年中（公元六〇一年至六〇四年）移來京師禪定寺也。」（二六頁下）資持卷下三：「準茶毘經說，四牙，二在忉利天，（即帝釋處。）一為羅剎盜，（即天神獻祖師者，今在帝京。）餘二，經文不載。」（三九八頁中）【案】善見卷三，六九〇頁上。

〔二七〕右缺盆骨，師子國中　資持卷下三：「『缺盆』即項下橫骨，繞項而轉，至咽凹下，如盆緣之缺。闍維時，收在忉利天。後修那沙彌為師子國王，於彼天取下。」（三九八頁中）鈔批卷二六：「濟云：謂是頸下、胸前兩夾頸大骨也，其骨不露則有相。今時人此骨皆高起也。案善見云：佛涅槃後二百三十六年，佛法流通（二六頁下）至師子國中，國王敬信，欲擬起塔，仍無舍利。有一沙彌，名曰修摩那，飛騰虛空，往帝釋處取舍利。其帝釋處有二舍利：一者右牙，二缺盆骨。沙彌往覓缺盆骨，右牙留帝釋處供養。帝釋見沙彌來。問言：『何因至此？』答言：『佛右缺盆骨與我供養。』帝釋竟取戶鑰，開七寶塔取之，授與沙彌。師子國王平治道路，諸事悉備，王自乘象，手捉白傘，覆舍利上，種種供養。于時大地震動，一切人民並集，其舍利上昇虛空，高七多羅樹，現種種神變，五色玄黃，或時出水、或時出火，如佛在世，神力無異，從空中下。大眾皆見，下王頂上，而便停住。王見是已，喜悅非恒，安置塔中，大地震動。時王有弟，名曰無畏，意與千人俱共出家。國中五百童子，復總出家，乃至有三萬人出家。其王夫人與五百童子女及五百宮人，俱共出家。（緣煩，不具出之。）」（二七頁上）【案】善見卷三，六九〇頁。

〔二八〕優填王造栴檀，波斯匿王造紫金，二像各長五尺　簡正卷一六：「優填王以午（【案】『午』疑『木』。）頭栴檀作佛形像，高五尺。波斯匿王以紫摩金作佛像，亦高五尺。鈔引斯意，（九八五頁下）以顯遺形所在，皆是勝方。帝造形像，無非真寶，表其敬心殷重。反斥今之賤薄，歎有威靈也。」（九八六頁上）鈔批卷二六：「案賢愚經云：優填王是拘睒彌國主，波斯匿王是舍衛國主。其舍衛國者，或云『舍婆提』，並訛略也。正梵音云『室羅婆率覩』，此云聞物國

也。瓶沙王，亦名頻婆娑羅王，是王舍城國主，阿闍世王意（原注：『意』疑『即』。下同。）其子也。（二七頁上）梵摩達王意波羅奈國王也。閱頭檀王，此云淨飯王，意迦毗羅衛國主也。其優填王造像事，如增一阿含經抄。」（二七頁下）【案】增含卷二八，七〇六頁上。

〔二九〕**有舍利名「塔」，無者名「支提」** 簡正卷一六：「或云『浮圖』，新立『卒覩波』，此云『高顯處』。立塔三意：一、表人勝，二、令他信，三、為報恩也。」（九八六頁上）鈔批卷二六：「雜心云：有舍利名塔，無者名支提者。案僧祇文亦作此說。名支提者，謂佛在日，隨處說法，或山間、或樹下、或俗人舍，但是曾說法處，皆曰支提。」（二七頁下）資持卷下三：「雜心中，初示名。『舍利』，梵語訛略，具云『室利羅』，此翻為『身』，即人之遺身，或碎身、或全身、髮爪灰骨，通號『舍利』。然舍利及塔，名通凡聖。今明造立，多是佛塔，亦通餘聖。無，名支提，謂安形像。故下釋云：廟，貌也。塔，或下翻釋『塔婆』，『偷婆』亦皆訛略。經音義云：正言『窣覩波』，義翻『方墳』，翻『高顯處』。（以聳出故。）或云『大聚』、或云『聚相』。（累物成故。）」（三九八頁中）【案】造塔法，文分六段。

〔三〇〕**廟者，貌也** 鈔批卷二六：「謂立先人形貌之像，以置其中，故曰廟也。」（二七頁下）

〔三一〕**初起偷婆，補治故寺，並受梵福** 鈔科卷下三：「『增』下，顯報。」（一二三頁中）資持卷下三：「初示因果。『初起』即新刱也。『梵福』謂梵天王福，最勝也。」（三九八頁中）簡正卷一六：「『增一』下，辨報。彼云四事：一、初起偷婆；二、補治故寺；三、僧破已，卻令和合；四、請佛轉法輪。皆受梵福。」（九八六頁上）【案】增含卷二一，六五六頁上。

〔三二〕**如閻浮一洲人功德，不如一轉輪王功德** 鈔批卷二六：「此約上界，福漸勝也。且如盡閻浮提一切珍寶，及人民聚落、國王福，不直帝釋一草履之價。」（二七頁下）資持卷下三：「『如閻』下，校量梵福。總南洲不如一輪王，總四洲輪王不如六欲，（四天依須彌山，故別言之。）（三九八頁中）總四州、六欲不如初禪梵眾，總上人天不如梵輔，總上人天梵輔不如大梵天王。」（三九八頁下）簡正卷一六：「言梵福者，初，盡南閻浮提眾生所有功德，正可與一輪王功德等也。次，盡一南州及輪王功德，與西瞿耶尼一人功德正等。次，盡西州，不如東弗婆提一人功德。盡前三州，不如北俱盧一人功德。盡前四州人功德，不如四天王天一身功德。盡四天功德，不如忉利天中一天功德。盡三十三天，不

如帝釋功德。如是展轉，盡六欲天及初禪福，不及一梵王之福。如上所修四種
功德，得四梵福。鈔文具前二種，故云並受梵福也。」（九八六頁上）

〔三三〕**此為梵福量，當如是學**　資持卷下三：「『此』下，勸修。起塔治寺，獲福如是，
故令當學。」（三九八頁下）

〔三四〕**四分**　鈔科卷下三：「『四』下，敬護。」（一二三頁中）【案】四分卷五二，九
五七頁上。

〔三五〕**起塔**　簡正卷一六：「辨形相也。准西域記說，佛初成道後，受長者麨蜜時，
為說人天之福。初開五戒、十善之名。諸佛髮爪，欲將本國。佛為說起塔樣，
以僧迦胝（【案】即「僧伽梨」。），（九八六頁上）方牒布下，次七條，次僧卻
崎（【案】即「僧腳崎」，義為覆肩衣。），次覆盈，後豎錫杖於上也。」（九八
六頁下）【案】「木」，底本為「土」，據大正藏本等及四分改。

〔三六〕**應安基，四邊作闌楯**　資持卷下三：「安基為堅牢故。作欄為外護故。懸幡蓋
物即梯橙也。」（三九八頁下）

〔三七〕**安香華著上，聽安懸幡蓋物**　簡正卷一六：「『安香華』下，明供養之式。」（九
八六頁下）【案】「香華」，四分作「華香」，大正藏本作「香華」。四分卷五二，
九五六頁下。

〔三八〕**密跡金剛**　資持卷下三：「注引大論，會上神名。」（三九八頁下）簡正卷一
六：「密跡者，善神名也。智論云：四天王受佛付屬，各領鬼神，在冥密道中
潛護，故云密跡也。金剛從杵立名也。」（九八六頁下）【案】智論卷三九，三
四四頁上。

〔三九〕**執金剛菩薩，常執金剛衛護**　資持卷下三：「『又』下，次釋密跡，以菩薩示
現，故得名耳。金剛即所執之杵，用為以（【案】扶桑記：『為以』寫倒，據資
行所牒，作『以為』。三五二頁下。）刃。」（三九八頁下）鈔批卷二六：「私
云：今門下樓至，如來形是也。由執金剛之杵，後時人號金剛耳。」（二七頁
下）簡正卷一六：「搜玄云：若約本身，是樓至佛，化身為力士者。非也。」
（九八六頁下）【案】智論卷三五，三一五頁上。

〔四〇〕**佛四面，五百金剛**　資持卷下三：「佛在侍衛滅後，亦然故也。」（三九八頁
下）【案】五分卷一，三頁中。

〔四一〕**須洗足，器安道邊，外作牆門安置**　資持卷下三：「『須』下明器具。以西國俗
風，多跣足故。安道邊者，登上便故。外作牆者，恐觸穢故。」（三九八頁下）

〔四二〕**若上美飲食，用金寶等器盛之**　資持卷下三：「『若上』下，明獻供養。」（三

九八頁下）簡正卷一六：「如舍利弗於本村入滅，村人欲供養，為用何器？白佛。佛言『以寶器盛之』，以死後失戒也。」（九八六頁下）鈔批卷二六：「私云：一切凡僧聖僧，在生皆不得捉寶，死後皆得寶器供養。何以故？為舍利弗於本村滅度已，村人種種供養。白佛：『用何等器物盛之？』佛言『聽用寶器盛之』，良以死以戒謝故也。」（二八頁上）【案】四分卷五二，九五二頁。

〔四三〕經營塔作者，應食　資持卷下三：「飲食得與道俗即守塔人。『經營』即造立者。」（三九八頁下）

〔四四〕作手輪像　資持卷下三：「舊云佛手中千輻輪。」（三九八頁下）鈔批卷二六：「立謂：香泥塗地為滿荼羅，或作佛手形，或作輪形，或可作如來手足中之輪像也，以華香供養其上。」（二八頁上）

〔四五〕規度　資持卷下三：「初明擇地。『規』謂看視。」（三九八頁下）簡正卷一六：「中土上東，又次東北風多，故在風也。」（九八六頁下）

〔四六〕應在東在北　資持卷下三：「以寺門向東，即在前面左邊二方為之。」（三九八頁下）

〔四七〕由彼國東北風多　鈔批卷二六：「此方（【案】指華夏。）則尚南，彼方（【案】指印度地區。）則貴尚東也。注云由彼國東北風多故者，此明中國廚廁置西南，為東北風多，令吹烟塵，廁中臭氣，從西出不熏僧院佛院也。」（二八頁上）資持卷下三：「注中前示西土，亦合作『並』。東北風多，則穢氣不至殿塔。此示寺門，向東所以。」（三九八頁下）

〔四八〕神州尚南為正陽　簡正卷一六：「神州者，震旦通名也。以賢聖同遊故，若局說，其中心即洛陽也。老君、周穆，皆登崑崙，賢聖同遊，多神異故，名神州也。」（九八六頁下）資持卷下三：「下明此方（【案】指華夏。）應在南、西，今此廚廁多在東、北，亦以南西風多故也。」（三九八頁下）【案】「中土」即指代中印度地區。

〔四九〕不得僧地侵佛地，佛地不得侵僧地　資持卷下三：「西土佛法，僧地各有分齊，不相混濫。」（三九八頁下）

〔五〇〕餘如盜戒隨相說　資持卷下三：「彼明欲於僧地起塔，即須作法和僧等。」（三九八頁下）

〔五一〕善生經　鈔科卷下三「『善』下供養修治。」（一二三頁中～下）【案】善見一段，文分為五：一、「如來即」下；二、「若見鳥」下；三、「若作寶」下；四、「不如外」下；五、「若人能」下。善生卷三，一〇五一頁下。

〔五二〕**如來即是一切智藏** 資持卷下三：「初科五段。初勸修。一切智者，總收十界。世、出世智，無不圓足，含蘊無窮，出生無盡，故喻如藏。」（三九八頁下）

〔五三〕**生身、滅身** 資持卷下三：「『生身』即現在，『滅身』即舍利。」（三九八頁下）

〔五四〕**若自力作，若勸人作，見作生喜** 資持卷下三：「『若自』下，明營辦。」（三九八頁下）

〔五五〕**自有功德力** 簡正卷一六：「謂自身有福德勢力，能廣為也。」（九八六頁下）資持卷下三：「謂富於道行人所信重者，於己莫輕者，以能供養獲大福德故。」（三九八頁下）

〔五六〕**凡所供養，不使人作，不為勝他** 資持卷下三：「『凡』下，明用心。」（三九八頁下）

〔五七〕**若以一錢** 資持卷下三：「『若以』下，明施物。」（三九八頁下）

〔五八〕**若涅槃後，等無差別** 資持卷下三：「謂所得福，存沒正等故。」（三九八頁下）

〔五九〕**若見塔廟** 鈔批卷二六：「『若見塔廟』下，明隨事別名供養之法也。」（九八六頁下）

〔六〇〕**若作寶塔** 鈔科卷下三：「『若』下，造立莊嚴。」（一二三頁下）

〔六一〕**蛇鼠孔穴，當塞治之** 鈔批卷二六：「雜寶藏經云：昔有一比丘，死時將至，會有外道婆羅門，見相是比丘，知後七日必定命終。時此比丘因入僧坊，見壁有孔，意便團泥而補塞之，緣此福故，增其壽命，（二八頁上）得過七日。婆羅門見，恠其所以，而問之言：『汝修何福？』比丘具答。」（二八頁下）簡正卷一六：「意道：小小供養修補，猶得延命，況大改乎？」（九八六頁下）

〔六二〕**錦** 【案】底本為「縣」，據大正藏本、敦煌甲本、敦煌乙本及弘一校注改。「縣綵」善生作「綵綿」。善生卷三，一〇五二頁上。

〔六三〕**畫佛像時** 資持卷下三：「『畫』下，明雜穢。此土多用魚牛等膠。雖復腥羶，且圖久固。」（三九九頁上）

〔六四〕**不如外道** 鈔科卷下三『不』下，接續毀損。」（一二三頁下）資持卷下三：「『不』下，示非法。酥塗乳洗，皆外道法故。」（三九九頁上）

〔六五〕**當密藏覆** 資持卷下三：「令密藏者，不生善故。」（三九九頁上）

〔六六〕**應當志心供養、恭敬** 資持卷下三：「令恭敬者，恐生慢故。今時有作涌壁，或畫佛首相，並宜藏之。」（三九九頁上）

〔六七〕**尊重讚歎** 簡正卷一六：「『若人能』以下，校量勝劣也。」（九八七頁上）資

持卷下三：「讚歎能顯佛德，故勝寶供。」（三九九頁上）

〔六八〕無垢清信女問經　鈔科卷下二：「『無』下，造毀二報。」（一二三頁中）簡正卷一六：「寶云：鈔引經文，北方（原注：『方』下疑脫『戛方』二字。）、東圓、西半月、南人面，謂行因似其世之形，後生還生彼世界故。若准俱舍云：西瞿陀尼州，其相圓無缺；東毗提訶州，其相如半月。今引經文，西半月、東正圓者，與論云乖違，疑翻經家筆悞耳。又准經文云：若人信佛，作人面形，塗塔地等供養，後生閻浮提，命終生三十三天。（抄文欠此一段也。）後結云：無垢當知，此塗塔地，教化燒香，所有善因果報如是。」（九八七頁上）【案】「無垢」下文分為三：一、「無垢清」下；二、「智論」下；三、「十輪」下。無垢清信女問經，大正藏第一四冊，九五〇頁下。

〔六九〕未知掃佛塔地，有何善報　資持卷下三：「即女問三事果報。一問掃塔，二問塗治供養……三問修四法。……上二正用，下一因引。」（三九九頁上）

〔七〇〕四相塗治　資持卷下三：「『四相』即方、圓、半月、人形。」（三九九頁上）

〔七一〕禪修梵行　資持卷下三：「『禪』即色、無色定，『梵行』即四無量心。」（三九九頁上）扶桑記：「一本『禪』字上有『入』字。」（三五三頁上）

〔七二〕五福　資持卷下三：「一是內感，二、三即外應，四、五即來報。四是別報，五即總報。」（三九九頁上）

〔七三〕若人信佛，圓輪形塗塔地　資持卷下三：「『若人』下，答第二問，四相四節。初中，若人信佛句絕，此句標心因，『圓』下即業行。謂於塔地，以泥塗為物像故，有方、圓等別。」（三九九頁上）扶桑記：「一本『圓』字上有『作』字。」（三五三頁上）【案】即回答「四相塗治，華香供養，復何福報」之問。

〔七四〕所有善根果報如是　資持卷下三：「『所』下二句，總結四相。」（三九九頁上）

〔七五〕若人入禪，修四梵行，歸佛法僧，受持五戒　資持卷下三：「『若人入禪』下，答第三問。初明修因。四梵行即慈、悲、喜、捨。」（三九九頁上）簡正卷一六：「修四梵行者，慈、悲、喜、捨，四無量心也。」（九八七頁上）【案】即回答「禪修梵行，三歸五戒，復得何報」之問。

〔七六〕彼人無量、無數善根，福報無窮，後得涅槃　資持卷下三：「『彼』下，明感報：『善根』是現報；『福報』是來果，即人天世果；『禪梵定』生天；『歸戒』通人天；『涅槃』即出世果。」（三九九頁上）資持卷下三：「『彼』下，明獲報，即生、後二報。（餘三節文並爾。）弗婆提即東勝身洲，彼人面圓。（俱舍東洲半月，與經不同。）瞿陀尼，即西州，彼人面如半月。兜率，此翻『知足』，欲

界第四天。鬱單曰即北州，彼人面方。炎摩，此云『妙善』，欲界第三天，人
面形，即南洲人面，上廣下狹。文脫二報。彼云：後生閻浮提，壽終生三十三
天。」（三九九頁上）【案】即回答「禪修梵行，三歸五戒，復得何報」之問。

〔七七〕皆生不動國　資持卷下三：「彼云：東方有佛世界，名『不動』，佛號『滿月光
明』。無畏菩薩白佛：『此土眾生，造何等業，得生彼國？』佛以偈答，如鈔
引。上四句即四種因，正取中二。下一句示果。言不犯者，謂不侵損也。」（三
九九頁上）扶桑記：「不動，濟覽謂準古釋，東方春生是羣動之初；而國名不
動者，是即動而不動，應於萬變，常寂故云不動，是依報圓滿；滿月光明，即
正報圓滿；妙覺圓極，猶如滿月；等照羣有，猶如光明。」（三五三頁上）【案】
北本涅槃卷二一，四九一頁中。

〔七八〕沙彌戒不香塗身，云何供三寶　鈔科卷下三：「『智』下，隨時供養。」（一二
三頁中）簡正卷一六：「『智論』下，明香貴物，殷重心供養，不成犯戒。」（九
八七頁上）資持卷下三：「西國多以妙香塗身供養。十戒制斷，故此問之。」
（三九九頁中）

〔七九〕或以塗地及壁，并行來坐處等　資持卷下三：「答中有二。後解是今正用。」
（三九九頁中）

〔八〇〕十輪　鈔科卷下三：「『十』下，毀壞惡報。」（一二三頁中）簡正卷一六：「『十
輪』下，明破心重，感恩非輕。」（九八七頁上）資持卷下三：「破寺報重，反
明造立功深。」（三九九頁中）【案】大方廣十輪經卷四，大正藏第一三冊，六
九九頁下。

二、造寺法

有盛德法師造寺誥十篇〔一〕，具明造寺方法、祇桓圖樣〔二〕。隨有所
造，必準正教，并護持匡眾，僧網綱要〔三〕等。事繁不具〔四〕，略引宗
科造寺一法。

謂處所，須避譏涉〔五〕。當離於尼寺及市傍府側等〔六〕。佛殿、經坊，
極令清素〔七〕；僧院、廚倉，趣得充事〔八〕。如此，則後無所壞〔九〕。今
時末法造寺，唯有處所〔一〇〕，事得受用，亦有用羯磨法〔一一〕者，而限
外無儀式表相令人知〔一二〕者。故祇桓圖中：凡立木石土宇，並有所表
〔一三〕，令人天識相，知釋門多法。故能影覆邪術，禽獸畏威，儀形隱映，
為世欽仰〔一四〕。

但歷代緜積，秉教陵遲，事存法隱，錯舉意旨〔一五〕。俗人既不曉法，

眾僧未解示導。但相倣斅，虛費財物，競心精妙，力志勝他〔一六〕；房廊臺觀，務令高顯，過彼便止〔一七〕，都不存法。

又還自騰踐，屈道承俗，如奴事主，是名寺法滅〔一八〕也。其甚者，打罵眾僧，種種非法。取要言之，從僧強力抑奪，貸借乞請〔一九〕，乃至停屍僧院，舉哀寺內，置塚澡浴〔二〇〕等，並非法也。

若改往修來、追法更新〔二一〕、慎敬無犯者，是則護持寺法也。俗人造寺，本為求福，作出家之因、得道之緣。唯應禮拜供養，為法諮請，時時觀問，如法往來。彼此利益，自他無惱，名「護持」也。故增一云：阿闍世王得信已後，敕國中無令事佛之家貲輸迎送〔二二〕。豈非僧傳正法，得信於人乎〔二三〕？

因即隨明敬護三衣，一切眾具，並如塔想，尊敬攝持〔二四〕。乃至剃髮染衣，戒體真旨〔二五〕；行來俯仰〔二六〕，整斂威儀；飲食施作，心常念法——憶而奉行者，俗人終不得輕爾陵慢，非法干亂。

假令世中賢人，內心堅正，外有威儀，猶見敬肅，不敢侮弄。如文侯敬干木〔二七〕，似劉氏重孔明等。況出世道士，披佛法衣，遊佛行處，威儀庠序〔二八〕，見者生善，誰不尊敬？若有輕笑，皆由自失〔二九〕。故知無不敬也〔三〇〕。敬則有儀，豈唯恭攝〔三一〕，冥招利養。田必良美，不求種子而種子自投；道必純備，不須利養而利養潛托〔三二〕。

由此而觀〔三三〕，為俗人所薄者，非他咎也。以法滅於身〔三四〕，得使貴賤所見侵陵耳。若能識法護持，人皆宗仰，唯敢侮慢之哉！以道敬貴人者，不得起迎將送，亦不得同牀共坐，唯得大坐，鎮之以道〔三五〕。又亦不應生於憍慢〔三六〕。

【校釋】

〔一〕盛德法師造寺誥十篇　簡正卷一六：「『法師』即靈裕法師，身有德業光世，故稱感得（【案】『感得』疑『盛德』。），或作『威』解，亦得。」（九八七頁上）資持卷下三：「初標人法。即露裕法師（【案】『露』當作『靈』。），稱美道行，故云盛德。寺誥即彼文通題。」（三九九頁中）【案】「造寺法」文分為二：初，「有盛」下；二、「謂處」下。

〔二〕祇桓圖樣　資持卷下三：「『具』下，示其所述。」（三九九頁中）簡正卷一六：「玄云是三藏西域傳，記云有十卷。說祇陀太子共給孤長者最初造精舍，舍利弗為指授之圖樣也。寶云大師亦自製一卷圖經。」（九八七頁上）

〔三〕并護持匡眾，僧網綱要　簡正卷一六：「兼明教護三衣，迬（【案】『迬』疑

『匡』。）正眾僧之法網等。」（九八七頁上）

〔四〕事繁不具　資持卷下三：「『事』下，明今所引。」（三九九頁中）

〔五〕處所，須避譏涉　鈔科卷下三：「初，應法生善。」（一二三頁上）資持卷下三：「初文前敘如法。『譏』謂譏嫌，『涉』即干涉。即近尼寺、市傍等處。」（三九九頁中）【案】「謂處」下分二：初，「謂處」下；二、「但歷」下。

〔六〕當離於尼寺及市傍、府側等　簡正卷一六：「離尼寺者，避譏疑者。離市傍者，恐貪心也。『府側』避涉近宮史（【案】『史』疑『吏』。），令比丘承接等。」（九八七頁上）

〔七〕佛殿、經坊，極令清素　簡正卷一六：「佛殿極令清潔，表弟子有尊重心，長他人信敬意也。」（九八七頁上）資持卷下三：「『經坊』即今經藏。」（三九九頁中）

〔八〕趣得充事　簡正卷一六：「趣得事者，即自居之處，表少欲知足故。既尊卑相既尊卑相（原注：『既』等四字疑衍。）殊，（九八七頁上）久固不壞也。」（九八七頁下）

〔九〕後無所壞　鈔批卷二六：「有云離市傍、府側等難處置寺，寺則久固不壞也。」（二八頁下）

〔一○〕唯有處所　資持卷下三：「『今』下，次明非法。『唯有處所』謂但造堂舍。」（三九九頁中）簡正卷一六：「玄云：如結大界、護衣、淨地、戒場等羯磨之法也。」（九八七頁下）鈔批卷二六：「慈云：如結淨地處所，無碑碣等表示。若准祇洹圖經，凡寺所立之物，皆有所表。如寺外有池，表有定水；池外邊有墻，表有持戒弟子。一一表示，故云限外無儀式表相，令人知故也。」（二八頁下）

〔一一〕亦有用羯磨法　資持卷下三：「而羯磨結界，時有行之，故云『亦有』。」（三九九頁中）簡正卷一六：「玄云：如結大界、護衣、淨地、戒場等羯磨之法也。」（九八七頁下）

〔一二〕限外無儀式表相令人知　簡正卷一六：「謂無（原注：『無』疑『先』。）牓示云：此是大界外，於攝衣、攝食界，於此是戒場外相，此日即溫室等，令他知處。今無如此儀式也。」（九八七頁下）鈔批卷二六：「慈云：如結淨地處所，無碑碣等表示。若准祇洹圖經，凡寺所立之物，皆有所表。如寺外有池，表有定水；池外邊有墻，表有持戒弟子。一一表示，故云限外無儀式表相，令人知故也。」（二八頁下）資持卷下三：「限外者，或堂舍之外，或復寺外。」（三九九頁中）

〔一三〕凡立木石土宇，並有所表　簡正卷一六：「謂彼圖中都有六十一院，大巷南三門，左右二十四院，遶佛中院，乃外有九院。正中佛院內，有九十八院，內有十八所。大小乘三賢十聖，各有院宇。凡夫、三學、天龍、士母、僧尼、戒壇、醫藥、衣服、經行、痛患、無常、浴室、廁，並別立院宇也。並有所表者：如無常院，居西北角日光沒處；表刹，令迷津者望刹而歸；石者，表堅固之心不動；土者，（原注：『者』下疑脫『表』字。）能生萬善功德；宇者，表遮寒雨露之弊；中院蓮池，表外道、天魔等入中，洗除內心之垢；池內蓮花，表其心淨，覺意花開；重閣樓臺，表三十七品，漸登而高出等。餘廣如圖述之。」（九八七頁下）鈔批卷二六：「此是唐三藏玄奘法師於西國得祇陀太子與給孤獨長者無為造寺圖樣來。其中大有法式：寺內有三十六院，院別標名，並是梵天工匠所造。其藍中別院，佛院、塔院、僧院，各豎表刹，或立碑牓，云是某院，皆立木石等作表，謂有所表彰。」（二八頁下）

〔一四〕影覆邪術，禽獸畏威，儀形隱映，為世欽仰　資持卷下三：「『影覆邪術』，謂使魔、外，無其威勢。影，猶閉也。『禽獸畏威』謂令異類不敢侵犯。『形儀隱映』謂像設可觀。『為世欽仰』即士庶生善。（古記妄釋，今並不取。）」（三九九頁中）簡正卷一六：「禽獸畏威者，時有外道白王，欲奪精舍。時石柱上石師子哮吼，軍士皆散也。又准別傳云：西天有一精舍，漢時質子造，埋金寶在神王腳下。擬後修補，王知，令人取。時神王上，假鸚鵡鳥，奮翼飛騰，驚人皆走也。儀形隱膜（【案】『膜』疑『映』。）者，天寺中香燈，夜間轉移住佛寺像前，婆羅門謂是沙門盜也。中夜伺之，乃見是所事神，送往佛寺，遶佛行道供養。外道方知佛法殊勝，皆捨邪歸正等。」（九八八頁上）鈔批卷二六：「案法顯行外國傳云：佛昔與九十六種外道論議處，起精舍，舍高六丈，中有坐佛，其道東有外道天寺，名曰『影覆』，與精舍俠道相對，亦高六丈。所以名影覆者，日在西時，佛精舍影則映外道天寺，（二八頁下）日在東時，外道天寺影則北映，終不能映佛精舍也。有婆羅門常遣人守天寺，燒香燃燈供養，至明旦，其燈輒移在佛精舍中。諸婆羅門恚言：『諸沙門取我燈，自供養佛。』後於異時，婆羅門夜則伺候，見其所事天神持燈遶佛精舍三匝，供養佛已，忽然不現。婆羅門乃知佛神大，即捨家而入佛道也。問：『若如前解，禽獸畏威，如何以消？』解云：『此句是汎舉平常。一切伽藍，有如法處，鳥雀亦不敢干踐也。』」（二九頁上）

〔一五〕歷代縣積，秉教陵遲，事存法隱，錯舉意旨　鈔科卷下三：「『造立非法。」

（一二三頁上～中）資持卷下三：「『綿積』猶言長久。『秉』即執也。『錯舉』
謂每事廢立，皆任意耳。」（三九九頁中）簡正卷一六：「『但歷代』下，傷今
無式也。厝舉旨意（【案】『旨意』鈔作『意旨』。）者，謂後人不能討尋，先
得軌範，但務令高顯勝負，心不存造寺之故也。」（九八八頁上）扶桑記：「陵
遲，荀子注云：丘陵之勢漸漫也。文選注曰：猶漸壞也。」（三五三頁上）【案】
「但歷」下分四：初，「但歷」下；二、「又還」下；三、「若改」下；四、「因
即」下。

〔一六〕競心精妙，力志勝他　資持卷下三：「『競心』謂鬥競為懷，『力志』即竭力用
意。」（三九九頁中）

〔一七〕務令高顯，過彼便止　資持卷下三：「『高顯』即副競妙之心，『過彼』乃稱勝
他之志。」（三九九頁中）

〔一八〕還自騰踐，屈道承俗，如奴事主，是名寺法滅　鈔科卷下三：「『又』下，騰踐
毀壞。」（一二三頁中）資持卷下三：「明俗人愚暗。文敘本主，義通餘人。毀
壞約物，損辱約僧。『承』即奉事。此科大字，並引寺誥，故注以助之。」（三
九九頁中）【案】「又還自騰踐」後，大正藏等本有「如己莊宅，眾僧房堂，諸
俗受用。毀壞損辱，情無所愧」。

〔一九〕乞請　資持卷下三：「『乞請』即求索、請觀諸事。」（三九九頁中）

〔二〇〕置塚澡浴　鈔批卷二六：「謂有無識官人，常來僧浴室內浴也。」（二九頁上）

〔二一〕若改往修來、追法更新　鈔科卷下三：「『若』下，引勸俗流。」（一二三頁中）
資持卷下三：「『改往』謂悔上諸過，『修來』謂期後超昇，『追法』即依教，『更
新』即起敬。」（三九九頁下）

〔二二〕敕國中無令事佛之家貲輸迎送　資持卷下三：「闍王造逆邪見，後方歸佛求悔，
故行此敕。『貲輸』謂科配財物也。『迎送』謂祇奉官僚。事佛之家，俱令免
放。」（三九九頁下）

〔二三〕豈非僧傳正法，得信於人乎　資持卷下三：「『豈』下，推得信所以。」（三九
九頁下）簡正卷一六：「得信已後者，此王先造逆害，不信三寶，忽患甚重。
佛放慈光，月受三昧照之，病金遂（原注：『金遂』疑『全愈』。），生敬信也。」
（九八八頁上）

〔二四〕因即隨明敬護三衣，一切眾具，並如塔想，尊敬攝持　鈔科卷下三：「『因』
下，因誡道眾。」（一二三頁中～下）資持卷下三：「初科，有二。前勸敬奉法
物，處所受用，恒勤屏淨。像設香燈，常須嚴潔等。」（三九九頁下）【案】「因

即」下分三：初，「因明」下；二、「假令」下；三、「由此」下。

〔二五〕**乃至剃髮染衣，戒體真旨**　資持卷下三：「『乃』下，次，勸攝心念法。『剃染』即念其形相，本圖何事，即經所謂『當自摩頭』等也。『戒體』即念受體，勿違本誓，即經所謂『念所受法』等也。業理幽微，世多偽濫，故云真旨。」（三九九頁下）

〔二六〕**行來俯仰**　資持卷下三：「『行來』等者，即念聖法。『來』謂於四儀、四事，皆遵開制，不容妄動。僧既內修，俗必加敬。」（三九九頁下）

〔二七〕**文侯敬干木**　鈔批卷二六：「周末六國時，魏國王號文候（【案】『候』疑『侯』。）。時國有賢人，姓段名干木，隱居不仕。文候往見之，殿膝腳痺不敢申。王曰：『寡人富於財，干木富於義；寡人貴於官，干木貴於德。不受寡人之財，不榮寡人之位。寡人腳痺，而不敢申。』于時，秦欲伐魏，聞有段干木，乃不敢加兵於魏。以王有德，故不可伐也。故書云：『干木在魏，秦人罷兵。』又文選左太仲詠史詩云：『吾希段干木，偃息蕃魏君，吾慕魯仲連，談笑卻秦軍。』（二九頁上）故云：古者國有賢人，外則不伐也。又案同賢記云：干木者，六國時晉人也，姓段字干木，少而貧賤，鋤刈為業。後遊西河，師事子夏，養德不言，心通六藝。魏文候敬其才德，慕欲官之。於是嚴駕往造其家。干木聞之，踰墻逃避。文候軾敬其廬，然後而還。僕曰：『干木布衣之士，君軾其廬，不亦過乎？』文候曰：『干木不趍世利，而棲大道。隱居陋巷，聲馳萬里，行依於德，未有肯以易。寡人光于世，干木光于德；寡人富於財，干木富於義。蓋聞，世不如德，財不如義。吾敢不尊賢重道也！』有頃，文候召干木曰：『子欲官，則宰相；欲祿，則萬鍾。可助寡人治國也？』干木曰：『既授吾宦，又責（【案】『責』疑『貴』。）吾禮，屈己接人，不亦難乎？欲治國者，政信敦行，而國自治，何用吾也？』文候敬納其言，更不相通（原注：『通』疑『違』。）。行路歌曰：『吾君好政，干木之敬。吾君好忠，干木之隆。』於後，秦人興兵，欲來攻魏。司馬康諫曰：『段干木，賢者，魏王禮之，天下無不聞知。有禮之國，不可加兵。』秦伯乃止，魏得安寧。」（二九頁下）

〔二八〕**況出世道士，披佛法衣，遊佛行處，威儀庠序**　資持卷下三：「況道中。初明他敬。『道士』本釋氏之美稱，後為黃巾濫竊，遂不稱之。披法衣者，言其形相。遊佛行處，言其內心，三學、八正、（三九九頁下）六度、四弘，是佛行處。『威儀』等者，言其動止。」（四〇〇頁上）

〔二九〕**若有輕笑，皆由自失**　資持卷下三：「『若』下，誠自敬。由自失者，歸過於己

也。」（四〇〇頁上）

〔三〇〕知無不敬　資持卷下三：「謂於人無所釋也。」（四〇〇頁上）

〔三一〕敬則有儀，豈唯恭攝　資持卷下三：「『敬則』下，彰益。敬有儀者，心形於外也。『豈惟』等者，自利兼他也。」（四〇〇頁上）

〔三二〕田必良美，不求種子而種子自投；道必純備，不須利養而利養潛托　資持卷下三：「顯示冥招之義。上舉喻，田無求心，人將種之，故云『自投』。道下法合，僧無須意，人自供之，故云『潛託』。潛即是冥托，亦投也。」（四〇〇頁上）

〔三三〕由此而觀　鈔科卷下三：「『由』下，結示自失。」（一二三頁下）資持卷下三：「初，示他輕。『以』下，次明自失。」（四〇〇頁上）

〔三四〕法滅於身　資持卷下三：「反上形心、威儀等事。縱放身心，內外無法，故滅於身。」（四〇〇頁上）

〔三五〕以道敬貴人者，不得起迎將送，亦不得同牀共坐　資持卷下三：「注示待遇王臣之法。初，教外儀。不迎送者，以屈道故。不同床者，恐媟慢故。」（四〇〇頁上）鈔批卷二六：「如賓頭盧見國王不起事，如律第五十卷出斯緣。（云云。）因制大小犍度，是此文也。」（三〇頁上）

〔三六〕又亦不應生於憍慢　資持卷下三：「『又』下，誡內心。然此乃約比丘內有實德，王臣並懷深信，故可行之。」（四〇〇頁上）

訃請設則〔一〕篇第二十三

夫昏俗多務〔二〕，慧觀難修〔三〕，制營福分〔四〕，用接愚惑〔五〕。而施乃雜繁，皆多設食供〔六〕。每於訃請，有違教法，外生譏毀，內長癡慢，反招苦趣，未成師誘〔七〕。故撮略經訓，試論如別〔八〕。

【題解】

簡正卷一六：「前明崇敬尊容，內行雖畢，忽有外緣請召，亦須軌範合儀，故次明也。」（九八九頁上）鈔批卷二六：「前篇欲匡時法，故須敬法重人，致有三寶敬儀，制令五眾修奉。道美俗寔曰淨田。俗有請福折（【案】『折』疑『祈』。）延，理須訃接。脫虧軌度，納醜招譏。故此一篇，備明儀則，有召方臨，稱為『訃請』。對時立法，目為『設則』，故曰也。」（三〇頁下）

【校釋】

〔一〕訃請設則　簡正卷一六：「應命而往，名為『訃請』。陳置法儀，名為『設則』。」

（九八九頁上）鈔批卷二六：「立云：『訃請』兩字，義含道俗，謂俗來延請，僧意往訃。既開往訃，須有軌儀，故曰設則也。」（三〇頁下）資持卷下三：「『訃』（【案】『計』鈔作『訃』。）是比丘允許，『請』即施主邀命。往計前請，意存化導，必施法式，發越彼心，故云『設則』也。」（四〇〇頁上）扶桑記釋「發越」資行云：『越』，寫誤，當作『起』也。」（三五三頁下）【案】本篇文分為二：初，「夫昏」下；次，「就中」下。

〔二〕**昏俗多務** 簡正卷一六：「昏，迷也，暗也。迷理滯事為俗也。上為官宦，中為田農，次為工巧，下為商賈。終日駈駈，無時暫息，故云多務也。」（九八九頁上）鈔批卷二六：「立謂：俗人煩惑熾然，於真如理觀不然（原注：『然』疑就、『能』。）曉了，故曰昏俗。」（三〇頁下）資持卷下三：「初明俗眾，營福所以。智論明福、智二分。俗修福分，謂布施也；道修智分，謂學慧也。塵網所縈，故云昏俗。」（四〇〇頁上）

〔三〕**慧觀難修** 簡正卷一六：「不能靜攝，是慧觀難修。」（九八九頁上）鈔批卷二六：「加復治生事務，繁雜多途，不可令修定慧、觀照之解，故曰慧觀難修也。」（三〇頁下）

〔四〕**制營福分** 簡正卷一六：「且令彼布施，求有漏人天福報。」（九八九頁上）鈔批卷二六：「謂慧照既非其分，且修福業，使獲報人天，且免三塗之苦，故言用接等也。即如下文云：由俗網繫，靜業難繼，道門閑預，得專勝行，故分二途，即其義也。」（三〇頁下）資持卷下三：「『制』謂教示。非禁制也。」（四〇〇頁上）

〔五〕**用接愚惑** 資持卷下三：「即前所謂作出家得道因緣。或復且令遠離惡道，生人天中，堪受化故。」（四〇〇頁上）

〔六〕**而施乃雜繁，皆多設食供** 資持卷下三：「『而』下，次，明道眾受訃乖儀，施通四事，故云雜繁。」（四〇〇頁上）鈔批卷二六：「立明：施通四等，或以衣服、臥具，資生所須，田園、器物等，並須惠施。而今就繁數者，不過設食。此門來意，正明對食請，以立其儀也。」（三〇頁下）簡正卷一六：「謂施通四事，餘三稍稀。施食者，眾也。」（九八九頁上）

〔七〕**每於訃請，有違教法，外生譏毀，內長癡慢，反招苦趣，未成師誘** 簡正卷一六：「『每於』下，明往訃失儀，自他俱損。令他輕侮即損他，內長痴慢即自損。彼施望福，此受道緣，既損自他，兩邊墮負，即返招苦趣也。」（九八九頁上）鈔批卷二六：「正明比丘對施之時，威儀失則，不然軌生物善，何然消

災拔苦？特由進止乖方，坐立無准，招俗輕侮。（三〇頁下）不然（【案】『然』疑『能』。）於三寶境界，深起敬心，緣此輕蔑，皆墮地獄，故曰反招苦趣。」（三一頁上）資持卷下三：「『生譏』即損他，『癡慢』即損自，『苦趣』即自他俱墜。」（四〇〇頁上）

〔八〕故撮略經訓，試論如別　簡正卷一六：「『故撮略』下，立篇之意。謂撮取諸經、論、律，訓導道俗之法，來此為訃請之儀，試論如下十門之別也。」（九八九頁上）

就中分十〔一〕：一、受請法，二、往訃法，三、至請家法，四、就座命客法，五、觀食淨汙，六、行香呪願，七、受食方法，八、食竟收斂，九、嚫嚫布施，十、出請家法。

【校釋】

〔一〕就中分十　資持卷下三：「列章有十，（四〇〇頁上）攝盡始終。一、六及九，事通僧俗，餘並在僧，具如後釋。」（四〇〇頁中）

初，明受請者

十誦：為知請故，須立維那〔一〕。出要律儀翻為「寺護〔二〕」，又云「悅眾〔三〕」，本正音「婆邏」，此云「次第」。僧祇云：若來請比丘明日食者，不得定答云「決來」〔四〕，應語：「若無緣事，當訃之。」若有請僧者，應問姓名、客人舊住巷陌。不得輒往，應先令一人，若月直、園民、沙彌，在前訪問〔五〕，恐試弄比丘，及有留難〔六〕，恐僧失食故。

五分：白衣家會，應借僧臥具〔七〕。僧祇：比丘得為俗家設會張幔，及諸供具。唯不得與女人共輿〔八〕。及以作食。四分：菩提王子請佛，從於階陛布衣，令佛蹈上過。世尊不受，令卻之，為未來比丘〔九〕故。

增一云：如來許請，或默然，或儼頭〔一〇〕，或彈指。

五百問云〔一一〕：作佛得物，請比丘，不合食〔一二〕。若先許三會，後作一會，三行香、三施，不了還願〔一三〕。若鬼子母食，呪願取食〔一四〕。沽酒家門，一切時不得入〔一五〕；更有餘門〔一六〕，得。若請比丘會，當持一日戒，一日不沽酒，得往；屠家亦爾。若共師並坐者，更無別處，得；不得同盤食。

四分：請有二種，即僧次、別請也。律開別請，然諸經論，制者不少。梵網云：別請物者，即盜四方僧物〔一七〕。仁王經亦呵責別請過〔一八〕。

十誦、善生：雖別請佛、五百羅漢〔一九〕，猶故不得名請僧福田。若能於僧中請一似像極惡比丘，猶得無量果報。增一、成論云：如飲海水，即飲眾流，僧次請僧亦爾。五分：但為解脫出家者，得為僧次——唯除犯惡戒人〔二〇〕。五百問云：受別請已，遣人代去，主人意無在者，得；若嫌者，犯墮〔二一〕。既僧次福大〔二二〕，有憑請者，應說僧次功能，開悟俗心，勿令別請。「別請法」如隨相中〔二三〕。

今俗有執名邀請者，然口雖許往，必須筆註。有人書為「赴」字者，此未知字學耳。必有斯舉，可註為「訃」字。下之赴上為「赴」字，上之赴下為「訃」字〔二四〕。此乃細碎，甚補高望〔二五〕。故諺云：借念時還，貸念時償〔二六〕。事雖鄙陋，廉恥之本〔二七〕。

薩婆多：被請人與僧同去，不白先入者，墮〔二八〕。主人明日作食〔二九〕，今日自往者，墮——除主人喚。若食後〔三〇〕，主人不喚留，自住者，墮。經營知事人，在僧後到者〔三一〕，墮。食未嚫，去者〔三二〕，亦墮。餘人私行〔三三〕，直報同學〔三四〕者，得。雖大界內，近寺白衣家，不白亦犯〔三五〕；若白，還晚，令僧惱者，吉羅。

善見：檀越請比丘，沙彌雖未受具，亦入比丘數〔三六〕。涅槃：乃至未受十戒，亦得受請〔三七〕。

僧祇：若道行，作念〔三八〕「至某精舍當食」，若過餘處食者，悔過〔三九〕；若值彼僧受請，隨去，無罪〔四〇〕。十誦：不請自來食，犯吉羅〔四一〕。五百問〔四二〕云：但打犍稚〔四三〕，即得食供，不問請與非請。何以故？打犍稚本為集僧故。

【校釋】

〔一〕維那　鈔科卷下三：「初，來請等法。」（一二三頁下）鈔批卷二六：「維那者，出要律儀音義云：舊譯曰『毗訶邏波羅』。毗呵羅者，寺也。波羅者，護也。謂護寺也。宣云：梵名『羯磨拕那』，『羯磨』是事，『拕那』是授，謂是『事授』，言中顛倒。若迴文者，應言『授事人也』。謂於諸事，指授於他。舊言：維者，維持綱紀也。那者，梵音之略。梵、漢合說，故言『維那』也。」（三一頁上）

〔二〕寺護　簡正卷一六：「謂監護寺中法事、請處請人等，能令眾喜，亦名『悅眾』。」（九八九頁下）資持卷下三：「『寺護』，謂監護寺事也。餘名如上卷。」（四〇

〇頁中）

〔三〕**悅眾** 鈔批卷二六：「出要律儀音義云：持律者，言維那，名悅眾。聲論云：本外國音，應言『波邏』，此翻『次第』。次第者，更遠（原注：『遠』字未詳。）知僧事故也。」（三一頁上）

〔四〕**若來請比丘明日食者，不得定答云「決來」** 資持卷下三：「僧祇初教答請，恐為緣阻，故不定答。『若有』下，令審實。『不得』下，明預探。此約生分。必是舊識，則不須之。」（四〇〇頁中）【案】僧祇卷三〇，四七一頁上。

〔五〕**在前訪問** 簡正卷一六：「明日設供，早晨預令一人先去，借訪為是實否。」（九八九頁下）

〔六〕**及有留難** 簡正卷一六：「恐假諸緣，作命、梵二種留難，及作衰損之難。或可恐施主家有留難，未逐設食等。」（九八九頁下）

〔七〕**白衣家會，應借僧臥具** 鈔科卷下三：「『五』下，俗家敷設。」（一二三頁下）資持卷下三：「五分開借僧物。」（四〇〇頁中）

〔八〕**唯不得與女人共輿** 資持卷下三：「僧祇開僧作務。且據無能，必有能者，但可指授。『輿』合作『昇』，共抬物也。文中但簡對昇，恐謂得為造食，故注決之。一避觸煮，二為乖儀。」（四〇〇頁中）【案】五分卷六，四三頁上。

〔九〕**世尊不受，令卻之，為未來比丘** 簡正卷一六：「恐人云：佛在日，請情段（【案】『段』疑『殷』。）重，故設。未來請者，心輕故。失此衣，譏諸比丘，戒德不全，故受也。或可恐未來比丘，學佛踏之，損福故也。」（九八九頁下）鈔批卷二六：「立謂：未來比丘，既不然具修禁戒，豈然消茲供養也！佛知今日僧尼德薄，故預立斯方法，以軌將來也。」（三一頁上）資持卷下三：「四分明離過，引本緣起，以規後世。為未來者，或恐過奢，招世譏謗；或恐末世福尟，不堪銷故。」（四〇〇頁中）【案】四分卷四〇，八五七頁下。

〔一〇〕**儼頭** 鈔科卷下三：「『增』下，許請之相。」（一二三頁下）資持卷下三：「引佛真規，以為後則。文列三相，『隨一』即成。儼頭，經音義云字合作『頷』，世謂『點頭』是也。」（四〇〇頁中）簡正卷一六：「儼頭者，點頭也。問：『何不出言許之？』答：『多論云，嘿有三意：一、表貪習已盡，故不發言；二、止外道謗言『瞿曇多貪』；三、為現大人相。故嘿也。」（九八九頁下）

〔一一〕**五百問云** 鈔科卷下三：「『五』下，對請可不。」（一二三頁下）【案】五百問，九七三頁上。

〔一二〕**作佛得物，請比丘，不合食** 資持卷下三：「初，審施物。作佛物即今彫畫佛

像之家，兼通道俗。」（四〇〇頁中）【案】「佛得」，底本為「得佛」，據<u>大正藏本</u>、<u>貞享本</u>、<u>敦煌甲本</u>、<u>敦煌乙本</u>、<u>五百問義</u>及<u>弘一</u>校注改。

〔一三〕若先許三會，後作一會，三行香、三施，不了還願　<u>資持</u>卷下三：「『若先』下，次，明賽願。謂施家力所不及，欲以三遍行香、三迴施物，即當三會。以違本心，故云『不了』。」（四〇〇頁中）<u>簡正</u>卷一六：「不了還願者，謂還願不了，應須三遍。」（九八九頁下）

〔一四〕若鬼子母食，呪願取食　<u>資持</u>卷下三：「『若』下，三、受神食。<u>鬼子母經</u>云：佛遊<u>大兜國</u>，有一母，性惡，常盜人子。佛為說法告云：『從是已去，止佛精舍邊，人民無子者，來求當與。』今或有人設食持施比丘也，呪願即為施主求願也。廣在第六。」（四〇〇頁中）【案】<u>五百問</u>，九七七頁中。

〔一五〕沽酒家門，一切時不得入　<u>資持</u>卷下三：「『沽』下，四、擇施家。屠沽之家，由涉譏疑，不令輒入。前制餘時，故云『一切』。」（四〇〇頁中）

〔一六〕更有餘門　<u>資持</u>卷下三：「『必約有緣，請僧設食，令彼持戒，停業方便，接引故也。」（四〇〇頁中）

〔一七〕別請物者，即盜四方僧物　<u>資持</u>卷下三：「<u>梵網</u>云：一切不得受，別請利養入已，而此利養屬十方僧。而別請者，即取十方賢聖僧物。（此制受請。）又云：次第請者，即得十方聖賢僧，而世人別請五百羅漢菩薩僧，不如僧次（四〇〇頁中）一凡夫僧。若別請者，是外道法。七佛無別請法。（此制施主。）」（四〇〇頁下）

〔一八〕仁王經亦呵責別請過　<u>資持</u>卷下三：「彼云：諸惡比丘受別請者，是外道法，都非我教等。」（四〇〇頁下）【案】<u>仁王護國般若波羅蜜多經</u>卷二，<u>大正藏</u>第二三冊，三四八頁上。

〔一九〕十誦、善生：雖別請佛、五百羅漢　<u>鈔批</u>卷二六：「案十誦文中，乃是<u>鹿子母</u>別請。五百羅漢皆神通，有從窗中入者，有從空中來者，有從座中自出者。佛語<u>阿難</u>：『不如僧中，請一比丘，其福勝彼。』（云云。）今鈔言善生等者，<u>十誦</u>文中不見有善生，但有<u>鹿子母</u>耳。其善生經中，自有別緣，謂佛教<u>善生</u>長者：『若供養時，深信僧中多有功德，平等奉施，得無量福。』」（三一頁下）

〔二〇〕犯惡戒人　<u>鈔批</u>卷二六：「謂僧尼犯四重、八重，名惡戒人也。」（三二頁上）

〔二一〕受別請已，遣人代去，主人意無在者，得；若嫌者，犯墮　<u>資持</u>卷下三：「<u>五百問</u>但明別請。遣人代去，即是捨請。若嫌犯墮，即結能遣，違施非法，準律應吉。」（四〇〇頁下）<u>簡正</u>卷一六：「慊（【案】『慊』疑『嫌』。）者犯墮，

即本受諸（原注：『諸』疑『請』。下同。）人得提也。借他物念，依期限還他，即是廉素之人，不念還償足。」（九八九頁下）【案】五百問，九七七頁中。

〔二二〕既僧次福大　資持卷下三：「『既』下，二、令勸讚僧次。」（四〇〇頁下）

〔二三〕如隨相中　資持卷下三：「隨相，即『別眾食戒』。」（四〇〇頁下）

〔二四〕下之赴上為「赴」字，上之赴下為「訃」字　資持卷下三：「下赴上者，謂奔趨而往。上訃下者，謂言詞允許。若作趨赴，義似不尊。今書言訃，欲彰大度。訃，至也。（今時字書告喪曰訃，即凶。訃字，雖是祖訓，不可用之，亦隨時之義也。）」（四〇〇頁下）

〔二五〕此乃細碎，甚補高望　資持卷下三：「『此』下，顯意。苟有所不知，則令俗輕道。雖小而大，誠有所補。『高望』謂德望高遠也。」（四〇〇頁下）

〔二六〕借念時還，貸念時償　資持卷下三：「然恐後世，忽為小事，仍引諺語證之。『諺』謂傳世常言，不稽典者。初句，謂暫借他物，應念即時還之。次句，謂貸取人財，須思早覓償之。……（指歸云：此出郗嘉賓要覽中文，彼作『羊』。太傳云：故知人語也。『時償』彼作『早償』。）」（四〇〇頁下）鈔批卷二六：借念時還者，謂借貸他物，念欲早還，若見彼索，大成可恥。事雖是小，損辱尤深。今字義亦爾，事雖是小，不可不解者，大損形望也。」（三二頁上）

〔二七〕事雖鄙陋，廉恥之本　簡正卷一六：「今此細碎亦爾也。寶云：鈔是唐初制文，宗未具全。（九八九頁下）今若從言，卻是哀訃字，良不可也。」（九九〇頁上）資持卷下三：「謂雖世俗常事，苟有違者，甚失君子之行，故云廉恥本也。……（『鄙陋』作輕小。）」（四〇〇頁下）

〔二八〕不白先入者，墮　簡正卷一六：「惱同諸僧，故結也。」（九九〇頁上）資持卷下三：「初，制同往。不白先入，惱眾故墮。（據律，往他家，犯不白同利戒。今是施家，應吉。）。」（四〇〇頁下）【案】「薩婆多」下，明往訃是非，分五。

〔二九〕主人明日作食　資持卷下三：「『主』下，二、制隔日。先往以招譏故。」（四〇〇頁下）

〔三〇〕若食後　資持卷下三：「『若』下，三、制食訖自住。」（四〇〇頁下）

〔三一〕經營知事人，在僧後到者　資持卷下三：「『經』下，四、制知事後至。以營事人合先往故。」（四〇〇頁下）

〔三二〕食未嚫，去者　資持卷下三：「『食未』下，五、制未嚫輒起。謂未施財咒願，今僧未行嚫，施終無先去，纔得嚫已，不待咒願者多矣。」（四〇〇頁下）標

釋卷三二：「大嚫，或作達嚫，又作達儭，義當施頌。有云：報施之法，名曰達嚫，導引福地，亦名達嚫。」（八八一頁下）

〔三三〕餘人私行　資持卷下三：「『餘人』謂非首領上位者。『私行』謂潛去。」（四〇〇頁下）

〔三四〕直報同學　簡正卷一六：「意在知處也。」（九九〇頁上）資持卷下三：「令知所緣。」（四〇〇頁下）

〔三五〕雖大界內，近寺白衣家，不白亦犯　資持卷下三：「『雖』下，覆釋初制。前明施家，此文似是他家。」（四〇〇頁下）

〔三六〕檀越請比丘，沙彌雖未受具，亦入比丘數　鈔科卷下三：「『善』下，下眾同受。」（一二四頁下）資持卷下三：「二文並明僧次。論約法同，經聽形同，無非皆為解脫出家，即堪受供。」（四〇〇頁下）【案】善見卷七，七一七頁下。

〔三七〕乃至未受十戒，亦得受請　資持卷下三：「涅槃云：雖未受戒，已墮僧數。」（四〇〇頁下）【案】北本涅槃卷六，三九九頁中。

〔三八〕作念　鈔科卷下三：「『僧』下，自往雜相。」（一二四頁下）資持卷下三：「僧祇作念，即晨起六念，念食處故。」（四〇〇頁下）【案】僧祇卷二一，三九七頁上。

〔三九〕若過餘處食者，悔過　簡正卷一六：「是祇提舍尼戒，名蘭若受食。因有此文，合是提舍尼罪。有釋云『違六念，故須悔過，是吉羅』者，非也。」（九九〇頁上）鈔批卷二六：「謂比丘欲向某伽藍，心念至彼當食，忽然餘處而食者，犯吉，故言悔過。謂悔吉之過也。」（三二頁上）資持卷下三：「違念，吉羅。」（四〇〇頁下）

〔四〇〕若值彼僧受請，隨去，無罪　鈔批卷二六：「謂當時雖念往某寺食，中間有人請僧食。既至彼已，逐彼寺僧次去者，無罪。又解：謂中道過餘寺，值其受請之次。隨去無道，准理並得也。」（三二頁上）

〔四一〕不請自來食，犯吉羅　資持卷下三：「十誦結犯。且據俗舍，別請為言。」（四〇一頁上）簡正卷一六：「恐惱施主故。」（九九〇頁上）【案】十誦卷五七，四二七頁上。

〔四二〕五百問　資持卷下三：「引論決，作相免過。此通施家，不唯常住。（古云此據僧舍者，非。）」（四〇一頁上）簡正卷一六：「若准五百問，作相召集，便同於諸，去即無罪。二文隨用故。」（九九〇頁上）

〔四三〕犍稚　標釋卷二四：「揵椎，或作揵稚。應法師云梵言『臂吒犍稚』。『臂吒』，此云打。『犍稚』，所打之木，或檀，或桐，此無正翻。舊經多作『犍遲』。『遲』

宜作『稚』。『直致』切。(『遲』『稚』，二皆音『治』。)但『椎』『稚』，字形
相濫，故誤也。」(七七三頁上)【案】底本為「犍」，據標釋及羯磨疏義改。
次句「犍稚」同。參見集僧通局篇第二之「犍稚」注。底本大都為「犍稚」。

二、往赴法

四分云：若欲受請，應往眾僧常小食、大食處住。

若檀越白「時到」者，上座應在前，如鴈行而去〔一〕。諸比丘應偏袒
右肩，在後行。若有佛、法、僧病比丘事者，當白上座〔二〕，在前去。
必於中有命梵難者，若問、不問，聽去〔三〕。

若上座在道行，大小便處，應待來，然後如前去〔四〕。

【校釋】

〔一〕上座應在前，如鴈行而去　資持卷下三：「初，示威儀。隨後相次，如飛雁焉。」
　　　(四〇一頁上)鈔批卷二六：「上座應在前行，今時維那差數須報。上座云：
　　　『某甲房中某甲若干人，是去者。』其上座知已，臨去時喚之，集門首，一時
　　　雁行而去。勿前後而去，(三二頁上)施主不喜，亦不生善。」(三二頁下)
　　　【案】四分卷四九，九三五頁上。

〔二〕當白上座　資持卷下三：「開前去。三寶看病是緩緣，故制須白。」(四〇一頁
　　　上)

〔三〕若問、不問，聽去　資持卷下三：「命梵急難，故通不問。」(四〇一頁上)

〔四〕應待來，然後如前去　資持卷下三：「令相待。據文所明，下待於上。義準上
　　　下，並須相待。恐不及眾，容失道故。」(四〇一頁上)

三、至請家法

若未安置佛像及聖僧座〔一〕者，上座有德者先處分安像，極令清潔，
勝於僧座，乃至覆障高顯處訖。

然後布置聖僧座〔二〕。其法有五卷，梁武帝對中國三藏出之，不可
具錄〔三〕。如請賓頭盧法經〔四〕說：令預宿請，在空靜處，敷設虛頓為
座。我若來時，坐處有相〔五〕。今世臨時虛設，並無法式。既知不易，
門師比丘，依經豫示〔六〕。必不豫修〔七〕，臨齋，上座當索新頓布緤、衣
服鮮素者，在於僧首；令在氈褥上，廣張鋪設，足得大坐之處。然後上
座於次乃坐。

不須坐訖〔八〕，方乃分處僧、佛二座。又不以坐處窄狹，排蹙在地，

或安置佛前〔九〕；或雖處座，而狹小舒位。如此上座，未見其可〔一〇〕。既自無敬信勝緣〔一一〕，亦令俗士不敬三寶。此乃滅法上座〔一二〕。

僧祇：若檀越請僧，不知法，不好敷具與上座，以好牀敷與年少，上座應教言：「以不好者與年少〔一三〕。」若施主為知識比丘故，敷好牀褥者，不得共爭，隨施主意；乃至飲食等亦爾。若施主未知請僧法，知識尼得教安置〔一四〕形像、「益食法」已，然後坐。應在別處〔一五〕，又不得勝僧所〔一六〕。長含云：世尊赴會，常在眾中坐。左面比丘，右面清信士〔一七〕。

【校釋】

〔一〕若未安置佛像及聖僧座　鈔科卷下三：「初，安置聖位（二）。」（一二三頁中）資持卷下三：「先明佛像位。或有別堂，則就本處。」（四〇一頁上）【案】「至請家法」，文分為二：初，「若未」下；二、「僧祇」下。初又分二：初，「若未」下；二、「不須坐」下。

〔二〕然後布置聖僧座　鈔科卷下三：「初示鋪設。」（一二四頁中）資持卷下三：「『然』下，次排聖僧座，為三。」（四〇一頁上）

〔三〕梁武帝對中國三藏出之，不可具錄　資持卷下三：「初，引所據。梁武所出，其文已亡。」（四〇一頁上）

〔四〕請賓頭盧法經　簡正卷一六：「請賓頭盧法經，兩紙，世高譯。字賓頭盧，姓頗羅墮。因為向樹提長者前現神通取盞，佛制不金（原注：『金』疑『入』。）涅槃，為三洲四部眾作福田。若欲請時，應焚香面向天竺摩利支山，自稱香（原注：『香』字未詳。）貫姓氏等，請云：『大德賓頭盧頗羅墮，受佛教勅，為末法人作福田，願受我請，於此處食。』然後，自陳密意等。至於洗浴時，亦合如是。』」（九九〇頁上）資持卷下三：「賓頭盧經，藏中見有，具明請法。由彼尊者，佛敕在世為末法四部作大福田，志誠虔請，多有感應。」（四〇一頁上）【案】請賓頭盧法，大正藏第三二冊，七八四頁下。

〔五〕我若來時，坐處有相　資持卷下三：「預宿請者，經云：新床新褥，綿敷以白練覆綿上。（即虛軟也。）初夜如法，請之無不至也。來則褥上，現有臥處，浴室亦現用湯水處。大會請時，或在上、中、下座，現作僧形。人求其異，終不可得。去後見花不萎，乃知之也。（謂以鮮花布座，聖位不萎為驗。）今此束略，但云『坐處有相』耳。」（四〇一頁上）扶桑記釋「來則褥上」：「會稽道林少出家，有戒行，嘗設聖僧齋，鋪新帛於牀上，齋畢見帛上有人跡，皆三

尺餘，眾鹹服其徵感。」（三五四頁下）

〔六〕既知不易，門師、比丘，依經豫示　資持卷下三：「請聖事難，故云不易。俗人咨稟，謂之門師。俗家之人，即門徒也。（今反召僧為門徒，非。）」（四〇一頁上）

〔七〕必不豫修　資持卷下三：「『必』下，三、明自設。」（四〇一頁上）

〔八〕不須坐訖　鈔科卷下三：「『不』下，斥非法。」（一二四頁中）資持卷下三：「初，示非。坐訖即慢聖。」（四〇一頁上）

〔九〕又不以坐處窄狹，排毹在地，或安置佛前　鈔批卷二六：「此明坐具既少，致有斯過。今為貧窮俗士，雖請眾僧，床敷鄙陋，全不生善。非但輕賤三寶，亦乃福德減少。此則不如送供於寺，亦使眾僧無惱故。賢愚經中，有長老設供養，便作是念。佛言：『供養之福，隨因受報。若請眾僧就舍供養，妨廢行道，道路寒暑，來去勤勞。若後受報時，要當思慮，出行求逐，乃然得之。若就往奉供，後若受福報，便即自然坐食。』」（三二頁下）資持卷下三：「在地佛前並非處狹小，謂薄略。按尼鈔，座不得高尺六。又不以常住僧器供養，由護戒同凡故。或有嚫施，還入聖僧用。（準俗舍無用，應付所請僧寺聖僧用之。）又，但設虛座，不得上安形像等。」（四〇一頁上）

〔一〇〕如此上座，未見其可　資持卷下三：「『如』下，正斥未見其可者。以不知法，不堪此任故。」（四〇一頁上）簡正卷一六：「未見有可，於聖教處也。」（九九〇頁上）

〔一一〕勝緣　簡正卷一六：「指佛、僧二座為勝也。」（九九〇頁上）資持卷下三：「勝緣即佛及聖僧。」（四〇一頁上）

〔一二〕此乃滅法上座　資持卷下三：「自損損他，贈號滅法。」（四〇一頁上）

〔一三〕以不好者與年少　資持卷下三：「僧祇初明敷床。俗不知法，故令教之。飲食亦爾，同上敷具。」（四〇一頁上）【案】僧祇卷二七，四四六頁中。

〔一四〕得教安置　資持卷下三：「以提舍中，制尼指授故。」（四〇一頁中）【案】「教」，動詞，教授、指導。

〔一五〕應在別處　資持卷下三：「息嫌疑故。或在僧下，但令相遠。」（四〇一頁中）

〔一六〕又不得勝僧所　資持卷下三：「尊卑倒故。」（四〇一頁中）

〔一七〕左面比丘，右面清信士　資持卷下三：「長含有三意：一、示佛位在中，二、明道俗處別，三、知俗眾得同齋會。雖有此通，終成參濫，多不生善。幸有別室，異處彌善。」（四〇一頁中）簡正卷一六：「引長含經，意明安佛位在中

間，左僧右士，意為證尼不合同處也。」（九九〇頁上）鈔批卷二六：「立謂：引此文證上文尼不得與僧同處食也。借如俗人女婦，尚自不出園庭室，對宿德之前，端坐喫食。雖即剃髮為尼，仍是女位，豈得頓即無識不避羞恥？更復與僧交語，未足可論。撿諸經論，無有尼等對大僧前同坐而食也。案長含第二云：佛於竹園精舍詣巴連弗城。既至巴連，樹下坐。時有清信士，聞佛與大眾遠來至此，便往禮拜，請佛說法。佛與說法，即受五戒，便請佛設食。自白時到，（三二頁下）佛與大眾詣彼講堂，澡洗足已，處中而坐。時諸比丘在左面坐，諸清信士在右面坐。又按大愛道比丘尼經云：比丘尼若受檀越請食，當如法行，當如法食，有三事：一者，不得與大僧共會坐而食；二者，不得與優婆塞共會坐食；三者，不得貪持食用，啖年少憂婆塞也。比丘尼若於道上見大比丘，若沙彌平等視之，當直作禮而去，不得與相視顏色。若觀顏色者，心為不淨，不得問訊起居、欲至何所。若相問訊者，必有情熊（【案】『熊』大愛道比丘尼經為『態』。）起也。」（三三頁上）【案】大愛道比丘尼經卷下，九五〇頁中。長含卷二，一二頁中。

四、就座命客法

彼上座置設佛、僧二座已〔一〕，然後去聖僧座一尺許，敷尼師壇，為表敬也。四分〔二〕：往食處，不應錯亂雜聚而住，應隨次坐。上座坐已，應看中座、下座，勿令不如法、不善覆身。若有者，彈指令覺；若遣人語知，好如法坐。中座坐已，看上、下座，勿令非法。下座坐已，亦互看上、中，亦爾。僧祇〔三〕「不好覆身坐」者，謂著細生疎衣，形體露現。摩訶羅坐不正〔四〕，語云：「正汝衣。」若不覺者，語云：「覆汝形。」尼坐不正，不得語令知〔五〕，恐其慚恥，應作方便遣令取物。若淫女〔六〕故作者，當自起避去。

四分：至請家，彼此相問年歲大小訖坐〔七〕。若恐日時欲過，聽上座八尼次第坐〔八〕。餘者隨坐。僧須準此。

僧祇：勞問食家，云「家中何如？生活好不」等〔九〕。

四分：不應故在後往食上，令諸比丘起〔一〇〕。亦得見來不須起〔一一〕。若未來者，比座開處〔一二〕。

僧祇：若有可笑事，上座應言「云何聖毘尼中，出齗現齒，呵呵而笑〔一三〕？當忍之；起無常〔一四〕、苦、空、無我、死想〔一五〕」等。由不可止，當以衣角遮口，徐徐制止。身不定者，當動手足，乃至折草〔一六〕，

漸漸自制。義準〔一七〕，至死喪請處，及凡食家，並準僧祇，慎無喧笑及交頭雜說，妄談世論。

　　五分：若請處外，客比丘不得入〔一八〕；語主人，聽入。不許者，語云：「與我食分，自共等食。」又不許者，應自語委知：「僧坊有食，可往彼去。」然後乃食。薩婆多：通集門外比丘一處，喚一大者入〔一九〕。若更餘不集者，亦喚入之。雖打犍稚，終須不遮，方得清淨。如隨相〔二〇〕也。

【校釋】

〔一〕彼上座置設佛、僧二座已　鈔科卷下三：「初，入位隨坐。」（一二四頁下）簡正卷一六：「先明就座儀式。」（九九〇頁上）資持卷下三：「初科，前明敷座。表敬有二：一，先聖後已，二、退身避聖。」（四〇一頁中）

〔二〕四分　資持卷下三：「四分次明入位，互相檢校，不令非法。」（四〇一頁中）【案】四分卷四九，九三五頁上。

〔三〕僧祇　資持卷下三：「引僧祇，示不如法相糾正之法。」（四〇一頁中）【案】僧祇卷二一，四〇一頁下。

〔四〕摩訶羅坐不正　鈔批卷二六：「案僧祇云：摩訶羅坐不正者，應語『正坐』。若不覺者，應語言『正汝衣』。復不覺者，應語言『摩訶羅覆汝形體』等也。」（三三頁上）資持卷下三：「『摩訶羅』即愚癡比丘」（四〇一頁中）扶桑記引眾經音五釋「摩訶羅」：「譯云無知也，或云老也。」（三五四頁下）

〔五〕尼坐不正，不得語令知　資持卷下三：「尼但遣起。由女多羞。」（四〇一頁中）

〔六〕淫女　資持卷下三：「尼眾中有作惡者。」（四〇一頁中）

〔七〕彼此相問年歲大小訖坐　鈔科卷下三：「『四』下，相問大小。」（一二四頁下）資持卷下三：「四分初制相問。年歲即夏臘。」（四〇一頁中）【案】四分卷四八，九二七頁下。

〔八〕聽上座八尼次第坐　資持卷下三：「『若』下，示緣開。聽八尼者，即尼戒本單提中文。今此準用。」（四〇一頁中）簡正卷一六：「本是尼單提戒。令僧但例此勞問者，意在他歡喜也。」（九九〇頁下）鈔批卷二六：「謂尼單墮中制，故僧須準之。」（三三頁上）

〔九〕勞問食家，云「家中何如？生活好不」等　鈔科卷下三：「『僧』下，慰問施家。」（一二四頁下）資持卷下三：「『勞』字去呼，慰也。以至施家無宜默住，當先慰問，令生喜勇。『家中』是人口。『生活』即事業。餘更隨機，故云『等』

也。然道貴省語，不宜多涉，隨以時緣引接而已。其或巧言令色，妄取顏情，折腰低首，意圖後請。豈唯屈道，抑亦滅法，重道護法，必不行之。」（四〇一頁中）【案】僧祇卷六，二七六頁下。

〔一〇〕不應故在後往食上，令諸比丘起　鈔科卷下三：「『四』下，無緣後往。」（一二四頁下）資持卷下三：「謂自恃已尊，意欲動眾。今時多然，聞須深誡，但能蘊德，自使他尊。豈唯計校，以謂光榮？雖可罔於無知，實取笑於有識。」（四〇一頁中）簡正卷一六：「恐惱於僧也。」（九九〇頁下）【案】四分卷四九，九三五頁中。

〔一一〕亦得見來不須起　資持卷下三：「『亦』下，次，開不起。縱是尊長，非所宜故。」（四〇一頁中）

〔一二〕若未來者，比座開處　資持卷下三：「『若』下，三、明留位。此謂知彼有緣，而未至者。」（四〇一頁中）

〔一三〕云何聖毘尼中，出齗現齒，呵呵而笑　鈔科卷下三：「『僧』下，訶止暗笑。」（一二四頁下）資持卷下三：「初上座訶止。聖毘尼即佛戒。以『眾學』制入白衣舍不得戲笑，須靜默故。」（四〇一頁中）

〔一四〕無常　資持卷下三：「『無常』等即四念處。」（四〇一頁中）

〔一五〕死想　資持卷下三：「『死想』等即九想。」（四〇一頁中）【案】僧祇卷二一，四〇〇頁中、四〇二頁中。

〔一六〕折草　資持卷下三：「『折草』謂以枯乾草手中折之。」（四〇一頁中）

〔一七〕義準　資持卷下三：「『義』下，例決。準上訶制，誡令守慎。」（四〇一頁中）簡正卷一六：「『義准』下，避譏責也。」（九九〇頁下）

〔一八〕客比丘不得入　鈔科卷下三：「『五』下，外客聽不。」（一二四頁下）簡正卷一六：「命不請之僧為客也。如隨相「別眾食戒」說。」（九九〇頁下）【案】五分卷一八，一二三頁下。

〔一九〕通集門外比丘一處，喚一大者入　資持卷下三：「多論謂外客來，多令作法召。或施主、或門師，立於高處，唱云：『六十臘者入。』（無者，漸減唱之。）隨得一人，即免眾過。」（四〇一頁下）【案】多論卷七，五五〇頁上。

〔二〇〕如隨相　資持卷下三：「指隨相，即『別眾戒』。」（四〇一頁下）

五、觀食法

四分：上座應前問言：「果菜淨不〔一〕？」若言「未」，語令淨。

僧祇〔二〕：上座當知誰看房、誰病，應語與食。若檀越惜者，應語：

「長壽〔三〕！法應與，不得不與。」若日晚者，應先取，發遣令去。

【校釋】

〔一〕果菜淨不　鈔科卷下三：「初，審問作淨。」（一二四頁中）資持卷下三：「以見盤中有生果菜，故須問之。準隨相中，須問『漉水未』。」（四〇一頁下）【案】四分卷四九，九三五頁中。

〔二〕僧祇　鈔科卷下三：「『僧』下，給付不來。」（一二四頁中）資持卷下三：「僧祇明逸食。」（四〇一頁下）【案】僧祇卷三四，五〇〇頁上。

〔三〕長壽　簡正卷一六：「應語『長壽』者，勸令與食，能濟他命，即是施食自得長命之果也。問：『經說不然（原注：『然』疑『煞』。）為長壽因，今言何施食為因？』答：『不煞是正因，施食為緣。如生、養『二母之喻』也。』」（九九〇頁下）資持卷下三：「金光明云：有二因緣，壽命得長：一者不殺，二者施食。」（四〇一頁下）

六、行香呪願法

四分中：食竟，方為呪願、說法〔一〕。而此土盛行並在食前。道安法師布置此法，依而用之，於理無失〔二〕。

若至請家，施主令讀經者，依語為之〔三〕。主人口不言者，不須輒問，同類「邪命」〔四〕。

增一云：有設供者，手執香爐，而白「時至」〔五〕。佛言「香為佛使」〔六〕，故須之也。賢愚經：蛇施金已，令人行香，置僧手中〔七〕。乃至執香爐遙請佛僧，如富那奇中說〔八〕。若行香者，不令婦人指桎掌中，語令懸放。必不肯者，便可縮手，當使過去。若有男子，幸遣行之。尼法反前。為深防罪〔九〕故。五百問及三千云：不得立受香〔一〇〕。因比丘受香，女觸其手，欲發罷道。佛言：「若立受者，吉羅。」行香時唄，未見經文〔一一〕。而諸經律，多有唄匿比丘〔一二〕。十誦：為諸天聞唄心喜，故開唄〔一三〕。

四分：若檀越欲聞布施，應歎布施〔一四〕；欲聞檀越法，為歎檀越法〔一五〕；乃至欲聞說過去父祖，應為歎父祖；乃至讚佛法僧亦爾。僧祇云〔一六〕：上座應知前人所施，當為應時呪願。若不能，次座應說；又不能者，乃至下座〔一七〕。都無者，並得罪〔一八〕。比世流布，競飾華辭，言過其實〔一九〕。凡豎褒揚「貴族」，貧賤讚逾「鼎食」，發言必成虛妄，舉事唯增訛諂〔二〇〕。故成實云：雖是經法，說不應時，名為綺語〔二一〕。

況於浮雜，焉可言哉？今立正條〔二二〕，永可準用。僧祇：若為亡人施福者，應作是呪願〔二三〕：一切眾生類，有命皆歸死。隨彼善惡行，自受其果報。行惡入地獄，為善者生天。若能修行道，漏盡得泥洹。若生子設福者，應云：「童子歸依佛，七世大聖尊〔二四〕。譬如人父母，慈念於其子，舉世之樂具，皆悉欲令得〔二五〕。室家諸眷屬，受樂亦無極〔二六〕。」若新舍成就〔二七〕，估客欲行〔二八〕，及以取婦〔二九〕，若復出家〔三〇〕，各有呪願，文如彼說。「僧上座不知，得罪。」廣如三十四卷中。長含，世尊呪願云〔三一〕：「可敬知敬，可事知事〔三二〕。博施兼愛，有慈愍心。諸天所歡，常與善會。」五分〔三三〕，佛呪願賈人云：「四足汝安隱，二足汝安隱，去時亦安隱，來時亦安隱。如耕田有望，下種亦有望〔三四〕。汝今入海望，獲果亦如是。」義準此言〔三五〕，佛可無四辯〔三六〕，對緣止施前法，自餘愚叟〔三七〕，亦安可強乎？雜寶藏〔三八〕：舍利弗次為上座，以施主諸慶大集故，食已行水，對長者呪願言：「今日良時得好寶，財利樂事一切集，踊躍歡喜心悅樂，信心勇發念十力，如似今日後常然〔三九〕。」時摩訶羅〔四〇〕苦求誦習，舍利弗不免意〔四一〕，授之。便為亡人呪願，及損胡麻，繞麥積、塚上、迎婦、驚雁、盜謗，七被捧打，方至祇桓。白佛。佛言：「諸比丘：若說法呪願，當解時宜，憂悲喜樂，知時非時；不得妄說。」

【校釋】

〔一〕食竟，方為呪願、說法　鈔科卷下三：「初，呪願前後。」（一二四頁上）資持卷下三：「初科，四分在後，恐謂因法得食，濫彼邪緣。」（四〇一頁下）【案】四分卷四九，九三五頁下；卷四〇，八五七頁下。

〔二〕依而用之，於理無失　資持卷下三：「世傳在前，意令時眾先知情旨，然後受食，故云無失。然雖兩通，依教彌善。若據隨機，不可一定。」（四〇一頁下）

〔三〕若至請家，施主令讀經者，依語為之　鈔科卷下三：「『若』下，讀誦可不。」（一二四頁上）資持卷下三：「讀誦必待他請。今時俗舍，或有喪靈，僧徒共往，強為諷誦。無意利他，止圖齋請，重食壞法，招俗譏嫌。識者宜誡。」（四〇一頁下）

〔四〕同類「邪命」　簡正卷一六：「恐涉要施物故。」（九九〇頁下）【案】「邪命」即「邪命自活」。

〔五〕有設供者，手執香爐而白「時至」　鈔科卷下三：「『增』下，行香儀則。」（一

二四頁上～中）資持卷下三：「增一即持香迎僧之緣。」（四〇一頁下）【案】
「增一」下分三：初，「增一」下；二、「若行香」下；三、「行香時」下。增
一卷二六，六九六頁上。

〔六〕香為佛使　資持卷下三：「以能通信，故云佛使。」（四〇一頁下）

〔七〕蛇施金已，令人行香，置僧手中　資持卷下三：「賢愚即行香緣。彼第七云：
佛告阿難，過去無量阿僧祇劫閻浮提有一大國，名波羅㮈。時有一人，好修家
業，意偏愛金，勤力積聚。因得一瓶，於其舍內掘地藏之。如是勤身，乃得七
瓶，悉取埋之。後遇疾終，作一毒蛇守此金瓶。如是展轉受形，經一萬歲，最
後受身厭心忽生。見有一人順道而過，蛇呼之云：『吾今此處有一瓶金，欲用
相託，供僧作福。設食之時，持一阿先提（此云『草籠』。）來取我。』彼至
日，擔蛇至寺，著眾僧前。食時已到，僧住行立。蛇令彼人次第賦香，（賦給。）
眾僧食訖，為蛇說法，歡喜轉增。將僧維那到本金所，餘六瓶金，盡用施僧，
命終生忉利天。佛告阿難：『爾時，持蛇人者則我身是。是毒蛇者，今舍利弗
是。』」（四〇一頁下）【案】賢愚經卷三，三六九頁中。

〔八〕如富那奇中說　簡正卷一六：「富那奇者，是大羅漢，此云『滿願』，有兄名美
那奇，為商人。入海採寶，遇毒龍難，遂念弟富那奇。富那奇天耳遙聞，化為
金翅鳥，往海龍，遂沒身，船得免難，安穩歸家。弟化兄為佛位（原注：『位』
疑『立』。）一栴檀堂閣。又，欲請佛及僧設食，乃共兄各持香爐，登高樓上，
遙望祇桓請佛，唯願明日降臨鄙國。發願後訖，香煙如意乘空，至佛上如蓋。
又以水遙洗佛足，其水逕如釧股，亦至佛足。阿難問佛因緣。佛言：『放盈國
（【案】『放盈』疑『於放盆』）中，富那奇化兄，請我及僧明日設食，故有斯
瑞。因勅眾僧至於沙彌，各各變現往彼。』云云。明日往受食了，佛為說法，
字（原注：『字』疑『家』。）中並證初果也。」（九九一頁上）【案】賢愚經卷
六，三九三頁下。

〔九〕為深防罪　資持卷下三：「簡施主是非。僧護殘罪，尼防重夷。」（四〇二頁
上）

〔一〇〕不得立受香　資持卷下三：「『五』下，次，明比丘儀式。律、論並據香片，故
有斯過。今時多以香煙熏手，則男女坐立，準理俱通。」（四〇二頁上）簡正
卷一六：「是三千威儀文。緣起如鈔，制令坐也。寶云：今准十誦云因起慢
故，卻令立受。鈔文由依第二緣也。」（九九一頁上）【案】三千卷一，九一四
頁中。

〔一一〕**行香時唄，未見經文** 鈔科卷下三：「『行』下，明作唄。」（一二四頁中）資
持卷下三：「『唄』即梵音。未見經文者，上引諸緣，但直行香，不云『作唄』。
故下指諸文，止明開唄，意是存之，今亦罕用。」（四〇二頁上）

〔一二〕**而諸經律，多有唄匿比丘** 簡正卷一六：「律云：天帝執爐引佛，而歌讚佛三
身功德。故經云：梵音深妙，令人樂聞。（九九一頁上）又准法苑云：此方梵
音，起於魏陳思王曹子建（名植），是武帝第四子，聰明第一。每讀佛經，以
為至道之宗極，轉乃制讀四聲。因游魚山，感空中梵嚮。思王記得音韻，乃教
諸比丘，安師置於蠻上也。『梵』者，西土之音，此云淨也。既息諸緣，令心
淨故。」（九九一頁下）鈔批卷二六：「出要律儀音義云：唄匿者，持律者云
『歌誦』，亦應云『贊偈』，今謂此是鬱鞞國語。『唄』翻為『止』，『匿』翻為
『斷』。又云：『唄』翻為『止』，『匿』翻為『息』。『唄』翻為『止』，謂止一
切惡也。『匿』翻為『斷』，能斷諸煩惱。（三三頁上）又云：『息』者，息諸勞
務也。」（三三頁下）

〔一三〕**為諸天聞唄心喜，故開唄** 鈔批卷二六：「案十誦云：有一比丘名跋提，能唄
得第一，是比丘聲好。白佛言：『世尊，願聽我作聲唄。』佛即聽之。佛言唄
有五利：一、身體不疲，二、不忘所憶，三、心不疲勞，四、聲音不壞，五、
語言易解。復有五利：一、身不疲極，二、不忘所憶，三、心不懈倦，四、音
聲不壞，五、諸天聞唄聲心意歡喜。」（三三頁下）【案】十誦卷三七，二六九
頁下。

〔一四〕**若檀越欲聞布施，應歎布施** 鈔科卷下三：「『四』下，呪願隨機。初，通示隨
機。」（一二四頁上～中）簡正卷一六：「總辨如非也。」（九九一頁下）資持
卷下三：「令隨彼欲，欲即是機。應機說法實難，其任在乎有智，隨事觀量。」
（四〇二頁上）簡正卷一六：「有相之心布施，得人天果。無住相布施，獲佛
等也。」（九九一頁下）【案】四分卷四九，九三五頁下。

〔一五〕**欲聞檀越法，為歎檀越法** 簡正卷一六：「為說福分，敬護三寶、受歸戒等。」
（九九一頁下）

〔一六〕**僧祇云** 資持卷下三：「僧祇：選能不必上座，其在茲矣。」（四〇二頁上）
【案】僧祇卷三四，五〇一頁下。

〔一七〕**乃至下座** 資持卷下三：「隨有不能，次第選下也。」（四〇二頁上）

〔一八〕**都無者，並得罪** 資持卷下三：「合眾吉羅，制須學故。」（四〇二頁上）

〔一九〕**比世流布，競飾華辭，言過其實** 鈔科卷下三：「『比』下，正示法式。」（一

二四頁中）簡正卷一六：「『比世』下，辨非也。」（九九一頁下）【案】「比世」下分四：初，「比世」下；二、「僧祇若」下；三、「長含世」下；四、「雜寶藏」下。

〔二〇〕凡豎褒揚「貴族」，貧賤讚逾「鼎食」，發言必成虛妄，舉事唯增訛諂　資持卷下三：「『豎』謂未冠之童稚，今但通目泛常小人以為凡豎。『貴族』謂豪富長者之人。鼎食，『鼎』即盛食之器。卿大夫已上，皆列鼎而食。令他傳誤謂之『訛』，強言妄悅謂之『諂』。今時讀疏，現事昭然。」（四〇二頁上）鈔批卷二六：「凡，謂凡庸人也。豎者，小奴子也，至如蒼頭、豎子，皆小奴之通號也。貧賤逾鼎食者，立謂：國家宰相擊鐘陳鼎之食，故曰鼎食。如夏時天子殿前有鼎，中有九鬲，用表九洲。各置食於中，至大歲日以火爨之，有前熟者，意表此洲其年豐熟。若齊沸者，意天下太平。若有前沸者，其州即有人作逆。其食是三公、九卿、大夫已上方得其食。明今讚賤，云人但可隨時呪願，豈得同鳴鐘鼎食，食家願言也。逾者，過也。此言過言也。」（三三頁下）

〔二一〕雖是經法，說不應時，名為綺語　資持卷下三：「『故』下引況，經法猶爾，餘何足言！」（四〇二頁上）鈔批卷二六：「案成實論云：若作實語，義不正故，名為綺語；又，雖是實語，以非時故，亦名綺語；又，雖實而時，以隨順衰惱，無利益故，亦名綺語；又，雖言實而時，亦有利益，（三三頁下）以言無本末，義理亦不次，名綺語；以痴等煩惱散心故語，名為綺語。」（三四頁上）【案】成實卷八，三〇五頁中。

〔二二〕今立正條　簡正卷一六：「言『今』至『中』者，正辨隨機也。」（九九一頁下）【案】簡正將「今立正條，永可準用」作下科「諸法」之首句。

〔二三〕若為亡人施福者，應作是呪願　鈔科卷下三：「『僧』下，列示諸法。」（一二四頁下）資持卷下三：「亡人偈中。上二句歎無常，餘並示來報。天、獄，世報；泥洹，出世報。以今修善，必獲善報故也。」（四〇二頁上）【案】僧祇卷三四，五〇〇頁中。

〔二四〕童子歸依佛，七世大聖尊　資持卷下三：「生子偈。上二句代歸依。『七世』即七佛。」（四〇二頁上）

〔二五〕譬如人父母，慈念於其子，舉世之樂具，皆悉欲令得　資持卷下三：「次四句舉喻，謂歸佛得護，如親愛子。」（四〇二頁上）

〔二六〕室家諸眷屬，受樂亦無極　資持卷下三：「後二句，旁資親屬。」（四〇二頁上）

〔二七〕**新舍成就** 資持卷下三：「新舍者，彼云，若入新舍，設供者云：『屋舍覆廕施，（謂造屋行施也。）所欲隨意得，吉祥賢善眾，處中而受用。世有點慧人，乃知於此處，清持戒梵行，修福設飯食，僧口咒願故，宅神常歡喜。善心生守護，長夜於中住。若入聚落中，及以曠野處，若晝若於夜，天神常隨護。』」（四〇二頁上）【案】僧祇卷三四，五〇一頁。

〔二八〕**估客欲行** 資持卷下三：「估客者，彼云：『諸方皆安隱，諸天吉祥應，聞已心歡喜，所欲皆悉得。（四〇二頁上）兩足者安隱，四足者安隱，去時得安隱，來時亦安隱。晝安夜亦安，（謂人畜來去，日夜皆平安。）諸天常護助，諸伴常賢善，一切悉安隱。常健賢善好，手足皆無病，舉體諸身分，無有疾苦處。若有所欲者，去得心所願。』」（四〇二頁中）

〔二九〕**取婦** 資持卷下三：「取婦者，應云：『女人信持戒，夫主亦復然，由是信心故，能行修布施。二人俱持戒，修習正見行。歡樂（【案】『樂』僧祇作『喜』。）共作福，諸天常隨喜。此業之果報，如行不齎糧。』出家者，彼云若出家人布施，應咒願云：『持鉢家家乞，值瞋或遇喜，將適護其意，出家布施難。』」（四〇二頁中）【案】僧祇卷三四，五〇一頁。

〔三〇〕**出家** 資持卷下三：「出家者，彼云若出家人布施，應咒願云：『持鉢家家乞，值瞋或遇喜，將適護其意，出家布施難。』」（四〇二頁中）

〔三一〕**世尊咒願** 鈔科卷下三：「『長』下，引聖況凡。」（一二四頁中）簡正卷一六：「咒願現前行施人也。」（九九一頁下）資持卷下三：「長含偈詞，即讚布施。」（四〇二頁中）【案】長含卷二，一二頁下。

〔三二〕**可敬知敬，可事知事** 資持卷下三：「初二句，讚其信。……可敬、可事即指三寶。敬是內心，事即供養。」（四〇二頁中）

〔三三〕**五分** 資持卷下三：「五分願詞。初一偈，願人畜俱安。後一偈，願所獲滿意。」（四〇二頁中）簡正卷一六：「『五分』下，明佛初成道，受五百賈人麨蜜，故有此咒願文也。」（九九一頁下）鈔批卷二六：「案五分文，佛初成道，有五百賈人，其中大者有二人：一名離謂（原注：『離』疑『提』。），二名波利，奉佛麨蜜。四天王，獻佛石鉢。佛受四鉢，按之合成一鉢，受賈人麨蜜已，便咒願去爾。一如鈔引。因果經咒願云：『今所布施，欲令食者得充氣力，當令施者得色得力，得捨得喜，安快無病，終保年壽。諸善鬼神，恒隨守護，飯食布施，斷三毒根，將來當獲，三堅法報。（身、命、財為三堅。）聰明智慧，篤信佛法，在在所生，正見不昧。現世之中，父母妻子，親戚眷屬，皆悉熾盛。

無諸災恠，不吉祥事。門族之中，若有命過，墮惡道者，當令以今所施之福，還生人天，不起邪見，增進功德。常得奉近諸佛如來，得聞妙說，見諦得證，所願具足。」爾時世尊，呪願說（原注：『說』疑『訖』。）已，即便受食。（西塔每言：准此經文，先呪願訖，下佛、僧二盤。）（三四頁下）

〔三四〕**如耕田有望，下種亦有望**　資持卷下三：「耕田、下種，喻今布施。」（四〇二頁中）

〔三五〕**義準此言**　資持卷下三：「『義』下，準誡。據聖為法，要在隨宜。」（四〇二頁中）

〔三六〕**佛可無四辯**　簡正卷一六：「一、法無礙辨（【案】『辨』鈔作『辯』。下同。），二、義無礙辨，三、詞無礙辨，四、樂說無礙辨也。」（九九一頁下）

〔三七〕**對緣止施前法，自餘愚叟**　簡正卷一六：「叟，老也。意云：佛雖具四辨，但讚實事，止出前言。況今老叟，不合分外也。」（九九一頁下）扶桑記：「謂引佛語質樸，而責過實虛褒之徒。」（三五五頁上）資持卷下三：「『緣』即機也。」（四〇二頁中）

〔三八〕**雜寶藏**　鈔科卷下三：「『雜』下，引愚證失。」（一二四頁下）資持卷下三：「彼經第六云：昔舍衛城有長者，猶次請僧。時舍利弗及摩訶羅至彼家，已當時估客獲寶歸家。又彼國王分賜聚落封與長者，又其妻生男，故云諸慶大集。」（四〇二頁中）【案】雜寶藏經卷六，大正藏第四冊，四七九頁下。

〔三九〕**今日良時得好寶，財利樂事一切集，踊躍歡喜心悅樂，信心勇發念十力，如似今日後常然**　資持卷下三：「願詞五句。初二句，稱其慶集。『寶』字音誤，彼正作『報』。次二句，歎其行施。『十力』即佛德。以念佛故，而營供養。後句呪願。」（四〇二頁中）簡正卷一六：「十力者：一、處非處力；二、業異熟；三、靜慮解脫，等持等至；四、種種根；五、種種勝解；六、種種界；七、遍趣行；八、宿住生死；九、天眼智；十、漏盡。（解釋廣如經中。）」（九九二頁下）【案】「勇」，雜寶藏經為「踴」。

〔四〇〕**摩訶羅**　鈔批卷二六：「摩訶羅者，羯磨疏云此外國語，此翻為『殺』者，（三四頁下）能損眾生法身慧命也。有云：『摩訶羅』此翻『伽斗』也。老年出家曰『伽底死』，慳癡曰『斗』。（未詳。）賓云：『摩訶羅』者，此翻『無知』，或言老年也。」（三五頁上）簡正卷一六：「『摩訶羅』，此云『無知』，見得端氈，心甚不悅。歸寺內，就舍利（【案】『舍利』後疑脫『弗』字。）乞文。彼不與，恐不解時宜。又苦求不獲已授之，彼常誦習得了。後至一家，得為上

座。其人死亡失財，又遭官事。<u>摩訶羅</u>仍本念之。長者聞之，嗔忿駈打，推出內（原注：『內』疑『門』。）外。（一也。）錯入王田，踏損胡麻，又遭守園人加打。（二也。）又復，前行值於麥蘇，左遶而過，又遭毆擊。呵云：『何不左遶，呪云多入？』（三也。）又復，前行逢埋葬，右遶，呪願云『多入』。（云云。）復被打之。『沙門不生悲心，見我埋葬不解。呪願云從今更莫如此，更云多入，是何言歟？』（四也。）又復，前行遇人迎婦，遂近於前，呪願云：『從今更莫如是。』又遭打之。『汝見我吉事，應須走過，何得徐行，出無利之言？』（五也。）又乃狂走，值人樹雁，觸他網羅，（九九二頁上）驚雁飛走，又被獵者提（【案】『提』疑『捉』。）來打之。『沙門何得麤橫行步，但合徐徐制（原注：『制』疑『匍』。）匐而近也。』（六也。）即被此呵，乃匍匐而過，遇浣衣者，謂來姿（原注：『姿』疑『盜』。）衣，又遭搥打。（七也。）經茲七度，方達<u>祇桓</u>，具述前緣。比丘舉過白佛，佛因呵制。」（九九二頁下）

〔四一〕意　<u>扶桑記</u>：「<u>濟覽</u>云：『意』恐寫誤，應作『竟』也。」（三五五頁上）

七、受食行食、雜法

<u>四分律</u>中：受麨已，然後呪願〔一〕。今此方不行。<u>五分</u>：於餘方不為清淨者，亦不行之。今依<u>辯意長者子經</u>，受食前呪願〔二〕。<u>四分</u>又云：若為利故施，此利必當得；若為樂故施，後必得快樂〔三〕。<u>三千威儀</u>：所以淨衣踞坐〔四〕食者，佛始成道，受乳糜。觀諸佛法，皆著淨衣，踞坐而食。若有出家弟子，應如是法，以能防眾戒〔五〕故。踞坐為淨衣〔六〕故，異俗法〔七〕故，亦為草座食易〔八〕故。因踞坐，制九法：一、腳前卻〔九〕，二、闊腳，三、搖動，四、豎〔一〇〕，五、交〔一一〕，六、垂三衣覆足，七、翹〔一二〕，八、累腳〔一三〕，九、累胜〔一四〕，並犯吉羅〔一五〕。

二、明出眾生食

或在食前，唱「等得」已，出之；或在食後〔一六〕。經論無文〔一七〕，隨情安置。

<u>涅槃</u>〔一八〕：因曠野鬼，為受不殺戒已，告鬼言：「我今當敕聲聞弟子，隨有佛法處，悉施汝食。若有住處不能施者，即是天魔徒黨，非我弟子。<u>四分</u>：僧伽藍中立鬼神廟屋。傳云：<u>中國</u>僧寺，設鬼廟〔一九〕、伽藍神廟〔二〇〕、<u>賓頭盧</u>廟。每至二食，皆僧家送三處食，餘比丘不出〔二一〕。<u>愛道尼經</u>：令出如指甲大〔二二〕。今有為亡人設食〔二三〕者。依<u>中含</u>云：若死人布施祭祀者，若生「入處餓鬼」中者〔二四〕，得；餘趣不

得，由各有活命食故。雜含中廣明此事：若親族不生「入處」中者，但施心施，其自得功德〔二五〕，云云；乃至施主生六趣中，施福常隨，以持戒但得人身，必須餘福助報〔二六〕，云云。譬喻經〔二七〕：餓鬼五百，歌舞而行，好人數百，啼哭而過。佛言：餓鬼家兒、子孫、親眷，為作福故，行得解脫，是以歌舞。好人眷屬，唯為殺害，無有作福，後大火逼，所以啼哭。云云。智論云：鬼神得人一口食，而千萬倍出〔二八〕也。

僧祇：當留比座坐處〔二九〕，行食人過，不得默然而看，比座應語「與是人」等。若行食，至第三人，當先澡鉢，豫擎待至〔三〇〕。四分〔三一〕：上座見行果時，若少果而多與者，當問「為誰送來」，若言「為上座」者，隨意取；若言「為僧」，語令賦徧；乃至種種美食亦爾。半果經云：育王施僧半菴羅果，八萬羅漢同共食之〔三二〕。

四分〔三三〕：得食便食，為俗譏責。佛令唱「等得」已，然後食。僧祇〔三四〕：唱「等供」。若時欲過，隨下隨食，無罪。十誦云「等供〔三五〕」。五分：尼，請處未唱「隨意食」，口口提；下眾吉〔三六〕。十誦〔三七〕：因舍利弗為上座，純食好食，羅睺白佛。佛言：「從今上座，待得徧，聞等供聲，一切僧共食。」

五分：正意受食，左手一心擎鉢，右手扶緣〔三八〕。僧祇：當先受飯，案著一邊，後受羹菜，和合而食。口中不得迴食〔三九〕，當一邊嚼咽之。不得令一粒落地〔四〇〕，皮核聚腳邊。增一中：諸王設供，自手行食〔四一〕。庶民同之。

四分：若請二部僧，先與比丘〔四二〕。恐日過者，一時與之。梵摩難經〔四三〕：夫欲施者，皆應平心，不問大小。佛令阿難，臨飯說「僧跋」。僧跋者，眾僧飯皆平等〔四四〕。

僧祇：食時，應護右手，當以左手受〔四五〕。飲器注脣〔四六〕，不得深含椀緣，不得觸著額鼻及飲盡。當留少許，於口飲處寫棄之〔四七〕，次與下座。沙彌食上鬧亂〔四八〕，恐壞俗信，以水澆灑者，不犯弄水。四分：若不得食分，比座為索〔四九〕，若減半與；若有餘果菜，不得狼藉汙地〔五〇〕，應聚腳邊，去持棄之。鼻奈耶〔五一〕云：不得捻鉢，令大指入鉢中。

十誦：食著手，不得振卻〔五二〕，應拾取之。僧祇：不得嘬嗽作聲食〔五三〕。鼻奈耶云：不得縮鼻食〔五四〕。五分：鉢中飯，不得散俗人舍；

益食時，口中有食者，得云「須」「不須」等，無過。僧祇：口有食，人共語者，咽盡方云「口內有食」，不得即答；若聲不異，含食得語。四分〔五五〕：乾餅、焦餅、果、菜等，得齧半。善見：鉢中飯撩取與眾生，水棄白衣家〔五六〕，不犯——應著隱處、不淨處。

【校釋】

〔一〕受麨已，然後呪願　鈔科卷下三：「初，受食法式（二）。初，呪願受食。」（一二四頁中～下）資持卷下三：「初科有二。初定前後。既並有出，隨用無在。」（四〇二頁下）【案】「受食方法」文分為三：初，「四分律中」下；二、「二明出眾生」下；三、「僧祇當留」下。四分卷三一，七八二頁上。

〔二〕今依辯意長者子經，受食前呪願　簡正卷一六：「辨意長者經一卷，彼明受食前呪願。因果經亦爾。如今施食，呪願是也。」（九九二頁下）資持卷下三：「辯意經者，即安師所據。彼云：佛告阿難，從今已後，嚫訖下食，以此為常。（『嚫』即呪願說法。）」（四〇二頁下）【案】「辯」，底本為「辨」，據大正藏本及辯意長者子經名改。辯意長者子經，八三九頁中。

〔三〕若為利故施，此利必當得；若為樂故施，後必得快樂　資持卷下三：「次引願詞。利兼『財』與『事』，『樂』通世、出世。引此為式，餘更隨機。」（四〇二頁下）【案】四分卷四九，九三五頁下。

〔四〕踞坐　簡正卷一六：「平足著地，方名踞坐。如經云：踞師子床，寶机承足也。」（九九二頁下）資持卷下三：「效諸佛。由佛效佛而教弟子，令相法故。糜即是粥。」（四〇二頁下）扶桑記：「會正云：即乘足坐也。」（三五五頁下）【案】三千引文明離過，分五，即：效諸佛、防眾戒、淨衣、異俗、食易。

〔五〕以能防眾戒　簡正卷一六：「免惡觸失受等過也。」（九九二頁下）鈔批卷二六：「謂既不在床坐，離與四歲已上比丘同坐之過，亦離足食之過，故言能防眾戒。」（三五頁上）資持卷下三：「或恐盤坐不穩而犯足食，或離諸非儀等。」（四〇二頁下）

〔六〕踞坐為淨衣　資持卷下三：「西天跣足盤坐，則污衣故，食訖洗足，方乃加趺。」（四〇二頁下）

〔七〕異俗法故　資持卷下三：「必應彼俗，食多盤坐。此方不然。」（四〇二頁下）

〔八〕亦為草座食易　資持卷下三：「便於事故。」（四〇二頁下）

〔九〕腳前卻　資持卷下三：「『卻』即是『後』，謂不齊並也。」（四〇二頁下）

〔一〇〕豎　簡正卷一六：「足根著地，足頭反豎也。」（九九二頁下）

〔一一〕交　簡正卷一六：「兩腳交加，不直踏地。」（九九二頁下）資持卷下三：「『交』謂左右互交過。」（四〇二頁下）

〔一二〕超　簡正卷一六：「舉足向前，直踏空地也。」（九九二頁下）資持卷下三：「『超』即超上一足。」（四〇二頁下）

〔一三〕累腳　簡正卷一六：「將一足押向一足上也。」（九九二頁下）

〔一四〕累䏶　簡正卷一六：「䏶搭一䏶上也。」（九九二頁下）

〔一五〕並犯吉羅　鈔批卷二六：「以因踞坐九法，各犯一吉」（三五頁上）【案】三千卷一，九一四頁上。

〔一六〕或在食前，唱「等得」已，出之；或在食後　鈔科卷下三：「初，示前後。」（一二四頁中）【案】「出生法」文分為二：初，「或在食」下，二、「涅槃因」下。

〔一七〕經論無文　簡正卷一六：「謂無出生先後之文，非謂無出生文也。今約理，凡是得物，皆先起施心，後然方自食。又准前頭陀篇中，列寶雲經四分之一食者：一分與同梵行人，一分與貧下乞人，第三分與諸鬼神，第四分自充身食。據茲文勢，必合在前為妙也。」（九九二頁下）資持卷下三：「初文，雖通前後，理合在前。準寶雲經，乞食分四分：一與同梵行人，一與乞人，一與鬼神，一分自食。故知前出，後方自食。」（四〇二頁下）

〔一八〕涅槃　資持卷下三：「初引本緣。涅槃第十五云：佛遊曠野聚落，有一鬼神即名曠野，純食血肉，多殺眾生。復於其聚，日食一人，佛為說法，愚不受教。佛化身為大力鬼神，彼怖歸依。佛復本身，復為說法，令受不殺戒。鬼白佛言：『我及眷屬，唯仰血肉，以自存活，今已受戒，當何資立？』佛因垂救。如鈔所引。」（四〇三頁上）【案】「涅槃」下分三：初，「涅槃」下；二、「今有為」下；三、「智論云」下。北本涅槃卷一六，四六〇頁下。

〔一九〕鬼廟　資持卷下三：「舊云：晉法猛遊西國傳。鬼廟即曠野神，或鬼子母。今多畫於門首，本為出食祭之。今人乃謂門神，訛替久矣。」（四〇三頁上）鈔批卷二六：「相承云：北地一僧，晚頭喫食，令童子下食，童子令出生。師答云：『非是時節，何處有眾生來喫，不須出生。』童子言：『或有無慚愧畜生，晚頭還食。』師因改志，終身而不夜食也。」（三五頁上）【案】四分卷四三，八七四頁下。

〔二〇〕伽藍神廟　鈔批卷二六：「護法善神，護僧伽藍也。」（三五頁上）

〔二一〕每至二食，皆僧家送三處食，餘比丘不出　鈔批卷二六：「立謂：中國每日僧食之時，送此三處。食竟，諸比丘不更出其眾生食也。私云：近有見鬼云僧說

云：『每僧食時，無量餓鬼，總在階前。若堂中有持戒僧，及名稱大德，鬼即敬之，不敢入堂。若無此僧，鬼意上階床，掣奪五眾飲食。若前出生飯已，其鬼更不來。故知今時，要須出生，鬼在階下。(三五頁上)若聞堂中僧觸器聲，鬼皆驚走倒仆，經無量時悶絕。故佛制戒，不得觸器者，意在此也。』(三五頁下)簡正卷一六：「謂賓頭盧廟，伽藍神廟，(護法神也。)三、曠野鬼廟也。若依搜玄，(九九二頁下)將曠野鬼與鬼子母合為一也。今准表云。鬼子母緣起如鬼子母經說，前已略辨了。若曠野鬼神如涅槃經說，亦為愛喫人家男女。佛為化彼眾鬼，待彼鬼王暫不在，佛便偷身向伊鬼王坐位上坐，化作大身，更過於彼。彼從外歸見，乃生怖懼，奔走悶絕。佛慈悲故，卻喚伊轉，而復佛形，乃為說法。彼遂歸命，發願更不食人男女，佛因勅比丘，出生飯與之。父(原注：『父』疑『又』。)曾披西域記，三藏說：此伏鬼處，至今獨存，在中印土境，婆羅痆(『女照』反)。斯國建大石柱，高餘二丈，作師子像，刻記伏鬼之事，證知不謬。雖二經緣起各別，然並制出生。今時藍界中，或有鬼子母廟，送食了，比丘不要，更出生。若無鬼子母廟，有曠野鬼廟亦爾。若二廟總置，即更加一分，便成四也。理合如然。」(九九三頁上)

〔二二〕今出如指甲大　資持卷下三：「『此』約別出為言。下引智論，鬼能變食，故不在多，恐費信施。」(四○三頁上)鈔批卷二六：「謂出生飯，如指甲許大也。案智論第三十二云：鬼神得人一口食，而千萬倍出。(述曰：)今若出生，即得福田無邊無量也。」(三五頁下)

〔二三〕今有為亡人設食　鈔科卷下三：「『今』下，勸改祭行施。」(一二四頁中)資持卷下三：「次科。初牒世事。」(四○三頁上)鈔批卷二六：「謂俗人設王虐食，若生餓鬼中，得其祭食；若生餘趣，不得。各受餘趣食也。謂各不同故，但作施心，應得福善。」(三五頁下)

〔二四〕若死人布施祭祀者，若生「入處餓鬼」中者　資持卷下三：「『依』下，引勸。中含明亡者不必受享。『入處』即餓鬼居處之名。前『若』字下，宜加『為』字助之。」(四○三頁上)簡正卷一六：「古云：入處足(原注：『足』疑『是』。)中陰報處，是餓鬼。」(九九三頁下)

〔二五〕若親族不生「入處」中者，但施心施，其自得功德　資持卷下三：「雜含勸營福。……不生『入處』，謂生餘趣者，自得功德，謂由施心力故，任運冥資持。」(四○三頁上)鈔批卷二六：「案雜阿含云，佛在王舍城迦蘭陀竹園，時一梵志來問佛言：『我有親族，極所愛念，忽然命終，我為彼故，信心布施，彼得

受不？』佛言：『非一向得。若汝親族生地獄中者，得彼地獄眾生食以活其命，不得汝所施食。若生畜、餓鬼、人中者，得彼人中飲食，不得汝所施者。然餓鬼趣中，有一處名為入處餓鬼。若汝親族生彼入處餓鬼中者，得汝所施之食。』梵志問：『若我親族，不生入處餓鬼中者，我所施食，誰應食之？』佛言：『若有諸餘知識生此中者，當得食之。』梵志問白（【案】『白』疑『曰』。）：『若我復無餘知識生此中者，誰應食之？』佛言：『若無親族及知識生此中，（三五頁下）其信施者自得其福。』梵志又問：『如何自得其福？』佛言：『謂汝死後生象、馬等中，以彼曾施故，亦得受此福報。若生人天道中者，由前行施，坐受其報，是名施者行施，施者受報不失。』梵志聞已，歡喜奉行。濟云：言入處餓鬼者，謂生中陰，名入處也。若生中陰之餓鬼，得入處。若父母六親，生餓鬼道，但生入處餓鬼，及到報處之餓鬼，俱得祭食。若生地獄、畜生、人、天等趣，不得祭食，以其報處自有食故。其生六道者，俱有中陰。若生地獄中中陰，頭倒向下等。如新翻俱舍頌云：『天首上三橫，地獄頭歸下』等。」（三六頁上）

〔二六〕**乃至施主生六趣中，施福常隨，以持戒但得人身，必須餘福助報**　鈔批卷二六：「此明如上梵志問佛。若無親族知識，生餓鬼中，誰應食之？言汝自後時，隨生六趣中，當受其福也。故知若有福業，隨生六趣，各不失之。今時亦須作其福業也。」（三六頁上）資持卷下三：「戒即五戒。但得人身，且據近報，顯須施福。」（四〇三頁上）

〔二七〕**譬喻經**　資持卷下三：「彼因目連見已問佛，佛答如鈔。顯知施福，冥拔幽靈，但可修崇，不勞祭祀。」（四〇三頁上）

〔二八〕**鬼神得人一口食，而千萬倍出**　鈔科卷下三：「『智』下，明所施非多。」（一二四頁中）資持卷下三：「以鬼有通力，變少為多，此明施生不必多也。」（四〇三頁上）【案】智論卷三二，三〇〇頁下。

〔二九〕**當留比座坐處**　鈔科卷下三：「『僧』下，行食雜法。」（一二四頁中～下）簡正卷一六：「明行食等供法也。」（九九三頁下）【案】「僧祇」下，文分為六，如鈔文所示。

〔三〇〕**若行食，至第三人，當先澡鉢，豫擎待至**　資持卷下三：「『若』下，次，預擬受食。『第三人』即已上兩座。」（四〇三頁上）簡正卷一六：「澡鉢者，一說云蕩鉢云也。如此方河北律學之流，臨受食時，更以水蕩器故。有說即預執鉢為蕩也，恐滯他行食故。」（九九三頁下）【案】僧祇卷三四，五〇一頁下。

〔三一〕**四分** <u>資持</u>卷下三：「<u>四分</u>令上座觀食均等，不許偏饒。」（四〇三頁上）【案】<u>四分</u>卷四九，九三五頁中。

〔三二〕**育王施僧半菴羅果，八萬羅漢同共食之** <u>簡正</u>卷一六：「<u>育王經</u>說，王被臣佐及子奪位，悶在室內。時有大臣，先與王情通，姿（原注：『姿』疑『盜』。）得半菴羅菓與王。王念言：『我唯於此自在食之，然食亦不免死，可迴供僧。』乃持送與<u>耶舍尊者</u>，<u>尊者</u>得與研汁水，八萬羅漢共飲，為王念誦也。」（九九三頁下）<u>鈔批</u>卷二六：「<u>應師</u>云：『<u>菴摩羅</u>』是外國之樹名也，此土未翻。<u>羅什</u>云：其果似桃。舊譯云『酢味果』者，止得其味，非得樹名也。私云：<u>東都華</u>中曾見，云亦得其果，食竟，狀似梨，兩頭銳，中央兌味美也。其<u>育王</u>半果施僧事，亦曾撿半果。不果（原注：『果』疑『詳』。）。如<u>育王經</u>說。」（三六頁上）【案】<u>雜含</u>卷二五，一八〇頁下。

〔三三〕**四分** <u>鈔科</u>卷下三：「『<u>四</u>』下，唱等法。」（一二四頁下）<u>資持</u>卷下三：「<u>四分</u>明制緣。」（四〇三頁中）【案】<u>四分</u>卷四九，九三五頁中。

〔三四〕**僧祇** <u>資持</u>卷下三：「<u>僧祇</u>示開通。」（四〇三頁中）【案】<u>僧祇</u>卷三四，五〇一頁下。

〔三五〕**等供** <u>資持</u>卷下三：「<u>十誦</u>會名。『等供』約賦遍，『等得』約受足。『等』即是同。」（四〇三頁中）【案】<u>十誦</u>卷六一，四六四頁下。

〔三六〕**請處未唱「隨意食」，口口提；下眾吉** <u>資持</u>卷下三：「『隨意』即任噉。<u>五分</u>結犯，文明尼犯。『下眾』小罪，僧應準同。」（四〇三頁中）<u>鈔批</u>卷二六：「唱隨意食者，是『等供』之別名耳。此明尼至俗家，食處未唱『等供』食者，咽咽得提。」（三六頁下）【案】<u>五分</u>卷一四，九七頁上。

〔三七〕**十誦** <u>鈔批</u>卷二六：「案<u>十誦</u>云：<u>舍婆提國</u>有一居士請僧設食。居士自以水，上座、中座多美飲食。下座及沙彌與六十日稻飯，并胡麻滓，合菜煮之而食。食竟出去。時<u>羅云</u>作沙彌，後以到佛所，住一面立。諸佛常法，比丘食後，如是勞問：『飲食飽滿不？』<u>羅云</u>言：『得者足，不得者不足。』佛問：『以（【案】『以』前疑脫『何』字。）作是語是？』<u>羅云</u>具說上事。是時，<u>羅云</u>少色力，佛知故問：『汝何以少氣力？』<u>羅云</u>偈言：『食胡麻油得大力，有食蘇者得淨色，胡麻滓菜無色力，佛天中天自當起（原注：『起』疑『知』。下同。）。<u>五分</u>中，<u>羅云</u>說偈報佛言：『食蘇者有色，食油者有力。若食滓枯羹，無色復無力。』佛知，故問<u>羅云</u>：『是僧中，誰為上座？』答言：『我和上<u>舍利弗</u>。』佛言：『比丘<u>舍利弗</u>食不淨食。』<u>舍利弗</u>聞佛呵言食不淨食，即吐卻食，盡壽斷

一切請食，常受乞食。佛呵舍利弗已，告諸比丘：『從今，應以上座法。云何上座法？若聞揵搥聲，若唱時到聲，（三六頁下）疾往食處。若施主與食，不應前食，待得遍聞等供聲乃食。』下文說尸利仇多，緣廣不錄。不如大莊嚴論中明者好也。」（三七頁上）【案】十誦卷六一，四六四頁上。

〔三八〕**正意受食，左手一心擎鉢，右手扶緣**　鈔科卷下三：「『五』下，正受法。」（一二四頁下）資持卷下三：「五分教受食之儀。」（四〇三頁中）【案】五分卷一〇，七四頁下。

〔三九〕**迴食**　資持卷下三：「『迴食』謂口中迴轉。」（四〇三頁中）

〔四〇〕**不得令一粒落地**　簡正卷一六：「恐招白衣嫌疑故。」（九九三頁下）

〔四一〕**諸王設供，自手行食**　資持卷下三：「增一勸俗行食。王臣執務，西土常儀，此方梁武躬自行益，降尊重法，今古無之。自餘凡庶，未足自重。」（四〇三頁中）鈔批卷二六：「案增一云：明（【案】『明』疑『時』。）頻婆娑羅請佛及僧還宮，設百味食，手自斟酌訖。佛為王說法，王甚歡喜。所謂施論、戒論、生天之論等，時會聽者，皆得道迹。」（三七頁上）【案】增含卷一三，六〇九頁中。

〔四二〕**若請二部僧，先與比丘**　鈔科卷下三：「『四』下，等施法。」（一二四頁下）簡正卷一六：「雜明也。」（九九三頁下）資持卷下三：「四分明人等。『二部』即二眾，則五眾俱沾。前僧後尼，據日早也。」（四〇三頁中）【案】四分卷四八，七九四頁中。

〔四三〕**梵摩難經**　資持卷下三：「梵摩難國王經，失譯。」（四〇三頁中）

〔四四〕**僧跋者，眾僧飯皆平等**　資持卷下三：「『僧跋』謂令食均一味，與前『等供』不同。」（四〇三頁中）鈔批卷二六：「『出要律儀音義云：持律者云：此言『等供』，或有說者，『僧跋』自是一種法，『等供』自是一種法。十誦乃云『等供』，四分云『等得』，彌沙塞律云『要須等得，然（【案】『然』後疑脫『後』字。）聽食』。又云：僧多，上座不起，『等得』食時，佛言：『應高聲唱僧跋。』就如是證，應言『等供』。但求文旨，意解不同。今謂此應是『等供』。若准尸利毱多，疑試佛事，此『僧跋』之詞，乃是欲令施者等心供養，平等心近於無相故。彼以平等供，此以平等受。受（原注：『受』字疑剩。）彼我等心，是以故能消除毒害。所以如來呪願言：『婬欲瞋恚痴，是世界中毒。』佛有實法，除一切毒，實法豈非無相心？以等心供養，稱彼等心，然後乃食，彼我清淨，所以無毒。（三七頁上）諸佛受施，恒令施主心平等。猶如瓶沙王以竹園施佛。

佛時未受，令王更作如是心施佛及僧。佛然後受，以是義推，應是『等供』，非是『等得』。異部中，以為『等得』者，應是持律者意耳。又云：『僧跋』與『等供』，此唯應是胡、漢語，外國之僧足眾也。『跋』是大，『大』云眾，皆是平等云（原注：『云』疑『之』。）辭。今言『僧跋』，云是『等供』，於俗家先以水後下食者，此上是賢愚經云爾。若案五分律文，凡是施供處法，言食畢以水，無有食前以水事也。（云云。）今時有人，不許食後以水，迷矣。」（三七頁下）【案】五分卷二七，一七九頁中。

〔四五〕食時應護右手，當以左手受　鈔科卷下三：「『僧』下，受用等法。」（一二四頁下）資持卷下三：「僧祇初教護手。彼國用手摶食，此土餅果亦多用手。」（四○三頁中）【案】僧祇卷二二，四○七頁中。

〔四六〕飲器注脣　資持卷下三：「『飲』下，次，教護器。『飲器』即飲湯水者。」（四○三頁中）

〔四七〕當留少許，於口飲處寫棄之　簡正卷一六：「待與人同器飲以說也。」（九九三頁下）資持卷下三：「此約多人共用。欲與下座故，盪令淨食。」（四○三頁中）

〔四八〕上鬧亂　資持卷下三：「『上』下，三、明警眾。」（四○三頁中）

〔四九〕若不得食分，比座為索　資持卷下三：「四分初明不得食者。謂行食有遺，不得自索，失大度故。」（四○三頁中）

〔五○〕若有餘果菜，不得狼藉汙地　資持卷下三：「『若有』下，次，明摒拾遺物。」（四○三頁中）

〔五一〕鼻奈耶云：不得捻鉢　扶桑記：「誠受食非儀也。不捧鉢而受，故凡受食左手捧鉢，右手扶緣，是為如法。」（三五六頁下）【案】底本為「毗」，據敦煌甲本、敦煌乙本及鼻奈耶名改。次「鼻」同。

〔五二〕食著手，不得振卻　資持卷下三：「十誦離『振手食』。」（四○三頁中）鈔科卷下三：「『十』下，喫食雜法。」（一二四頁下）【案】十誦卷一九，一三八頁下。

〔五三〕不得噇嘰作聲食　簡正卷一六：「如猪等有聲。」（九九三頁下）資持卷下三：「僧祇離『嚼飯作聲』。噇嘰，即聲之貌。」（四○三頁中）【案】僧祇卷二二，四○六頁上。

〔五四〕縮鼻食　資持卷下三：「或食時縮鼻，或吸飲如縮鼻聲。」（四○三頁中）

〔五五〕四分　資持卷下三：「四分開遺落食。」（四○三頁中）【案】四分卷二○，七○七頁上。

〔五六〕水棄白衣家　資持卷下三：「善見開鉢水棄白衣舍，以無飯故。」（四〇三頁中）【案】善見卷一六，七八七頁上。

八、食竟法

僧祇：上座應徐徐食，不得速竟，往看〔一〕，令年少狼狽〔二〕，食不飽滿。應相望看之。乃至待行水，隨順呪願已，然後乃止。又云：居士飯僧訖，遺餘食料，理與比舍〔三〕。

賢愚多處文：於俗家，先行水，後下食、澡漱等〔四〕。雜含：佛及比丘，俗家食竟，澡漱、洗鉢訖，然後為俗人說法〔五〕。

【校釋】

〔一〕上座應徐徐食，不得速竟，往看　鈔科卷下三：「初，相待。」（一二四頁上）資持卷下三：「僧祇初制相待，唯據上座。」（四〇三頁中）【案】僧祇卷三四，五〇〇頁中。

〔二〕令年少狼狽　資持卷下三：「狼狽，彼獸性暴，取喻急速。『狽』字，『補蓋』反，或作『狽』。」（四〇三頁中）【案】底本無「令」，據僧祇加。「狽」，底本為「跟」，據敦煌甲本、敦煌乙本及僧祇改。

〔三〕居士飯僧訖，遺餘食料，理與比舍　資持卷下三：「『又』下，次，明餘食。恐謂僧餘，不應與俗。準此，明開寺中應閉。」（四〇三頁中）

〔四〕於俗家，先行水，後下食、澡漱等　鈔科卷下三：「『賢』下，行水。」（一二五頁上）資持卷下三：「經中行水，謂別器盛貯。以備食時潔手，食訖澡漱。不同今時，洒手而已。」（四〇三頁中）【案】賢愚經卷六，三七六頁上。

〔五〕佛及比丘，俗家食竟，澡漱、洗鉢訖，然後為俗人說法　鈔批卷二六：「立謂：中國每至食家，先以水受食，食竟方為說法。此方道安法師立儀，今在食前說法、讚經、呪願等。將為要便，以為生善故也。」（三七頁下）資持卷下三：「仍引雜含，證用澡漱。」（四〇三頁中）

九、大嚫法

五分：食後施衣物，名為「嚫嚫〔一〕」也。

四分〔二〕：由食竟，默去，檀越生疑，不知食好不好、足不足；又言：諸外道人，皆稱歎布施，讚美檀越〔三〕等。佛令上座為說大嚫，乃至一偈〔四〕。其文如「受食法」〔五〕。若上座不能，語能說者。若不語、不受，並結罪。若說大嚫時，上座四人相待，餘者聽去〔六〕。

薩婆多：要食後說法，有四益〔七〕：一、為消信施故；二、為報恩故；三、令生歡喜心，善根成就故；四、為在家人應行財施，出家人宜行法施〔八〕。

律中：令說契經〔九〕。善見云：修多羅義，種種義開發等〔一〇〕。聽說義時，要撮諸文者，開〔一一〕。

五分：諸比丘請破戒、邪見、諸根不具者，歎唄說法，因此惡人得勢，又能辱僧〔一二〕。佛言：「請法師三藏，諸根具足〔一三〕者。」伽論云：若無能誦唄者，當次第差〔一四〕；若都無者，各誦一偈；能者不受，偷蘭；不得半唄〔一五〕，吉羅。

律令說「諸惡」一偈。增一解云〔一六〕：「諸惡莫作」，戒具足，清白之行；「諸善奉行」，心意清淨；「自淨其意」，除邪顛倒；「是諸佛教」者，去愚惑想。戒淨故意淨，意淨故無倒，無倒故惑想滅。

今此世，初無說法之式〔一七〕。若有食竟，並將錢財施與，理準五分〔一八〕，隨時稱美，不得華侈〔一九〕。廣如前說。

【校釋】

〔一〕噠嚫　簡正卷一六：「『達嚫』亦云『大嚫』，並是呪願布施之云（原注：『云』疑『言』。）也。」（九九三頁下）鈔批卷二六：「施衣名為達嚫（『又觀』反。）。經中或作『大攡』，梵言訛也。案尊婆須蜜論亦作『檀嚫』，此云『財施』。解云：報施之法，名曰達嚫。導引福地，亦名達嚫。又西域記云：正言『達嚫拏』，或言『馱器尼』。以用名手受，受他所施，為其生福，故從云立名也。」（三七頁下）資持卷下三：「初科。達嚫、大嚫，梵言少異，亦云『檀嚫』，此翻『財施』。謂報施之法，（四〇三頁中）名曰達嚫。文約施衣，準應不局。（世謂以財擬食故名嚫者，不識華、梵。又召說法為施財者，並非。）問：『為召施物為目說法？』答：『據名召物，今謂行施之時，必為說法。因名說法，以為達嚫，準理具云達嚫說法，事義方全。』問：『此與咒願何別？』答：『約事似同，究義須別。咒願則別陳所為，達嚫則通為說法。今或營齋，事須雙用。』」（四〇三頁下）【案】五分卷五，三〇頁中。

〔二〕四分　鈔科卷下三：「『四』下，引緣。」（一二五頁下）資持卷下三：「初，引緣起。一令生疑，二令起謗。」（四〇三頁下）【案】四分卷四九，九三五頁下。

〔三〕檀越　資持卷下三：「『檀越』亦云『檀那』，並訛略也。義淨三藏云：具云『陀

那缽底』，此翻『施主』。」（四〇三頁下）

〔四〕佛令上座為說大嚫，乃至一偈　資持卷下三：「『佛』下，次，引佛制。」（四〇三頁下）

〔五〕其文如「受食法」　資持卷下三：「注文指上。即『若為利故施』等偈。」（四〇三頁下）鈔批卷二六：「即上所引律文云：若為利故施，此利必當得。若為樂故施，後必得安樂。」（三七頁下）

〔六〕若說大嚫時，上座四人相待，餘者聽去　資持卷下三：「有緣須往，無緣應住。」（四〇三頁下）

〔七〕四益　鈔科卷下三：「『薩』下，後說之意。」（一二五頁下）資持卷下三：「前二利己，後二利他。」（四〇三頁下）【案】多論卷五，五三四頁中。

〔八〕為在家人應行財施，出家人宜行法施　簡正卷一六：「在家行財施者，准智論，施食得色力，施衣得端正威儀，施房舍得七寶宮殿，施井得無渴，施橋得車馬。出家行法施者，為說修多羅等三藏一切善言，利益前人，皆名法施。」（九九四頁上）

〔九〕契經　鈔科卷下三：「『律』下，所說之法。」（一二五頁下）資持卷下三：「契經，修多羅，華、梵各出。」（四〇三頁下）鈔批卷二六：「以經契理契機，故曰『契經』也。謂契會中道之理，可為俗人說斯之法也。」（三八頁上）【案】四分卷三五，八一七頁上。

〔一〇〕種種義開發等　資持卷下三：「令隨機而舉。」（四〇三頁下）

〔一一〕要撮諸文者，開　資持卷下三：「不必盡誦也。」（四〇三頁下）

〔一二〕諸比丘請破戒、邪見、諸根不具者，歡唄說法，因此惡人得勢，又能辱僧　鈔科卷下三：「『五』下，能說之人。」（一二五頁下）資持卷下三：「五分簡德。初引緣。破戒無行，邪見無慧，根不具無威儀，惡人得勢，謂假此興謗。」（四〇三頁下）

〔一三〕請法師三藏，諸根具足　資持卷下三：「『佛』下，立制。」（四〇三頁下）簡正卷一六：「諸根具足者，佛說云『美食盛穢器』等。」（九九四頁上）【案】五分卷一八，一二一頁中。

〔一四〕若無能誦唄者，當次第差　資持卷下三：「伽論選能，文明誦唄，例準說法，必取堪能。」（四〇三頁下）【案】伽論卷六，六〇三頁上。

〔一五〕半唄　簡正卷一六：「半唄者，如勝鬘經有兩偈讚三身：初一偈讚化身，次一偈讚報身，下半偈歎法身。若但誦一身不全，即名半唄也。或三中讚一或二，

全不具，亦名半唄。『如來妙色身者，（謂佛有三十二相、八十種好，莊嚴圓滿，故云妙。）世間無與等者，〔天上、天下如（原注：『如』上疑脫『無』字。）佛，即是無與等也。〕無比不思議者，（非喻能比不可『議』，非心計度不可『思』。）是故今敬禮。（結成禮敬意也。）』次半偈歎報身：『如來色無盡，（是虛空遍法界，而無極處故云。）智慧亦復然者，（四智無盡功德，亦無有盡故。），一切法常住，（法身不生、不滅、無去、無來，湛然常住，遍於法界。）是故我歸依。』（結成敬意也。）玄云：此是食前唄也。若食後，即處世界唄是也。」（九九四頁上）

〔一六〕增一解云　資持卷下三：「『增一』下，引解。初句即身口二業，次句心業，三是正慧，四即正信。」（四〇三頁下）【案】增含卷一，五五一頁上。

〔一七〕今此世，初無說法之式　鈔科卷下三：「『今』下，明財施之式。」（一二五頁下）

〔一八〕理準五分　資持卷下三：「即咒願中引云『四足汝安隱』等。」（四〇三頁下）

〔一九〕華侈　資持卷下三：「綺飾之詞。」（四〇三頁下）

十、出請家法

五分〔一〕：還寺去時，上座八人相待〔二〕，餘人前去。應僧徒從座而起，整理衣鉢，乃至次第而行。至請門首，告云：「檀越厚施如法，貧道何德堪之〔三〕。」餘言隨時，語已便去。

雜含云：佛及比丘食竟，皆入禪室坐禪〔四〕；晡時〔五〕，從禪起，而說法也。

【校釋】

〔一〕五分　鈔科卷下三：「初出請家法。」（一二五頁中）【案】五分卷二七，一七九頁中。

〔二〕上座八人相待　資持卷下三：「八人即留兩眾。餘開前去，同上有緣。」（四〇三頁下）簡正卷一六：「八人約成大眾。如前律文，恐日時過，但使八人依次位坐，餘人隨坐。今出請家，還令上座八人相待，以表不失尊卑次第故。」（九九四頁上）

〔三〕貧道何德堪之　資持卷下三：「『貧道』亦云『乏道』，皆謙收之稱。今僧受齋，但知飽食接噉而已，律儀法度，無一可觀。將何發彼善心，消他信施悲失？」（四〇三頁下）

〔四〕佛及比丘食竟，皆入禪室坐禪　鈔科卷下三：「『雜』下，歸本處法。」（一二

五頁中）資持卷下三：「佛在說法，令後傚之。」（四〇三頁下）【案】雜含卷

三九，二八三頁中。

〔五〕晡時　資持卷下三：「『晡』即申時。」（四〇三頁下）

導俗化方〔一〕篇第二十四

　　夫道俗相資，有逾影響〔二〕；雖形法兩別，而所趣攸同〔三〕。是故，沙門處世，道緣須立，若不假彼外護，則無附法之心〔四〕；既能受供資身，理須以法濟俗。故得光顯佛日，住持像運，使正法隱而重流，僧徒滅而更立〔五〕者，其在茲乎。

　　而澆末寡識寔多，明律知時人少〔六〕。凡厥施化，止出喉心〔七〕，於彼正教，都無詮述〔八〕。所以事起非法，言成訛濫〔九〕，反生不善，何名引接？皆由自無方寸〔一〇〕，師心結法。故善見云：隨逐惡者，皆由無智，妄解佛教，誹謗如來，作諸惡業，廣生邪見〔一一〕。

【篇旨】

　　鈔批卷二七：「上篇訖請設則，對食立儀。既荷以事資理，須報其法藥，故俯提弱喪。引悟迷方，使獲益資神，相須義立，則彼此齊利，得無孤負。茲篇來意，厥旨若斯。」（三八頁上）簡正卷一六：「前明計請受供，俗人財施已周。出家利物為懷，須行法施，故次辨也。」（九九四頁下）

【校釋】

　　〔一〕導俗化方　鈔批卷二七：「導者，引也。謂是化導俗人之方法，故曰也。有本作『道』字者，謂以道俗相須，故云道也。謂是道人凡（原注：『凡』疑『化』。）俗之法也。濟云：導是能化，俗是所化。能所通舉，故曰導俗化方篇也。」（三八頁上）資持卷下三「導謂能化之法，俗即所化之機。以法接機，必遵正教，備舒軌度，故曰化方。」（四〇三頁下）簡正卷一六：「左傳云：引物使通曰導。表云：准（原注：『准』下，一本有二字空處。）字樣，『道』下安『示』，不合安『寸』。知之。俗者，習也。土地不生名習。習已成風，而成俗也。又，滯事迷理曰終，即常俗、時俗等。化者，教也。依教誘化。方謂方法。『篇』已下，可知。或有作「道」字解。通物四（原注：『四』疑『曰』。）道，屬能化人。出家五眾，俗是所化境，在家二眾，今能所通舉，故云道俗等。（不取此說。）」（九九四頁下）【案】本篇文分為二：初，「夫道」下；次，「今以箴」下。

〔二〕**夫道俗相資，有逾影響**　鈔科卷下三：「初，道俗相濟彰益。」（一二五頁上）
資持卷下三：「初科。前四句通標。影逐形生，響由聲發，形影聲響，不可
相離，故取喻焉。」（四○四頁上）簡正卷一六：「道終相資，先明相假，為
化誘之因也。資，益也、藉也。道假藉俗人財物以資身，俗假道法以資神。
逾，過也、越也。影響者，子（原注：『子』上疑脫『老』字。）云：『有人
惡跡畏影，走而避之。』畏影者，走逾馱而影逾疾。避跡者，轉急而跡，轉
多不知，處陰而休影，居靜以息跡，有時闕之義。今云：有逾影響者，影假
形而生，響假聲而有。此則影響，自假形聲，形聲不假影響。今道俗相假即
不如（【案】『如』後疑脫一字。），然俗假道法資神，道假俗財濟身。二彼
相藉，無時暫離，故曰有逾也。外難曰：道俗形乖，法四有異，何得似影響
之親？（九九四頁下）鈔通云『雖形法』等。」（九九五頁上）鈔批卷二七：
「夫道俗相資者，此謂俗人求福，故以四事供養，則是財施。（三八頁上）
道以化之歸戒，令生信樂，即是法施也。有逾影響等者，逾，由過也。道俗
相假，過於影響，影假其形，響假其聲也。影必應形，響必應聲，道必假俗，
俗必藉道，互相資成，義不孤立。道則待俗，食以資身。俗則資道，法以練
神。以僧非貯畜之家，非俗何由活命？俗慕三歸五戒，以作人天之因，則非
道無以能，故曰也。」（三八頁下）

〔三〕**雖形法兩別，而所趣攸同**　資持卷下三：「形別可解。言法別者，或約戒釋，
或約福智二分釋，或可世、出世教，制法不同。所趣同者，謂道修解脫因，
俗結解脫緣，行分遲速，求脫不殊。或可同歸三寶，共弘正化，而為所趣，
頗合下文。」（四○四頁上）鈔批卷二七：「立謂：俗形則靴衫冠帶，道形則
剃髮染衣。俗法則是仁、義、禮、智、信，或五、八之戒等，道法則戒、定、
慧品，故言形法兩別。以形與法曰『兩』，各不相同稱『別』。而所趣攸同者，
攸，是所也。此明道俗形儀雖異，若能勤行不已，取其終至趣極，皆到涅槃
常樂，故言趣同。趣者，至也。即肇論云：服像雖殊，妙期不二是也。」（三
八頁下）簡正卷一六：「僧即剃染，俗乃返之，是形別。俗修福分，五八等
戒。道修智分，志求菩提。雖發是（原注：『是』疑『足』。）處似殊，而趣
極是一，莫非皆為求菩提涅槃，故曰假（【案】『假』疑『攸』。）同也。攸
者，說文云：所，至也。無相修福分，名檀波羅蜜，『至彼岸』義。菩提亦
是彼岸，故知所至處是同也。又，俗之所修，名云俗諦，道之所修，名第一
義諦。不巳（原注：『巳』疑『異』。）俗俗（原注：『俗』字疑剩。）而即

真，不異真而即俗。故肇論云：形服雖殊，妙期不二，故所至處同也。」（九九五頁上）

〔四〕沙門處世，道緣須立；若不假彼外護，則無附法之心　簡正卷一六：「『是故』下，明外護，相資所以。」（九九五頁上）資持卷下三「明道假俗資。附謂親附。」（四〇四頁上）鈔批卷二七：「沙門者，此云息心，亦稱寂志。道緣須立者，明比丘既在世間欲修道者，要須其資緣，方能進道，故曰道緣須立也。若不假彼外護，無附法心者，謂俗能四事供給於僧，賴此以得進道，此是假義也。若闕衣服、湯藥，則不能修道，故言則無附法心也。」（三八頁下）扶桑記：「無附法，謂佛法興廢，必由僧人。若不假外護，僧人不立。僧人不立，則無所附法。無人則三寶乃墜滅，故知道必假外護而立。」（三五七頁下）【案】「若」，底本為「法」，據大正藏本及弘一校注加。

〔五〕故得光顯佛日，住持像運，使正法隱而重流，僧徒滅而更立　資持卷下三「『故』下，次釋所趣。初句是佛寶。下二句即法、僧二寶。住持一句，通貫上下。僧徒滅者，僧宗行缺，即為滅矣。」（四〇四頁上）簡正卷一六：「『故得』下，不（原注：『不』字疑剩。）結成有益之相。若求衣食，便無心附法，修行得果，似正法滅也。今若有外護，凡有所要，一切供養（原注：『養』字疑剩。）給，修行獲果，還如正法，故曰隱而重流。僧既以法濟他，歸信非一，能引令出家獲益，即僧徒滅而更立。故涅槃云：一有知法沙門，二有外護檀越，佛法千載不墜故。」（九九五頁上）

〔六〕而澆末寡識寔多，明律知時人少　鈔科卷下三：「『而』下，末世無法成濫。」（一二五頁上）資持卷下三：「初，敘妄作。澆末是『時』，寡識是『人』。明律謂『有解』，知時謂『有智』。」（四〇四頁上）簡正卷一六：「心識非一，故曰寔多。知輕知重，辨識時宜，有數也。」（九九五頁上）

〔七〕凡厥施化，止出喉心　鈔批卷二七：「欲明末代比丘不閑教網。（三八頁下）雖復當人犯（原注：『犯『疑』化『。）物，然情暗律儀，說自胸臆，曾無典據，故曰出喉心也，乃是肚傳（去聲。）。濟云：如落華師，及古來謂諸愚僧，為他受五、八之戒，元不解受翻邪三歸，或非指說五、八之相，為得戒時節如此，施化皆是出喉心也。皆是事起非法，言成訛濫也。」（三九頁上）簡正卷一六：「淺近胸臆之見也。」（九九五頁上）資持卷下三「言從喉出，事任心裁，不稽典教，故出喉心。」（四〇四頁上）

〔八〕於彼正教，都無詮述　鈔批卷二七：「詮是教也。既說（原注：『說』疑『無』。）

典據，則闕能詮之教，能詮之教既闕，所詮之行何從也？」（三九頁上）簡正卷一六：「將人望教，故積（【案】『積』疑『稱』。）為彼。凡夫施化，不依聖教詮述。或為白衣作使，或見非弟子不解教照等。」（九九五頁上）

〔九〕所以事起非法，言成訛濫　資持卷下三「『所』下，彰過失。事任於心故非法，言出於喉故訛濫。」（四〇四頁上）簡正卷一六：「即前之人，或讚八不淨物，或為衣食為人說法，（九九五頁上）或以勝負心說、互求長短之類。」（九九五頁下）

〔一〇〕皆由自無方寸　資持卷下三「『皆由』等者，推妄所以。『方寸』謂心智。」（四〇四頁上）

〔一一〕隨逐惡者，皆由無智，妄解佛教，誹謗如來，作諸惡業，廣生邪見　資持卷下三「『故』下，引證。初二句，謂隨流俗。次二句，謗法。下二句，造業廣生。『邪見』謂展轉壞他。」（四〇四頁上）

今以箴誨未聞，顯揚聖旨〔一〕。初明說法軌儀、受戒方法；次辨生緣奉敬；後明士女入寺正式。

【校釋】

〔一〕今以箴誨未聞，顯揚聖旨　鈔批卷二七：「箴，由誡也，亦是治也。世醫之箴，以治人病，今立此教，喻其箴，以治愚病也。誨者，示也。謂昔來與他受五、八戒，不閑成否，是出家人病也。」（三九頁上）資持卷下三「『箴』謂規誡。大分三章。前二教道，對俗所行；後一教俗，令僧傳告。」（四〇四頁上）

初中

大集云：無量眾生白佛「護持法」故，佛讚言：「善哉！諸大檀越〔一〕。」又云：破戒比丘，處眾說法，不得受信施如葶藶子〔二〕；破戒相者，乃至受畜八不淨物——名滓、曲、幻、賊、醉〔三〕、旃陀羅〔四〕等沙門也。廣如三十一卷中說〔五〕。

四分：為檀越說法，聽說契經及分別義，得不具說文句。不得〔六〕：二比丘同一高座說法，或共相諍，或說義互求長短，或共相逼切，或二人同聲合唄及歌詠聲說法等。因說歌聲有五過〔七〕：一、自貪著聲；二、令聞者生愛；三、令他習學；四、令俗人生慢心〔八〕；五、以亂定意。若說法人少，應次第請說〔九〕，下至一偈，「諸惡莫作」等。夜集說法，座高卑無在〔一〇〕。

　　三千威儀〔一〕：上高座讀經，先禮佛；次禮經法及上座；後在座正坐，向上座坐。揵稚聲絕，先讚偈唄，如法而說。若不如法問，不如法聽，便止。毗尼母云：說法比丘，應籌量大眾，應說何法，而得受解〔一二〕。若聞深法得解，應為說深，謂五分、十二因緣、涅槃等論〔一三〕；淺法者，謂布施、持戒、生天等論。若眾樂淺不樂深，不益前人，名「惡說〔一四〕」；反此名「善說」。又，應知文義之句〔一五〕，男女之音〔一六〕。云云。又，應除貪心、不自輕心、不輕大眾心〔一七〕，應慈心、喜心、利益心、不動心〔一八〕。立此等心，乃至一四句，令前人如實解者，長夜安樂。又，不應起怖心。何以故？怖心說法，令身疲頓，音不辨了，言不次比，說法不妙，義亦難解。應庠序安心為說。又，應為眾說厭患法、遠離法，觀身苦、空、無常、無我、不淨等〔一九〕。如第七卷中。

　　涅槃：若比丘為利養故說法，所有徒眾亦效是師，是人如是，便自壞眾〔二○〕。眾有三種：一、破戒雜僧〔二一〕者。雖持禁戒，為利養故，與破戒者坐起行來，同其事業。二、愚癡僧〔二二〕。在蘭若處，諸根不利，少欲乞食。於自恣、說戒日，教諸弟子清淨懺悔；見非弟子多犯禁戒，不能教令清淨懺悔，而便與共說戒、自恣。云何清淨僧〔二三〕？不染利養，善知戒相。云何知重〔二四〕？如四重禁，出家不作；作者，非沙門釋子。云何知輕〔二五〕者？三諫能止等。非律不證〔二六〕者：若有讚說受用不淨物者，不共同止。是律應證者：若學戒律，不近破戒，見順律者，心生歡喜，善能解說，是名律師，善解「一字〔二七〕」。若為利益眾生，至非法處；若是聲聞，不應為也〔二八〕。

　　雜含云：一法師，得受六十新學比丘，教誡說法〔二九〕。佛告比丘：有問命終者，徒勞耳，非如來所樂答者〔三○〕。夫生有死，何足為怪？當思十二緣行，疾得度此〔三一〕。僧祇：若有違佛語者，比丘犯罪，白衣知如之何〔三二〕。

　　五百問云：若希望心，為人讀經、說法，得物，犯捨墮；無心貪，不犯〔三三〕。無衣，得取。

　　三千威儀〔三四〕云，入他房〔三五〕：一、於外彈指〔三六〕；二、當脫帽；三、作禮；四、正念住〔三七〕，教坐乃坐；五、不忘持經入。問經五事〔三八〕：一、如法下牀問〔三九〕；二、不得共坐；三、不解，當直問；四、不念外緣〔四○〕；五、設解，頭面作禮〔四一〕，反向出戶〔四二〕。

毗尼母云〔四三〕：既聽說十二部經〔四四〕，欲示現此義。復有疑心：若欲次第說文，眾大文多，恐生疲厭；若鈔撰〔四五〕好辭直說，不知如何。佛言：聽引經中要言妙辭〔四六〕，直顯其義。涅槃〔四七〕云：若有受持、讀誦、書寫、演說，莫非時〔四八〕、非國〔四九〕、不請而說〔五〇〕，輕心〔五一〕、輕他、自歎〔五二〕、隨處而說〔五三〕，及滅佛法〔五四〕、熾然世法而說〔五五〕。何以故？由非時、非處等而說法者，令〔五六〕無量人死墮地獄，則是眾生惡知識〔五七〕也。雜寶藏，為俗人說七種施法不損財〔五八〕：一、眼〔五九〕，二、色〔六〇〕，三、言〔六一〕，四、身〔六二〕，五、心〔六三〕，六、牀座〔六四〕，七、房舍〔六五〕。各各果報，乃至佛尚無盡。智論：佛說法已，常教諸比丘入禪定。己之所說，身亦自行〔六六〕。大集云：若四真諦是一念證者，則為一切眾生說一行、一法〔六七〕；乃至種種因緣，調伏不一故，便說種種法，八萬法聚差別〔六八〕。

毗尼母云，若為在家人作師，教化作福，有「五事」〔六九〕：一、不應檀越舍止住；二、不繫心貪利；三、為別別說法、布施、持戒、八齋等；四、不與共娛樂；五、不繫心常欲相見。又，「五事」，為檀越尊重恭敬〔七〇〕：一、非親舊處不往返；二、不求形勢，料理檀越家業；三、不共竊語，令家中生疑；四、不教良時吉日祠祀〔七一〕鬼神；五、不過度所求。入俗家，「五法」：一、入時語小；二、斂身口意；三、攝心，卑恭而行；四、收攝諸根〔七二〕；五、威儀庠序生善。有「九事」，不應俗家坐〔七三〕：一、雖為禮拜，心不恭敬；二、雖往迎逆，心不慇重；三、雖讓令坐，而〔七四〕心不實；四、在不恭敬處令坐；五、有說法言，心不採錄；六、雖聞有德，不信受之；七、知有甚多，若求與少；八、知有美食，反設麤者；九、雖供給與，如市易法〔七五〕。並不應坐。反此，便坐。若入聚落〔七六〕，應卑恭慚愧，不著六塵，攝心行之。如高山懸巖絕險〔七七〕，方寸之處，而足蹈〔七八〕之，念念生怖，更無餘念。臨淵亦爾。如月行世，動手於空，四方無著等〔七九〕。云云。

十誦〔八〇〕：說法人者，應一心說，生慈愍心、利益心；莊嚴語言，次第相續，辯〔八一〕才無盡，隨順諸法實相〔八二〕；為法故說，不為利養。此中上座，應觀察所說〔八三〕，若不如法說，應呵止。又聽取佛經義〔八四〕，莊嚴言辭，次第解說。其佛經本，當直讀誦，莫雜論議〔八五〕。五分：白衣，說法歡喜，布施者，聽之。十誦：說法、呪願、讚法時，

不得食。

　　薩婆多〔八六〕：若檀越欲作大房舍，應開解示語，令小作，順少欲法；若為容多人故作者，不應違意。四分：不得將世俗呪術教化〔八七〕。當語云：「莫向如來塔大小便，及除糞掃、盪器、不淨水等。若起房舍，及耕田種作，當向如來塔。又宜於八日、十四日、十五日〔八八〕，入塔寺，供養比丘僧，受齋法。」佛告檀越：「若人慈心，以米泔汁、盪滌汁棄著不淨蟲水中〔八九〕，使蟲得此食氣，得無量福，況復與人！」智論：佛申鉢，受老母臭澱汁〔九〇〕；佛受億耳羹殘，度與頻婆娑羅王〔九一〕。善見：不得受白衣使。若令禮佛、讀經、呪願、集眾，種種善事，不犯〔九二〕；餘惡，使者，吉羅。

　　地持云：若見眾生，當即慰問〔九三〕，舒顏先語，平視和色，正念在前。問言：「道路清泰，四大調適，臥覺安樂？」歡言：「善來。」又隨世間巧便語言，呪願妻子眷屬、錢財穀米，增長具足。見功德者，歡施、戒等〔九四〕。四分：若白衣病來寺中〔九五〕，應方便喻遣；若稱譽佛、法、僧者，隨能作為之。若死，為淨伽藍故，自擔棄之。若白衣噦者，呪願長壽〔九六〕。

　　僧祇：若入王眾，不得譽毀軍陣射術〔九七〕。應云：「剎利種是上姓，如來、應供、正遍知，常在「二家〔九八〕」生。諸出家人，於法、力「二輪〔九九〕」中，賴力輪護故，得以自安。又不得形相他身〔一〇〇〕，云「多我慢，當生下趣，乃至雞、豬、地獄中等。欲有所論，當說已而去」〔一〇一〕。俗人若言〔一〇二〕「為我禮塔」，答言「若憶當禮」。如是禮長老比丘，亦爾。若受請，應言「無障礙當來」。若入諸居士富家〔一〇三〕，不得語云「汝坐店肆，輕秤小斗，欺誑於人」，應云〔一〇四〕：「如世尊說：二輪之中，得食輪已，乃轉法輪〔一〇五〕」。諸居士等，供給衣食，是為難事。我依汝等，於如來法中，修梵行，度生死流，皆是汝等信心之恩。」若入外道眾，不得形訾〔一〇六〕云「邪見、無慚愧」，說其過惡；應譽實事〔一〇七〕，云：「汝等能出家，解繫縛，捨於俗服，冥心空閑，甚是難事。」

【校釋】

　　〔一〕大檀越　資持卷下三「初科，初勸俗護法，以佛讚故。經云：若有人能護持法，當知是人乃是十方諸佛大檀越也。」（四〇四頁上）鈔批卷二七：「『檀越』，

梵音，此翻為『施主』。聲論云『他那波底』，(『都私』反。)。『他那』翻為施
主，謂施主也。」(三九頁上)【案】「初中」下，先明「說法軌儀」，文分十二
段。大集卷三三，二二七頁中。

〔二〕葶藶子　資持卷下三「『又』下，誡道受施。初，示誡。葶藶子，喻其至少。」
（四〇四頁上）

〔三〕滓、曲、幻、賊、醉　資持卷下三「次釋破相，後示惡名。『滓』謂不清淨，
『曲』即不正直，『幻』謂無真實，『賊』謂侵奪妄損信施，『醉』謂神性昏迷，」
（四〇四頁上）簡正卷一六：「滓者，佛法中滓穢人也。典（【案】『典』疑『曲』。）
者，非真實正直也。幻者，非實沙門。賊者，盜受利故。醉者，迷失本沙門
性。」(九九五頁下）鈔批卷二七：「『『醉栴陀羅』者，汎爾『旃陀』尚稱殺者，
更加『醉亂』，義不待言。案經音云：『旃陀羅』或云『旃荼羅』，此云『嚴熾』，
謂屠殺者，種類之名也。一云主殺人，獄卒也。案西域記云：其人若行時，則
搖鈴自標，或拄破頭竹。若不然者，王即與其罪也。」（三九頁上）

〔四〕旃陀羅　資持卷下三「『旃陀羅』謂能害人慧命。」（四〇四頁上）簡正卷一
六：「栴陀羅，斷佛法慧命故。准經，一一皆言『畜八不淨物』等，名沙門中
滓、沙門中曲等。」(九九五頁下）鈔批卷二七：「『『醉栴陀羅』者，汎爾『旃
陀』尚稱殺者，更加『醉亂』，義不待言。案經音云：『旃陀羅』或云『旃荼
羅』，此云『嚴熾』，謂屠殺者，種類之名也。一云主殺人，獄卒也。案西域記
云：其人若行時，則搖鈴自標，或拄破頭竹。若不然者，王即與其罪也。」（三
九頁上）

〔五〕廣如三十一卷中說　資持卷下三「今見二十八。」（四〇四頁上）【案】大集卷
三一，二一五頁下。

〔六〕不得　資持卷下三「『不得』下，制非法。有六種：二人同座，尊無二故；復
喧亂故；『相諍』謂對較勝負；『互求長短』謂掩長拾短；『逼切』謂詰難；不
能合唄，無所辨故；歌聲過失。如文自列。」（四〇四頁上）【案】四分卷三
五，八一七頁上。

〔七〕五過　資持卷下三「五過，初、後損已（【案】『已』疑『己』。），餘並損他。」
（四〇四頁上）

〔八〕令俗人生慢心　簡正卷一六：「以俗昌欲，心生輕慢也。」（九九五頁下）

〔九〕若說法人少，應次第請說　資持卷下三「『若說』下，三、開略說。雖依次請，
亦須選能。智論云：『少德無智慧，不應處高座。（四〇四頁上）如犲見師子，

竄伏不敢出。大智無所畏，應處師子座。譬如師子吼，眾獸皆怖畏。』必為他請，準此自量，當須無畏，勿令竄伏。」（四〇四頁中）

〔一〇〕**夜集說法，座高卑無在** 資持卷下三「『夜』下，明設座。或是逼夜，不暇陳設，故開隨坐。」（四〇四頁中）

〔一一〕**三千威儀** 鈔科卷下三：「『三』下，登座儀式。」（一二五頁中）資持卷下三「六法。初禮三寶，二、昇高座，三、打磬靜眾，（今多打木。）四、讚唄，（文是自作，今並他作。聲絕、秉爐、說偈、祈請等。）五、正說，六、觀機進止。問聽如法，樂聞應說。（文中不明下座，今加續之：）七、說竟迴向，八、復作讚唄，九、下座禮辭。僧傳云：周僧妙每講下座，必合掌懺悔云：『佛意難知，豈凡夫所測！今所說者，傳受先師，未敢專輒。乞大眾於斯法義，若是若非，布施歡喜。』最初鳴鍾集眾，總為十法。今時講導，宜依此式。」（四〇四頁中）【案】三千卷一，九一七頁上。參見續高僧傳卷八釋僧妙傳，四八六頁上～中。

〔一二〕**說法比丘，應籌量大眾，應說何法，而得受解** 資持卷下三「初，明量眾，取解為先。」（四〇四頁中）【案】毗尼母引文明「籌量稱機」，分五，均以「又」字間之。

〔一三〕**謂五分、十二因緣、涅槃等論** 簡正卷一六：「『五分』謂五陰也。彼論（【案】指毗尼母）通引三科、十二因緣，云『念處觀』及『寂滅法』等。今文略也。」（九九五頁下）鈔批卷二七：「私云：五分法身也。戒、定、慧、解脫、解脫知見，此是深法也。」（三九頁上）資持卷下三「『五分』即五分法身。論自解云：深法者，謂戒、定、慧、解脫、解脫知見。（有云五陰，非也。）『深』即出世法，『淺』即世間法。」（四〇四頁中）【案】「等論」義即「等有關的思想義理」，「論」不作論藏之「論」解。

〔一四〕**惡說** 資持卷下三「成論謂之『綺語』是也。」（四〇四頁中）

〔一五〕**文義之句** 簡正卷一六：「唯識論云：名詮自性，句詮差別。（九九五頁下）文即是字，為二所依也。」（九九六頁上）

〔一六〕**男女之音** 資持卷下三「以男女性乖，事業乃異，隨其品類，言相須分。差互混同，不名善說。」（四〇四頁中）簡正卷一六：「如云：優婆塞、鄔婆索迦、迦多衍那子，並並（原注：『並』疑『是』。）男音；優婆夷、鄔波私迦、迦多衍尼子，並是女音也。」（九九六頁上）鈔批卷二七：「謂隨方立忌，（三九頁上）諱男女隱惡事之言也。然出言對俗士，須知輕重。如晉有僧與一沙彌，往

鄭玄家乞食。打門喚，鄭玄遙問是誰，乃答言『阿師』耳。鄭玄曰：『汝自稱師他，誰師汝？』即出看之，乃是闍梨。問言：『闍梨背後，乃是何小僧？』答云：『是我弟子。』鄭玄曰：『汝弟之子耶？頭盧邈賴（『於卓』反。），一似阿伯。』」（三九頁下）

〔一七〕應除貪心、不自輕心、不輕大眾心　資持卷下三「教用心。前明遠離三心，貪、縱、慢也。若為名聞、利養、眷屬，皆是貪心。」（四〇四頁中）簡正卷一六：「又應除貪心者，不求名利也。不自輕心者，謂佛法尚不可聞，何況能自解說，生慶幸意也？」（九九六頁上）毗尼母卷六：「應除貪心、不染心、不惡心、不愚癡心、不自輕心、不輕大眾心。」（八三二頁上～中）【案】「不自輕」即不能遠離貪、縱等，「不輕大眾」即不能助大眾遠離貪、縱等。此「心」應當遠離。

〔一八〕應慈心、喜心、利益心、不動心　資持卷下三「下明成就『四心』：『慈』謂愍彼未悟，『喜』即令眾心安，『利益』謂使他開解，『不動』謂達法本空無捨著。故般若云：云何為人演說如如不動？一切有為法，如夢幻泡影，如露亦如電，應作如是觀。又法華云：大慈悲為室，（對今慈喜。），柔和忍辱衣，（利益。）諸法空為座，（不動。）能如是者，始可說法。衒學矜能，俱為謗佛，四教安詳，怖心五過。不怖反之。」（四〇四頁中）

〔一九〕應為眾說厭患法、遠離法，觀身苦、空、無常、無我、不淨等　資持卷下三「令警眾說厭患法，不令著世故。」（四〇四頁中）簡正卷一六：「厭生老病死，及身不淨等。遠離法者，求於解脫得涅槃，樂出生死等。」（九九六頁上）鈔批卷二七：「案毗尼母論文中，明其法師說法之時，應當次第隨順說法，為厭患法、遠離法，令前人心生歡喜，求於解脫，速得涅槃。若說法比丘，復應常念觀身苦空、無常、無我、不淨，莫使有絕也。私云：言厭患輪回、二十五有、生老病死、恩愛別離等八苦也。又厭患此身，三十六物不淨，臭穢難調、難養等也。言遠離法者，謂遠離愛染及喧雜之境界，及遠離惡覺也。按成實論惡覺品云：何謂欲覺者？謂依欲生覺，於五欲中見有利樂，是名欲覺。親里覺者，由親里故，起諸憶念，欲令親得安隱樂。若念衰惱，則生愁憂；若念與親里種同事，名親里覺。行者不應憶念此覺，以本出家時，已捨親里。今依此覺，則非所宜。若念親里，則唐捨家，家屬空無所成。（三九頁下）又與親里和合，則不能增長善法。當念一切眾生生死輪轉，無非親里，何故偏著！又，生死中為親里故，憂悲啼哭，淚成大海。今復貪著，則苦無窮已。不死覺者，作如是

念：『我徐當修道，先當讀誦修多羅、毗尼、毗曇雜藏，廣誦外典，多畜弟子，牽引善人，供養四塔，勸化眾生，令大布施。後當修道，名不死覺。』行者不應起如是念，以無（原注：『無』字疑『剩』。）死時不定，不可預知。若營餘事中，則命盡不得修道。後將死時，心悔憂惱，更何逮及等。又覺、觀，皆須遠離也。」（四〇頁上）」（三九頁下）【案】成實論卷一四，三五二頁中。

〔二〇〕是人如是，便自壞眾　鈔科卷下三：「『涅』下，攝眾如非。」（一二五頁中）資持卷下三「初誡貪利。徒眾效師，從上所好。今時濫竊，貪利多求，聚首為非，後生倣效，傷毀佛法，自壞壞他。（四〇四頁中）楊子所謂『模不模，範不範』。」（四〇四頁下）

〔二一〕破戒雜僧　資持卷下三「釋三眾。初，雖持戒，由心為利，與破戒同住，故云『雜』也。」（四〇四頁下）【案】此「三眾」即：破戒雜僧、愚癡僧、清淨僧。

〔二二〕愚癡僧　資持卷下三「既少欲應不貪利。但是根鈍不教餘人，故云『愚癡』。」（四〇四頁下）

〔二三〕清淨僧　資持卷下三「不染利養，復善戒相，糾舉自他，故云『清淨』。」（四〇四頁下）

〔二四〕云何知重　資持卷下三「釋上『善知戒相』，有四：一、知重，二、知輕，三、非律不證，四、是律應證。文中第釋。」（四〇四頁下）

〔二五〕云何知輕　資持卷下三「且舉次篇，諫戒攝下威儀，雜相無不通達。」（四〇四頁下）

〔二六〕非律不證　簡正卷一六：「若見有人讚說受畜八不淨財為是，此非戒律所證也。」（九九六頁上）資持卷下三「非律中，略舉不淨。自餘非法，例皆擯舉，獨不隨流，以非為是，故云不證。」（四〇四頁下）

〔二七〕一字　鈔批卷二七：「善解『一字』者，即是『律』字也。此之一字，攝一切行得盡。謂能詮量輕重、開遮如非之相，故曰善解也。」（四〇頁上）

〔二八〕若為利益眾生，至非法處；若是聲聞，不應為也　資持卷下三「『若』下，明緣開犯遮。非處，謂婬、酒、屠宰之家。此謂出家菩薩，在塵不染，可得行之。聲聞自攝，恐遭欲染，故制不為。如上三眾，今時尚無愚、雜，況清淨耶！僧宗覆滅，佛法安寄？」（四〇四頁下）簡正卷一六：「至非法至處者，如淨名居士，入諸婬舍、酒肆等，是非法處。須為教化因緣，於自身無損惱方得。若小乘人，未全斷惡，不許為之。」（九九六頁上）鈔批卷二七：「此謂大乘菩薩，內無染濁，行逆化，示同眾生，具行十惡。若聲聞人，力所未堪，則不可行也。

且如蓮花在水，水不能污。以紙投水，水不染良難。案如意三昧經云：有三人得反，常行婬欲，謂佛、菩薩、羅漢。以此三乘人不染世間故，如佛入波斯匿王母宮中行欲。何以然者？佛觀見此母有緣。又以王自請佛化其母多欲故，王為覓種種男與母，（四〇頁上）王恐母當來墮地獄，故以佛示行，內心無染，不同凡夫等人。其餘地前菩薩，皆不得作，要須離境，不得附近。何況凡夫！如經中，為凡夫為喻，謂身口如金，業思如水也。境如薪，內有煩惱火，與境薪相應，不能不沸，即須提那子者是也。今人行欲，云我無染，飲酒食肉，云無貪心，何乃太妄也！」（四〇頁下）【案】以上北本涅槃卷三，三八四頁中。

〔二九〕**一法師，得受六十新學比丘，教誡說法** 鈔科卷下三：「『雜』下，教誡說法。」（一二五頁中）資持卷下三「雜含初示攝眾限齊。恐其更多，難於訓誨，無益及他。必力能博濟，不在言限故。古之高僧，千徒匝座，當量才力，更審自心。勿貪眷屬，以圖聲望，此乃畜因，終當自墜。」（四〇四頁下）【案】雜含卷二九，二〇九頁下。

〔三〇〕**有問命終者，徒勞耳，非如來所樂答者** 簡正卷一六：「若准鈔意，有問命終者生處，但驗現在修因，便知死後生處善惡。以凡眼又不見，縱答亦不信受，所以徒勞設問也。」（九九六頁下）資持卷下三「『佛』下，次，明非問不答。問命終者，謂問死時近遠。問無所益，故云『徒勞』。」（四〇四頁下）鈔批卷二七：「案長含第三云：『爾時，阿難閑靜處思惟：『此那陀村有十二居士，今者命終，為生何處？復有五十人命終，復有五百人命終，斯生何處？』作是念已，往問世尊，唯願解說。佛告阿難：『其十二居士，斷五下分結，命終生天，於彼即涅槃，不復還此。其五十人命終者，斷除三結，婬、怒、癡薄，得斯陀含。還來此世，盡於苦本。其五百人命終，斷除三結，得須陀洹，不墮惡趣，必定成道，往來七生，盡於苦際。』復告阿難：『夫生有死，自世之常，此何足恠！若一一人死，亦問我者，豈非擾亂耶！』阿難答言：『實爾，世尊，實是擾亂！』」（四〇頁下）

〔三一〕**當思十二緣行，疾得度此** 資持卷下三「十二緣者，無明及行，過去因也。識、名色、六入、觸、受，現在果也，愛、取、有，未來因也，生及老死，未來果也。三世因果，生死相續，從緣故空。知生虛妄，死復何有？達妄修真，得脫生死，故云『度此』也。」（四〇四頁下）簡正卷一六：「若欲離生死，但思十二因緣，輪迴不絕，應當覺悟。」（九九六頁下）

〔三二〕**若有違佛語者，比丘犯罪，白衣知如之何** 資持卷下三「僧祇明道俗違犯。彼

因比丘與白衣行非，比丘、比丘尼犯夷。白衣無戒不犯，故曰『知如之何』。以無名相，莫測來報，意彰復重，令誡俗流。」（四〇四頁下）簡正卷一六：「祇云：比丘與白衣口中行非，比丘得夷，白衣如之何？此文意道：白衣不受佛戒，違佛不制，故經云受戒者罪輕。若試問，即不合答也。」（九九六頁下）扶桑記：「意云白衣無戒，故無罪名、種、相，是以莫測當來獄報何也。而既作非，非無業理，故云意彰等。」（三五七頁下）【案】「知如之何」即知道其如何。

〔三三〕無心貪，不犯　鈔科卷下三：「『五』下，受利可不。」（一二五頁中）資持卷下三「為利說法，即是邪命。無貪不犯者，貪心難識，幸勿自欺。」（四〇四頁下）【案】五分卷四，九七四頁上。

〔三四〕三千威儀　鈔批卷二七：「案三千威儀云，有五事應相入室：一、問訊，二、病瘦往瞻視，三、問經，（四〇頁下）四、有所借，五、眾人使往呼。往（【案】『往』經作『住』。）」（四一頁上）【案】三千威儀卷上，九一七頁中。

〔三五〕入他房　資持卷下三：「謂入師房請問之法。」（四〇五頁上）

〔三六〕彈指　資持卷下三：「警內令知也。」（四〇五頁上）

〔三七〕正念住　資持卷下三：「正念住者，無餘想也。」（四〇五頁上）【案】三千無「念」字。

〔三八〕問經五事　資持卷下三：「正問時法。」（四〇五頁上）

〔三九〕下牀問　資持卷下三「從座起故。」（四〇五頁上）

〔四〇〕不念外緣　資持卷下三「須諦受故。」（四〇五頁上）

〔四一〕設解頭面作禮　資持卷下三：「謝開示故。」（四〇五頁上）

〔四二〕反向出戶　簡正卷一六：「面看師表不背故。」（九九六頁下）資持卷下三：「不背師故。」（四〇五頁上）

〔四三〕毗尼母　鈔科卷下三：「『毗』下，能說隨宜。初，明撮要。」（一二五頁中～下）簡正卷一六：「『毗尼母』下，與四分說戒法文大同。」（九九六頁下）資持卷下三「母論撮要，同前四分。此委引本緣，以彰開意。」（四〇五頁上）【案】「毗尼母云」下分五：初，「毗尼母云既」下；二、「涅槃云」下；三、「雜寶藏」下；四、「智論」下；五、「大集云」下。毗尼母卷六，八三三頁上。

〔四四〕十二部經　資持卷下三：「一、契經，二、重頌，三、授記，四、諷誦，五、無問自說，六、因緣，七、譬喻，八、本事，九、本生，十、方廣，十一、未曾有，十二、論義。三藏教法，不出十二類。亦名十二分教。」（四〇五頁上）

簡正卷一六：「謂三藏雖廣至多，不離十二分，收之並盡。然於中其（原注：『其』疑『具』。）缺為（原注：『為』疑『多』。）少，即不定也。」（九九七頁上）鈔批卷二七：「新譯經論名十二分教也。一、契經，二、應頌，三、記別，四、諷誦，五、自說，六、因緣，（亦名緣起。）七、譬喻，八、本事，九、本生，十、方廣，十一、希法，十二、論議。立章門。廣解如寶抄第三云：一、修多羅，此曰契經。二、祇夜，謂重頌經也，前有長行後更偈。三、和伽羅那，此名授記。四、伽陀，此名孤起偈經。五、優陀那，此云無問自說，謂不由諮請，如來自說律名句經。六、尼陀那，此名因緣經。七、阿波那，此言譬喻經。八、伊帝目多伽，此云本事經，謂說古事。如云拘留孫，佛法名甘露皷等，律名善道經。言甘露皷者，以其說法滋人，義如甘露，以應機故，故言如皷。九、闍陀伽，此云本生經，謂自陳己報。十、毗佛略，此云方廣，即大乘也。十一、阿浮陀達磨，此云未曾有。十二、憂波提舍，此云論議經。然大小隱顯，（四一頁上）故說十二。謂方廣部是菩薩藏，餘十一部是聲聞藏。若大小有無互顯，各有九部，謂大乘中，除因緣、譬喻、論義也，小乘除方廣、授記、無問自說，故各九部。大小具義論之，各有十二部也。然何故大乘，有時說九？以根利故。何故小乘，有時說九？以教淺故。」（四一頁下）

〔四五〕撰　資持卷下三：「撰，音『選』。」（四〇五頁上）

〔四六〕要言妙辭　資持卷下三：「『要言』謂合機堪用，『妙辭』即顯白易解。」（四〇五頁上）

〔四七〕涅槃　鈔科卷下三：「『涅』下，明適時。」（一二五頁下）資持卷下三：「涅槃誡令重法。八緣不說。」（四〇五頁上）【案】北本涅槃卷一七，四六七頁下。雖為「八緣」不說，但實為九項。

〔四八〕非時　資持卷下三：「『非時』謂不當說，如眾學所制。」（四〇五頁上）鈔批卷二七：「謂不是合說之時也。案涅槃第六云『莫非時說』者，疏云：悟時未至，名非時說。佛昔一時有一俗人，極博學多聞，明識相。我說法，為說四念處，則云『我先解此法』，不須更述；即為說四正勤，亦云『先解』；即為說六波羅蜜，復言『先解』。如是欲說一切法，皆言『先解』。佛止而不復有說。其人白佛：『我欲請佛及僧於舍設食。』佛與比丘往趂，然彼亦有信心，手自下食。初下餅時，佛言：『我常得此食，今不復須。』次下果子、飯食等，皆：『言我常得此食，今不須之。』其人即言：『食雖常得，不應生猒。令我何計求於異味？今所設者，世人常食，佛及大眾，應日日食。』即報言：『若汝說

食，不許猒，須日日食。法亦如是，不應生厭。我向說法，何為不用？豈以解竟，即不願聞，應數聞已，思惟取證。」（四一頁下）簡正卷一六：「或悟時至未，或貪欲時，無心聽法時，不得為說大乘寶。法師因說悟時未至便引。佛在時，有一白衣輕心請佛說法，佛為說四念處，便云『不用說，我當聞之』等。（云云。）」（九九七頁下）

〔四九〕非國　資持卷下三：「『非國』謂不信樂處。」（四〇五頁上）鈔批卷二七：「疏云：處不堪聞，名非處說。」（四二頁上）簡正卷一六：「非處者，非說法處也。」（九九七頁下）

〔五〇〕不請而說　鈔批卷二七：「傳法須人，莫不請說。此三待時、待法、待人說也。」（四二頁上）

〔五一〕輕心　鈔批卷二七：「輕心則己之主生慢」（四二頁上）簡正卷一六：「輕心者，自生慢也。」（九九七頁下）

〔五二〕輕他、自歎　資持卷下三：「『自歎』謂稱已所能。」（四〇五頁上）鈔批卷二七：「『自嘆』謂美己，『輕他』（【案】『他』後疑脫『謂』。）惡人。」（四二頁上）簡正卷一六：「自褒揚我能，輕侮佗不解等。」（九九七頁下）

〔五三〕隨處而說　資持卷下三：「『隨處』不臨眾昇座等。」（四〇五頁上）鈔批卷二七：「處處令物不慕。」（四二頁上）簡正卷一六：「令人不敬重故。」（九九七頁下）

〔五四〕滅佛法　資持卷下三：「『滅佛法』順己愚情，違反正教故。」（四〇五頁上）鈔批卷二七：「互相非毀，名滅佛法說。」（四二頁上）簡正卷一六：「互示長短也。」（九九七頁下）【案】北本涅槃卷一七，四六七頁下。雖為「八緣」不說，但實為九項。

〔五五〕熾然世法　鈔批卷二七：「佛法滅則世法熾然。此上依經及疏釋，鈔家引文不盡。」（四二頁上）簡正卷一六：「示世名利心也。」（九九七頁下）

〔五六〕令　【案】「令」，底本為「命」，據大正藏本及涅槃改。

〔五七〕惡知識　資持卷下三：「今時講說，多墮諸過，非人天師，是惡知識。」（四〇五頁上）

〔五八〕雜寶藏，為俗人說七種施法不損財　鈔科卷下三：「『雜』下，明訓俗。」（一二五頁下）【案】雜寶藏卷六，四七九頁上。

〔五九〕眼　簡正卷一六：「眼施者，慈眼視於父母、師長等，當得天眼，成佛時便是佛眼。」（九九七頁下）鈔批卷二七：「案雜寶藏經云：一名眼施者（原注：本

文無『者』字。），常以好眼，視父母、師長、沙門、婆羅門，不以惡眼，名為眼施。捨身受身，得清淨眼，未來成佛，得天眼佛眼，是名第一果報。」（四二頁上）

〔六〇〕色　資持卷下三：「和顏悅色，當來得端正，成佛金色身。」（四〇五頁上）鈔批卷二七：「和顏悅色施，於父母、師長、沙門、婆羅門，不顰蹙惡色，捨身受身，得端正色，未來成佛，得真金色，是名第二果報。」（四二頁上）

〔六一〕言　資持卷下三：「善言軟語，當來言詞辯了，成佛獲四辯。」（四〇五頁上）簡正卷一六：「善言軟語，當來得言詞辨了，成佛得四無礙辨也。」（九九七頁下）鈔批卷二七：「名言辭施於父母、師長等，出於頓語，非麤惡言，捨身受身。得言語辨了，所可言說，為人信受，未來成佛，得四辨才。」（四二頁上）

〔六二〕身　資持卷下三：「身起迎逆禮拜，等當來得堂堂之貌，成佛得三身。」（四〇五頁上）簡正卷一六：「身者，起迎禮拜等，當來及成佛，得長大果報也。」（九九七頁下）鈔批卷二七：「名身施，於父母、師長等，起迎禮拜，是名身施。捨身受身，得端正身，長大之身，人所敬身。未來成佛，身如尼拘陀樹，無見頂者。」（四二頁上）

〔六三〕心　資持卷下三：「心善好當來不狂亂，成佛得一切智。」（四〇五頁上）簡正卷一六：「謂善好心施，當來得不狂亂心，成佛得一切智心果也。」（九九七頁下）鈔批卷二七：「雖以上事供養，心不和善，不名為施。若心和善，深生供養，是名心施。捨身受身，得明了心，（四二頁上）不癡狂心，未來成佛得一切種智心。」（四二頁下）

〔六四〕牀座　資持卷下三：「（己床與人暫坐。）當來七寶床，成佛師子座。」（四〇五頁上）鈔批卷二七：「若見父母、師長等，為敷床座令坐。捨身受身，常得尊貴，七寶床座，未來成佛，得師子法座。」（四二頁下）

〔六五〕房舍　資持卷下三：「（己房留他暫宿。）當來得自然宮殿，成佛獲四禪室。今以各各二句，總而括之。」（四〇五頁上）鈔批卷二七：「前父母師長等，使屋舍之中，得行來坐臥，即名房舍施。捨身受身得自然宮殿舍宅。未來成佛，得諸禪屋宅。如是七施，雖不損財物，獲大果報。」（四二頁下）

〔六六〕己之所說，身亦自行　資持卷下三：「說已入禪，大聖垂則，嚴勗後來。儒中君子言之不出，恥躬不逮；又云：先行其言，而後從之。況佛法修真，言行相反？深嗟彼徒，那無慚色。」（四〇五頁上）【案】智論卷二六，二四九頁上。智論明自行。

〔六七〕若四真諦是一念證者，則為一切眾生說一行、一法　鈔科卷下三：「『大』下，明隨機。」（一二五頁下）簡正卷一六：「明法多門，化人雜相。四真諦，謂苦、集、滅、道。小乘中，有各四行相。（云云。）大乘入見道，唯觀滅諦，此一既非一念所證法，故佛為說八萬法門。」（九九七頁下）資持卷下三「引佛說法，取悟為先，隨宜權巧，令後學之。初，為樂總好略之機，攝多為一說。『行』即觀行，『法』即法門。」（四〇五頁上）【案】大集卷三三，二二六頁上。

〔六八〕便說種種法，八萬法聚差別　資持卷下三「『乃至』下，次，對樂別好廣之機，開一為多說，或二或三乃至八萬。若據經云：無量無數方便，亦何止上數？言八萬者，真諦云：佛始成道終至涅槃，經三百五十度說法，一一皆具六波羅蜜，成二千一百；一一皆配四大小塵十法，成二萬一千。又配三毒等，分成八萬四千。今舉大數，但云八萬耳。」（四〇五頁中）

〔六九〕若為在家人作師，教化作福，有「五事」　鈔科卷下三：「『毗』下，為俗門師。」（一二五頁中）資持卷下三：「母論五節。初作門師法。五中，第三所應。餘四不應。四中，第二，非利他，餘三防媟慢。」（四〇五頁中）【案】毗尼母卷六，八三五頁下。

〔七〇〕「五事」為檀越尊重恭敬　資持卷下三：「『又』下，令他尊敬法。五中，二是下賤。附近權豪，為他走使。四是邪命。餘三並避嫌疑。」（四〇五頁中）

〔七一〕祀　【案】底本為「禮」，據毗尼母、大正藏本、敦煌甲本、敦煌丙本及弘一校注改。

〔七二〕收攝諸根　資持卷下三「攝諸根者，欲境多故。」（四〇五頁中）

〔七三〕有「九事」，不應俗家坐　資持卷下三：「『有』下，不宜久住法。九事，前四輕人，五是慢法，六即無信，餘三慳鄙。」（四〇五頁中）

〔七四〕知　【案】底本為「而」，據毗尼、敦煌甲本、敦煌丙本改。

〔七五〕如市易法　簡正卷一六：「欲求反報也。」（九九七頁下）

〔七六〕若入聚落　資持卷下三「『若入』下，離過用心法。初，示法。」（四〇五頁中）

〔七七〕如高山懸巖絕險　資持卷下三：「『如』下喻顯。高山臨淵，喻卑恭攝心。」（四〇五頁中）

〔七八〕蹈　【案】底本為「踏」，據毗尼、大正藏本、敦煌甲本、敦煌丙本及弘一校注改。

〔七九〕如月行世，動手於空，四方無著等　資持卷下三：「月行、動手，喻不著六塵。」

（四〇五頁中）鈔批卷二七：「喻如凡人舉手向空，無有礙著。案母論云：佛告諸比丘，入聚落時，不得放逸散亂，常應攝心。譬如人足蹈高山懸嚴，絕檢方寸之處，念念生怖，更無餘念，於六塵境，不取其昧。如峰採華，佛即動手於空，告諸比丘：此手今空中迴轉，無礙無繫縛，汝入聚落時，心無礙無繫縛，亦應如是。」（四二頁下）【案】以上毗尼母經卷六，八三五頁下～八三六頁上。

〔八〇〕十誦　鈔科卷下三：「『十』下，存心離過。」（一二五頁中）簡正卷一六：「明慈心說法，受施開聽也。」（九九七頁下）【案】「十誦」下分三：一、「十誦」下；二、「此中」下；三、「又聽」下。十誦卷五七，四二〇頁下～四二一頁上。

〔八一〕辯　【案】底本為「辨」，據十誦、大正藏本。以上毗尼母經卷六，八三五頁下～八三六頁上。

〔八二〕隨順諸法實相　資持卷下三：「諸法實相，言通大小。且據小教，即指偏空。」（四〇五頁中）

〔八三〕此中上座，應觀察所說　資持卷下三：「『此』下，令訶止。當觀是非，勿隨好惡。」（四〇五頁中）扶桑記：「勿隨，制以己憎愛而是非呵止。」（三五八頁上）

〔八四〕又聽取佛經義　資持卷下三：「『又』下，聽演布。但不違義，隨意廣張，述義可爾，臨文不聽。由是聖教，不雜凡言。（今有麤心，輒注聖典，準此例決，過非輕細。）五分受施先無意故，十誦說時不得食者，不諦受故。」（四〇五頁中）

〔八五〕莫雜論議　簡正卷一六：「莫將世俗言詞相雜。」（九九七頁下）

〔八六〕薩婆多　鈔科卷下三：「『薩』下，教導俗式。」（一二五頁中）資持卷下三：「多論辭勉。施意為己須勉，為眾從之。」（四〇五頁中）【案】多論卷三，五二一頁下。

〔八七〕不得將世俗呪術教化　簡正卷一六：「四分：六群尼教白衣。（九九七頁下）莫向日月及神祀曆大小便等。今是某宿星好種作示財等，為俗可因制也。」（九九八頁上）

〔八八〕八日、十四日、十五日　資持卷下三：「『又』下，教受戒。白黑各三日，名六齋日。」（四〇五頁中）【案】四分卷三〇，七七五頁中。

〔八九〕以米泔汁、盪滌汁棄著不淨蟲水中　資持卷下三：「『佛』下，教行施。文舉棄物，以況珍羞。言虫以況人類。」（四〇五頁中）【案】四分卷四二，八七二

頁上。

〔九〇〕**佛申鉢，受老母臭澱汁**　簡正卷一六：「智論第八云：佛夏竟，與諸比丘遊行，到婆羅門城。王知佛欲來，念言：『彼若來時，誰當樂我？』乃立制云：『若與佛食，聽佛語者，輸金錢五百。』後佛入城，與阿難持盃，國人各各閉戶，更不敢出。時有一老母，持瓦器盛臭淀汁出門欲棄，忽見佛空盃，而念行（原注：『念行』疑作『念』）言：『此人相好，合食天廚。今何降身行乞，女（原注：『女』疑『必』。下同。）是大慈悲人。佛若慈悲，我持此弊食奉之，女合受矣！』。佛便申盃受之。受已，出光現笑。阿難問佛因緣。佛言：『此老姥，十五劫中天上人間受大富樂，後得男身，出家成緣覺果。』時有一婆羅門聞，問云：『汝是淨飯王太子，何故為食，作此妄語？』時佛出舌覆面，上至髮際，語云：『汝是此舌而妄語耶？』時婆羅門作是思惟：『若人舌覆鼻，尚不妄語，何況覆面，兼髮際？』便發信心，彼復白言：『我不解其施報多少，請佛與說。』佛言：『汝頗曾見希有事否？』婆羅門言：『我曾見尼呴律陀樹，枝葉覆五百乘車。』佛即問彼：『樹之種子大小？』彼云：『如芥子三分之一。』佛告彼言：『誰當信汝？』（九九八頁上）婆羅門云：『此是實事，因驗可見，固非虛妄。』佛即語言：『我見淨心，施佛得大果報，亦如此樹，因少果多。』時婆羅門心開意解，向佛懺悔，佛為說法，得須陀洹果。遂發大聲，遍告一切：『甘露門開，如何不出？』諸人聞已，皆情願送五百金錢上王，迎佛供養，即破制限。王與臣民，亦歸依佛。佛為說法，皆得淨信也。」（九九八頁下）【案】智論卷八，一一五頁上。

〔九一〕**佛受億耳羹殘，度與頻婆娑羅王**　簡正卷一六：「智論云：沙門億耳以好羹上佛。佛喫已，轉度與頻婆娑羅王。此表佛亦自行施：一、彰施福大故，二、顯道俗不二也。」（九九八頁下）鈔批卷二七：「案十誦文中，其人生出，耳有金環，其貌端正。相師占之云：『兒實有福德，其耳環價直幾計。』諸人平價，可直純金一億，因名億耳。撿智論緣中，但云沙門億耳，（四二頁下）以好羹上佛，以殘羹與頻婆羅王。今鈔『佛受億耳殘羹』錯也。但以佛殘將與王耳。餘部中，亦名二十億耳。四分名為守籠那，過去世時，以一疊（原注：『疊』疑『毺』。？）敷地，使僧蹈過。從此九十一劫，腳未拄地。今生已來，腳下生毛，以長數寸，投佛出家，苦行無比。所經行處，血流于地，佛開革履。持（原注：『持』疑『特』。）為其人精苦過分，不證無漏。佛說『彈琴之喻』後方得道。」（四三頁上）【案】「彈琴之喻」見四分卷三八，八四四頁中～下。佛通過問億耳是否會彈琴以明「若大勤精進掉動，若少精進懈怠」，諸根精進

之理。智論卷二六，二五三頁中。

〔九二〕**種種善事，不犯**　資持卷下三：「善見受使善事不犯，以非使故。」（四○五頁下）

〔九三〕**慰問**　鈔科卷下三：「『地』下，隨機慰問。」（一二五頁中）簡正卷一六：「明慈心慰問，能離譏嫌也。」（九九八頁下）

〔九四〕**見功德者，歎施、戒等**　簡正卷一六：「見造功德之人，須為歎布施、持戒之福，令其心悅，不生退屈故。」（九九八頁下）

〔九五〕**應方便喻遣**　資持卷下三：「初，明待遇病人。方便遣者，可遣即遣，為益彼故。稱譽聽作，謂有信俗人無所歸者。」（四○五頁下）簡正卷一六：「莫生怨心，若善好信心，知沙門慈悲，故看不敬信，恐謂合得駈使也。」（九九八頁下）【案】四分卷四三，八七七頁上。

〔九六〕**若白衣嚏者，呪願長壽**　資持卷下三「『若』下，隨俗呪願。嚏，『丁計』反，噴鼻也。律因比丘不呪願，招譏故制。」（四○五頁下）【案】四分卷五三，九六○頁中。

〔九七〕**若入王眾，不得譽毀軍陣射術**　鈔科卷下三：「『僧』下，接奉王臣。」（一二五頁中）資持卷下三：「僧祇三段。初，入王眾法。初，制非宜。」（四○五頁下）【案】本段僧祇分三：初，「若入王」下；次，「若入諸」下；三、「若入外」下。僧祇卷三五，五一○頁上～下。

〔九八〕**二家**　資持卷下三：「『應』下，教善語。『二家』即剎帝利、婆羅門。諸佛巧便利物，人尚德行，則於婆羅門姓中生。若尚威勢，則於剎帝利姓中生。」（四○五頁下）簡正卷一六：「二家生者，毗婆及釋迦，是剎利家生。餘五及慈氏，皆婆羅門家也。」（九九八頁下）鈔批卷二七：「立明：迦葉佛及本師釋迦，剎利家生，當來彌勒佛，大婆羅門家生等，是曰『二家』也。」（四三頁上）

〔九九〕**二輪**　簡正卷一六：「謂僧有法輪，能摧煩惱。王有力輪，今出家人賴彼力輪外護，不被惡人侵擾，乃得修行安樂。」（九九八頁下）鈔批卷二七：「私云：國王有威勢，是為力輪。道門多軌則，名為法輪。若不得力輪將護，法輪則無由得轉。此是稱歎王之辭也。」（四三頁上）資持卷下三：「『法輪』即佛法，『力輪』是王臣。」（四○五頁下）

〔一○○〕**又不得形相他身**　資持卷下三：「『又』下，誡觸犯。形相，謂以形相人。」（四○五頁下）

〔一○一〕**欲有所論，當說已而去**　資持卷下三：「『欲』下，聽陳意。」（四○五頁下）

〔一〇二〕俗人若言　資持卷下三：「『俗』下，示應答。恐有遺忘緣阻，故言皆不定。」
（四〇五頁下）

〔一〇三〕若入諸居士富家　資持卷下三：「次，明入居士舍。初，制不應令他慚恥，
失敬信故。」（四〇五頁下）

〔一〇四〕應云　資持卷下三：「『應』下，示慰諭。方便引接，發彼善故。」（四〇五
頁下）

〔一〇五〕得食輪已，乃轉法輪　簡正卷一六：「謂佛初成道後，在樹下坐，未有食力，
身心疲劣，得賈人麨蜜已，方趣鹿苑，轉四諦法。故知食能摧飢虛之患，
（九九八頁下）亦得為輪也。」（九九九頁上）

〔一〇六〕形訾　資持卷下三：「入外道眾，二節同上。『形訾』謂形言毀辱。此門所明
『說法儀式』，然事相交雜，不唯說法。或作門師，或是接對，或令教導。
又復，說法之式，不專導俗，為師訓道義亦同。然事類相投，寄此明耳。」
（四〇五頁下）

〔一〇七〕應譽實事　鈔批卷二七：「謂見外道，應隨時歎譽。汝能捨兄弟、父母、繫
縛恩愛等也。過德而談，名之曰譽。」（四三頁上）

二、明受戒法

就中分三〔一〕。

初，翻邪三歸

又分為四：一、制意，二、懺悔法，三、立歸法，四、總料簡。

初中。涅槃云：一切眾生，怖畏生死、四魔，故受三歸〔二〕。名一義
異〔三〕，或時說「三」為「一」〔四〕，說「一」為「三」〔五〕。諸佛境界，
非二乘所知。又，金翅鳥，不噉受三歸龍〔六〕。餘如義鈔〔七〕。

二懺悔法〔八〕。以信邪來久，妄造非法，今創歸投，必翻邪業〔九〕。
阿含等經，並令先悔〔一〇〕。涅槃云「發露諸惡」——從生死際，所作諸
惡，悉皆發露，至無至處〔一一〕。如第十卷說〔一二〕。必論設懺，隨時誦
習，亦得通用〔一三〕。

三作法〔一四〕者。智論云〔一五〕：互跪合掌。在比丘前，五眾得作。當
教言：「我某甲，盡形壽歸依佛，歸依法，歸依僧〔一六〕。」三說。即發善
法。次結云：「我某甲，盡形壽歸依佛竟，歸依法竟，歸依僧竟。」三說。
薩婆多：若淳重心，具教、無教〔一七〕。

四雜料簡。大集云〔一八〕：妊娠女人，恐胎不安，先受三歸已，兒

無加害；乃至生已，身心具足，善神擁護〔一九〕。薩婆多：五道皆得受三歸，無受戒法〔二〇〕；亦得一年、半年、五三日間受之〔二一〕；不得戒〔二二〕也。

二、明五戒〔二三〕者

分三：一、簡人是非，二、作法差別，三、料簡之。

初中

成論云：五逆罪人、賊住、汙尼，毗尼中不聽作〔二四〕。由為惡業所汙，亦障聖道，不聽出家。若為白衣〔二五〕，得善律儀，不遮修行施、戒等善，有世間戒何咎〔二六〕？薩婆多中〔二七〕：若有先犯五戒、八戒及十、具戒，而犯重者，更受不得〔二八〕。故先明發戒之緣。善生云：此戒甚難，能為沙彌、大比丘及菩薩戒而作根本〔二九〕。戒有五種，隨受一分，即得一戒〔三〇〕。「汝今欲受何分之戒？」智者隨語為受。

二作法〔三一〕者

「我某甲，歸依佛，歸依法，歸依僧，盡形壽為五戒優婆塞〔三二〕。如來至真等正覺，是我世尊〔三三〕。」三說。「我某甲，歸依佛竟，歸依法竟，歸依僧竟，盡形壽為五戒優婆塞。如來至真等正覺，是我世尊。」三說。智論，戒師應語言：「汝優婆塞聽：是多陀阿伽度、阿羅呵、三藐三佛陀，為優婆塞說五戒法相〔三四〕。汝當聽受。盡形壽不殺生，是優婆塞戒，能持不？答：「能。」盡形壽不盜，是優婆塞戒。能持不？答：「能。」盡形壽，不邪婬〔三五〕、不妄語、不飲酒〔三六〕，並準上說。是為在家人五戒〔三七〕，汝盡形受持。當供養三寶。勸化作諸功德。年三、月六〔三八〕，常須持齋。用此功德，迴施眾生，果成佛道。

三料簡

成論云：隨受一、二、三，皆得律儀。亦開重受、重發得戒，亦隨日多少而受〔三九〕。

多云：應五眾邊受，不得俗邊〔四〇〕。

智論：以六齋日是惡鬼奪人命日，劫初聖人教人一日不食為「齋」〔四一〕。後佛出世，語云：「汝當一日一夜，如諸佛持八戒，過中不食，是功德將人至涅槃。」問〔四二〕：「口中四過，何為但有妄語？」答：「但舉妄語，餘三並攝〔四三〕。又，佛法貴實語，故在先攝也。如說十善為總戒相，別相無量。『不過中食』攝入『不貪』中。如是準知〔四四〕。」又

云：一人生國土，皆共作因緣。謂內法與外法為因緣〔四五〕。如惡口故，地生荊棘；諂曲心故，地則高下不平；慳貪多故，水旱不調，地生砂礫。不作上惡者，地則平正。如彌勒佛時，人行十善，地多珍寶。

增一云：由行十惡故，使外物衰耗，何況內物〔四六〕！廣如四十三卷。中含第三十三卷、善生長者經〔四七〕中，明俗人行法，及禮事六方。薩婆多云：五戒之中，酒戒最重〔四八〕。餘廣如善生經七卷中具明。

三、明八戒法〔四九〕

薩婆多等云：若從五眾受〔五〇〕。必無人者，但心念口言〔五一〕「自歸三寶，我持八戒」，亦得。

次受法者。智論云：受一日戒法，長跪合掌，應作是言〔五二〕：「我某甲，今一日一夜，歸依佛，歸依法，歸依僧，為淨行優婆塞〔五三〕。」三說。某甲，歸依佛竟，乃至僧竟，一日一夜，為淨行優婆塞竟。次為懺悔〔五四〕。「我某甲，若身業、口業、意業不善，貪瞋癡故，若今世、先世，有如是罪。今日誠心懺悔，三業清淨，受行八齋。」是則布薩〔五五〕。論云如此，應在受前〔五六〕。次為說相〔五七〕。「一、如諸佛盡壽不殺生，我某甲一日一夜不殺生亦如是〔五八〕；如諸佛盡壽不盜，我某甲一日一夜，不盜亦〔五九〕如是；如諸佛盡壽不婬，我某甲一日一夜不婬亦如是；如諸佛盡壽不妄語，我某甲一日一夜不妄語亦如是；不飲酒，不坐高大牀上〔六〇〕，不著華鬘瓔珞及香塗身熏衣〔六一〕，不自歌舞作樂及故往觀聽，亦如是〔六二〕。已受八戒〔六三〕，如諸佛盡壽不過中食〔六四〕，我某甲一日一夜不過中食亦如是。我某甲受行八戒，隨學諸佛法，名為布薩〔六五〕。願持是布薩福報，願生生不墮三惡道、八難〔六六〕。我亦不求轉輪聖王、梵釋天王世界之樂〔六七〕。願諸煩惱盡，逮得薩云若，成就佛道〔六八〕。」增一阿含「八關齋法〔六九〕」廣發大願，一如三十八卷。具如鈔、疏〔七〇〕。

僧祇，佛告比丘：「今是齋日，喚優婆塞，淨洗浴，著淨衣，受布薩法〔七一〕。」十誦：聚落上座見俗人來，為說深法，示邪正道〔七二〕。應說知見〔七三〕，教布施、持戒、忍辱、行善、受持八戒。增一〔七四〕：若受八齋，先懺悔罪，後便受戒。廣如十六卷中。中含〔七五〕：多聞聖弟子，持八支齋時，憶念如來十號名字〔七六〕，若有惡思、不善，皆滅。廣如齋經中〔七七〕。善生云：受八戒者，除五逆罪，餘一切罪皆滅〔七八〕。成實

云：功德與無漏人等〔七九〕；亦得隨受一二三，及日月長短，並成〔八〇〕。俱舍云：莊嚴者，除非舊莊嚴，不生極醉亂心〔八一〕。善生：受八戒，不得多，唯獨受〔八二〕。<u>五分</u>：比丘成就八法，毀三寶及戒，欲不利諸五戒〔八三〕；五戒人應不敬信。若優婆塞瞋，比丘不往其家〔八四〕。聚落亦爾〔八五〕。雜含云：何名優婆塞？在家清白，修習淨住，男相成就，口說三歸〔八六〕是也。

【校釋】

〔一〕就中分三　簡正卷一六：「若通明三歸有五。於中，『具戒三歸』，佛在日便癈。『十戒三歸』，如下卷沙彌篇自辨。今此任說『香邪』（原注：『香』疑『番』。）及五、八戒三歸。」（九九九頁上）鈔批卷二七：「私云：即三皈、五戒、八戒為三也。案辨正論云：因尸利而說三皈，因末伽而說五戒，為伽王而說十戒善，為長者而說六齋三皈。勸令捨邪五戒，防其行惡；十善使其招貴，六齋令其得樂。注云：皈者，向也。戒，由止也。善者，嘉也。齊（【案】『齊』疑『齋』。）云，肅也。（四三頁上）教其皈向三尊，防止五欲，備延嘉晚，（未詳。）肅敬容儀。」（四三頁下）

〔二〕怖畏生死、四魔，故受三歸　資持卷下三：「制意引經。初正明受意。即多論云：如人獲罪於王，投向他國，以求救護。眾生亦爾，繫屬於魔，有生死過，歸向三寶，魔無如之何？故知，若受三歸，得脫生死。煩惱魔者，三毒劫善故；五陰魔者，遷謝不停故；死魔者，逼切報命故；天魔者，撓令退道故。四皆惱害，不能自由，故名魔也。」（四〇六頁上）簡正卷一六：「謂未歸佛、法、僧時，繫屬四魔境界。今既歸投三寶，永離魔怨故也。」（九九九頁上）鈔批卷二七：「對此因說散脂鬼神事，如觀佛三昧經抄。」（四三頁下）

〔三〕名一義異　資持卷下三：「『名』下，次彰法勝。名一義異者，彼經第五自解云：佛常、法常、比丘僧常，此明如來欲示眾生常住真心一體二寶故。於方便教中，隨宜離合，故云諸佛境界等。既知方便，本為引實，今受三歸，無非顯性。機雖未達，可使由之，而授者用教，不可不知之。」（四〇六頁上）鈔批卷二七：「立謂，如涅槃云：佛常、法常、僧常，此是名一。又云：佛名為覺、法名不覺、僧名和合，此是義異。又云：至覺名佛，至軌名法，至和名僧，此是義異。濟云：直言皈依是名一，以皈依之名是一也。然皈依通於三寶，佛僧故言義異也。」（四三頁下）

〔四〕說「三」為「一」　簡正卷一六：「『一體三寶』也。」（九九九頁上）鈔批卷

二七：「立謂：『一體三寶』與『別三寶』，而名是同，其義各異。若一體中，流出三種，此則是『一』中說『三』也。若合『三』從『一』體，即是說『三』為是『一』也。如言佛名為覺、法名不覺、僧名和合，此是說『一』為『三』。如言佛常、法常、僧常，此是說『三』為『一』也。濟云：說『三』為『一』，是一體三寶；說『一』為『三』，是別相三寶也。言說『三』為『一』者，古師解云：佛即是法，法即是僧。玄弉法師不許此說：若言三寶之名，皆從真如上起，真如是『一』，故於『一』上說『三』。『三』依『一』起，故曰『說三為一』。豈得言佛即是法、法即是僧！猶如依地造舍塔，豈得言『舍』即是『塔』，『塔』即是『舍』！但是『所依』是『一』，然『能依』不得是同。」（四三頁下）資持卷下三：「如多論問：『佛亦是法，法亦是佛。僧亦是法，正是一法，有何差別？』答：『雖有一義，相有差別。無師大智，一切功德是佛寶，盡諦涅槃是法寶，聲聞、學無學功德是僧寶是也。』」（四〇六頁上）

〔五〕說「一」為「三」　簡正卷一六：「說為『三』者，『別相三寶』也。如上名義，同異或三。或一為三，此之境界，唯佛能知，非二義大（原注：『義大』疑『乘小』。）聖而測度也。」（九九九頁上）資持卷下三「經云：『云何為一？』佛告摩訶波闍波提憍曇彌『莫供養我，當供養僧。若供養僧，即得具足。汝隨我語，則供養佛；為解脫故，則供養法；為受用故，則供養僧。』」（四〇六頁上）扶桑記：「準鈔文並記釋是寫誤，合作『說三為一』。『說三為一』亦爾。」（三五八頁上）【案】北本涅槃卷五，三九五頁下。

〔六〕金翅鳥，不噉受三歸龍　資持卷下三：「『又『下，顯功能。故知三寶加護，不為他害。龍畜尚爾，況於人乎！」（四〇六頁上）簡正卷一六：「經中本喻死王如鳥，今此明三歸力也。」（九九九頁上）【案】北本涅槃卷一二，四三七頁中。

〔七〕餘如義鈔　簡正卷一六：「如羯磨疏，云（原注：『云』疑『六』。）門分別：一、辨體，二、歸依意，三、境寬狹，四、真偽，五、作法不同，（【案】此處列五，第六見下文。）云約趣分別。且第一明業體者。謂『能歸依』，語表為體，即聲唯色蘊棟（原注：『棟』疑『攝』。）。若兼眷屬，具五蘊性。『所歸境』者，俱舍云：歸依成佛僧，無學二種法，及涅槃擇滅，（九九九頁上）是說具三歸。且『歸依佛『者。有部師云：唯取佛身中無學法，以此法能成佛故，不歸依身。次，身共我無別故，若准世親論師，亦歸依身，以是勝法所依處故，如惡心出生身佛血歸（原注：『歸』疑『得』。）罪，以色身是法身氣故，反顯

歸依，亦得福也。二、歸依法者。唯擇滅涅槃法也。三、歸依僧者。謂歸依僧身中，學、無學二種勝法，亦以此二法，能成僧故。（第一門竟）。二、歸依意者。以救護歸投為義也。如人犯於王，投向他國，欲求救護。彼國王言：『汝欲無畏，莫出我境，莫違我教。』（我境者，四念處；他境者，五欲樂。我教者，以心為師；佗教，謂心師也。）如昔，一鴿為鷹所逐，初心（原注：『心』疑『以』。）入佛影，泰然安樂故，後向<u>舍利弗</u>影中，戰恐如初，以習未盡故也。問：『若審能護者，<u>提婆</u>出家，何以墮地獄？』答：『以歸三寶，心不真故，常樂名利，自號為佛，與佛競化故。又，<u>調達</u>雖在<u>阿鼻</u>，以本歸心，受苦亦輕。如<u>闍王</u>雖造逆，以歸深信，轉<u>阿鼻</u>罪為<u>黑繩</u>。雖處<u>黑繩</u>，如在人間，七日受盡，亦是歸依之力也。』（第二門竟。）三、境寬狹者。論云：通歸三世佛，不唯於釋迦，以同法身故，僧法亦爾。（第三門竟。）四、約境真偽者。唯真非偽也。（九九九頁下）五、作法不同。有總有別：言總者，一時三說，後方三結；別者，一說後，旋結也。六、對趣者。五趣皆得受三歸，輕繫地獄亦得二。」（一〇〇〇頁上）<u>資持</u>卷下三：「<u>義鈔</u>即受戒法中。<u>業疏</u>委備，此不煩引。」（四〇六頁上）

〔八〕**懺悔法** <u>鈔批</u>卷二七：「立明：『懺』謂已作者令滅也。『悔』謂斷相續心，不復更作也。」（四三頁下）

〔九〕**以信邪來久，妄造非法，今創歸投，必翻邪業** <u>資持</u>卷下三：「初敘意。但使未歸三寶，皆名信邪。隨順生死，皆名邪業。」（四〇六頁上）

〔一〇〕**阿含等經，並令先悔** <u>資持</u>卷下三：「『阿含』下，引示。涅槃生死際，即無始時。」（四〇六頁上）【案】<u>增含</u>卷一六，六二五頁下。

〔一一〕**從生死際，所作諸惡，悉皆發露至無至處** <u>資持</u>卷下三：「涅槃『生死際』，即無始時。『無至處』即『未來際』，謂成佛果證大涅槃，即名涅槃，名無至處。言其臻極，更無所至故。<u>業疏</u>云：從『生死際』至『涅槃際』是也。」（四〇六頁上）<u>簡正</u>卷一六：「至無處者，由歸三寶，漸漸修行，得至無住處涅槃也。」（一〇〇〇頁上）<u>鈔批</u>卷二七：「至無至處者，此是<u>涅槃</u>第九云：從生死際，所作諸惡，悉皆發露至無至處者。疏問曰：『何者是至無至處？』答云：『涅槃無方名無至處。又解云：無至名無始。從無始已來，皆盡發露，故曰無至處也。』」（四三頁下）【案】<u>南本涅槃</u>卷九，六五九頁。

〔一二〕**第十卷說** <u>資持</u>卷下三：「彼云：自念所作，一切不善，如人自害，心生恐怖。驚懼慚愧，除此正法，更無救護，還歸正法等。」（四〇六頁上）

〔一三〕**必論設懺，隨時誦習，亦得通用** 資持卷下三：「『必』下，指法。『隨時』謂逐人別述，『通用』謂如諸經但懺三世十惡等。」（四〇六頁中）

〔一四〕**作法** 簡正卷一六：「作法中，有三：初，正明三；次，結法；三、示得戒之心。謂三歸竟時，便發得處中善，不取結歸。（東塔行事，皆取三結竟時得善。乃至五戒亦爾，蓋是知分齊也。）」（一〇〇〇頁上）

〔一五〕**智論云** 資持卷下三：「智論有三：一、具儀，二、對境，三作法。道眾望俗，皆是師位，故註通之。」（四〇六頁中）

〔一六〕**我某甲，盡形壽歸依佛，歸依法，歸依僧** 資持卷下三：「言『某甲』者，稱己名也。盡形壽者，述所期也。歸三寶者，是所投也。言發善者，明非戒也。」（四〇六頁中）

〔一七〕**若淳重心，具教、無教** 資持卷下三：「引多論以示成不。若輕浮心，則無，無教故。」（四〇六頁中）【案】多論卷一，五〇五頁上～中。

〔一八〕**大集云** 資持卷下三：「大集：母受兼資於子。」（四〇六頁中）【案】大集卷三二，二二一頁中。

〔一九〕**善神擁護** 簡正卷一六：「准七佛神呪經說，三歸各有三神所護也。」（一〇〇〇頁上）資持卷下三：「準大灌頂經，一『歸』，十二天神，總三十六神。」（四〇六頁中）鈔批卷二七：「私云：上來三『受』，早（原注：『早』疑『是』。）得戒法，復更三『結』，示勸持也。下亦例然。唐三藏云：類於白四羯磨，唯作一結。今文三結，古德翻經迷教耳。南山闍梨，行事之時，或時一結、或時三結。」（四三頁下）

〔二〇〕**五道皆得受三歸，無受戒法** 資持卷下三：「多論對戒簡異，有三。初，簡趣。五道，除人已外。無受戒者，即彼宗所計。成論、善見：龍畜得受五戒。業疏云：多論據無知者，人猶不得，何況鬼畜？如餘得者，謂有知解也。」（四〇六頁中）簡正卷一六：「問：『何故經中說龍女受一日戒？』答：『准多論，無知之人尚不許，況是畜生？此約變為人形，解人言議，故容許可。』」（一〇〇〇頁上）【案】多論認為，五道之中，波羅提木叉唯人道得受，另外四道不得。多論卷一，五〇九頁中。

〔二一〕**亦得一年、半年、五三日間受之** 資持卷下三「『亦』下，次，簡時。五戒須盡形，八戒局日夜。成宗不爾，如下所明。」（四〇六頁中）

〔二二〕**不得戒** 資持卷下三「『不』下，簡法。如後五、八。三歸言下，即發戒故。」（四〇六頁中）【案】多論卷一，五〇八頁～五〇九頁。

〔二三〕**五戒**　鈔批卷二七：「辨正論（【案】『辨』疑『辯』。）云：同於外書，有五常之教，謂仁、義、禮、智、信也。愍傷不殺曰仁，防害不婬曰義，故（【案】『故』疑『持』。）心禁酒曰禮，清察不盜曰智，非法不言曰信。此為『五德』，不可造次而戲（原注：『戲』疑『虧』。），不可須臾而癈。王者履之以治國，君子奉之以立身：用（原注：『用』疑『由』。）無暫替，故曰『五常』；在天為『五緯』（原注：『緯』疑『緯』），在地曰『五岳』，在處曰『五方』，在人為『五藏』，在物為『五行』。持之為『五戒』。又，案天地本起經云：劫初之時，人食地肥，有一眾生，傾取五日之食，因制『盜戒』；以食地肥而生食欲，因制『婬戒』；以婬欲故，共相欺奪，因制『殺戒』；以末欲故，妄語諂曲，因制『不妄語戒』；以飲酒故，（四四頁上）昏亂行非，因制『酒戒』。討尋五戒之興來久矣，萌於天地之始，形於萬物之先故也。」（四四頁下）【案】辯正論卷一，大正藏第五二冊，四九三頁中。

〔二四〕**五逆罪人、賊住、汙尼，毘尼中不聽作**　資持卷下三：「初成論據十三難。並是戒障。今明七難，白衣時有，但障十具，故云毘尼不聽等。」（四〇六頁中）

〔二五〕**若為白衣**　資持卷下三：「不障五、八，故云『若為白衣』等。」（四〇六頁中）

〔二六〕**有世間戒何咎**　簡正卷一六：「世間戒者，謂五戒也。謂上列人，若受具戒不發，若受五戒，許得律儀。」（一〇〇〇頁上）資持卷下三：「『世間戒』對上出家即『出世戒』。自餘六難，邊須已受，破局大僧，黃形非畜，重故不論。」（四〇六頁中）鈔批卷二七：「立明：如上作五逆罪人、污尼等者，不得與出家，不發無作之戒體。若欲受五戒，應得善律儀，是世間善行也，不得出家無作戒體。礪問：『五、八等受是何時發？』『諸說不同。或云三皈竟時發，有云說相竟時發。今定判之，謂三皈竟時則發戒也。』多論云：欲受五戒，先受三歸。三歸竟，爾時已得五戒。所以說五戒名者，欲使前人識五戒名字，如受具白四竟，為說四重等例也。勿輕五戒，大有功能。婆沙論云：三災起時，謂中劫之中有三小災：一、刀兵，二、疫病，三、飢饉。初，刀兵劫：將欲起時，謂眾生壽命漸減，乃至十歲，其身極至一搩一握人，為非法嗔毒增上，相見便起猛利害心。如今獦師，見野禽獸，隨□所執，皆成刀杖，各逆凶狂，互相殘害。七日七夜，死亡略盡。瞻部州內，纔餘萬人，各起慈心，漸增壽量。爾時，名為刀兵中劫。次，疾疫劫：人壽十歲為非法，非人吐毒，疾疫流行，遇輒命終，難可救療，都不有醫藥之名。（四四頁下）時經七年七月七日七夜，疾疫流行，死亡略盡。瞻部州內，纔餘萬人，各起慈心，漸增壽量。爾時，名為疾

疫中劫。飢饉劫：人極十歲為非法，天龍忿責，不降甘雨。由是世間，久遭飢
饉。或一家中，傳籌而食，籌到之日，得少麤飡；或排故場，得少穀粒，多用
水煎，分共飲之；或取白骨，煎汁而飲。然彼時人為益後人，輟其所食，置於
小筐，擬為種子。即瑜伽論云：遇得一粒稻麥粟稗，藏置箱筐，而守護之。如
是飢饉，經七年七日七夜，飢饉所逼，死亡略盡。瞻部州內，纔餘萬人，各起
慈心，漸增壽量。爾時，名為飢饉中劫。若欲治此三災者，若能一晝一夜持不
殺戒，於未來生，決定不逢刀兵劫起。若有能以一呵梨勒果，起殷淨心，奉施
眾僧，於當來世，決定不逢疾疫劫起。若有能以一摶之食，起殷淨心，奉施眾
僧，於當來世，決定不逢飢饉劫起。上言殷淨心者，殷勤清淨之心。又須淨
物，夫以布施將不淨衣食施者，後獲果報，悉不清淨。」（四五頁上）【案】成
論卷八，三〇三頁上。

〔二七〕**薩婆多中**　資持卷下三：「多論唯簡邊罪。（舊云約未懺為言，非也。邊罪永
障，何得論懺？業疏明懺日，通成論七難人曰二唐死。）」（四〇六頁中）

〔二八〕**若有先犯五戒、八戒及十、具戒而犯重者，更受不得**　簡正卷一六：「若受五
戒，許得律儀，更受不得者，據未懺者。論云：若已懺者，應得。故業疏云：
准此有過，如文不開，必懺蕩已。二教無違，但業重郭深，又發具也。疏又問
云：『前番邪何不簡人？』答：『番邪皆邪，初心難拔，歎然（原注：『歎然』
二字不詳。）迴向，宜即引歸。若更覆疎，容還舊跡。五戒不爾，先已歸正，
心性調柔，堪忍我例，故須略簡，方入道門。（一〇〇〇頁上）五體有虧，三
乘無訖也。』（上是疏文。）」（一〇〇〇頁下）鈔批卷二七：「立明：此文前三
兩行，上文引成論，文有相違。上成實中，賊住汙尼人得受五戒，今此多論，
欲似不許。」（四五頁上）資持卷下三：「初，令示緣境，同前具戒，情境皆同，
非情唯酒。業疏云：將欲受戒，初須為說緣境寬狹，令受者志遠，見相明白。」
（四〇六頁中）【案】多論卷一，五〇七頁中。

〔二九〕**此戒甚難，能為沙彌、大比丘及菩薩戒而作根本**　資持卷下三：「『善生』下，
次，歎戒功。『甚難』謂功深難得，不可輕受。三戒由生，故是根本。即善戒
經：不受五戒，不發十戒，乃至展轉不發菩薩戒等。」（四〇六頁中）【案】優
婆塞戒經卷三，一〇四七頁下。

〔三〇〕**戒有五種，隨受一分，即得一戒**　資持卷下三「『五種』即五條。隨人所能，
多少皆得。若受一戒，名一分優婆塞；二戒，名二分；三戒，名少分；四戒，
名多分；五戒，名滿分。先陳戒相，審問所能，然後為受。準業疏，三歸直授

五戒，簡人者以翻邪。（四〇六頁中）初心難拔，宜即引歸，若更覆疏，容還舊跡。五戒不爾，先已歸正，心性調柔，堪思我倒，故須簡略。」（四〇六頁中）簡正卷一六：「隨受一分者，此同成字也。」（一〇〇頁下）【案】優婆塞戒經卷三，一〇四九頁上。

〔三一〕作法　簡正卷一六：「正明受法也。寶云：若准律文，並無三尊號，亦不稱佛號。或依灌頂經及雜心論，加三尊號。鈔依律本並無，今縱加號，亦是歎美之詞無失，如來不舉三號。問：『前既歸三寶，何更舉號耶？』答：『三寶名通九十六種外道故，後顯正表，非簡濫也。』」（一〇〇頁下）【案】本節科文為二：一者，自「我某甲歸」至「是我世尊」；次科初誡聽，自智論始。

〔三二〕我某甲，歸依佛、歸依法、歸依僧，盡形壽為五戒優婆塞　鈔科卷下三：「初，正納戒體。」（一二五頁下）資持卷下三：「初科，詞句分五：一、陳己名。二、歸三寶迴向境界。三、盡形等顯所期，文舉盡壽或一日夜、或月、或年，隨時自改。四、為五戒者，正立誓也，且舉滿分，或一分、二分，亦在臨機。優婆塞，古翻『清信士』，亦云『近事男』，女云『優婆夷』。」（四〇六頁下）

〔三三〕如來至真等正覺，是我世尊　資持卷下三：「五、『如來』等，結歸正本也。以三寶名通九十六種，後須顯正，非同前濫。由此勝號，外道無故。如來者，乘如實道來成佛也。至真者，體悟無邪也。等正覺者，道同三世也。此實我歸，餘非敬者，故云是我世尊。（此並撮略業疏，釋之餘廣如彼。）前三歸，誓正發戒緣，三法纔竟，即納戒體。後二歸結，是囑非體。」（四〇六頁下）簡正卷一六：「如來者，義（原注：『義』疑『乘』。下同。）如實道來成正覺。至真者，體悟無邪也。等正覺者，道通三世也。此實我歸，餘非敬者，前之三說，正發戒體。後之三結，示戒所歸，即結文也。如白四法四說得戒，後方一結，可以例解。」（一〇〇頁下）

〔三四〕是多陀阿伽度阿羅呵三藐三佛陀，為優婆塞說五戒法相　資持卷下三：「初，誡聽。『多陀』，此云『如』。『阿伽度』，此云『來』。『阿羅訶』（【案】『訶』鈔作『呵』。），此云『應』，（『應』即『應供』。）『三藐三佛陀』，此云『正等正覺』，亦舉三號，令生信奉。」（四〇六頁下）簡正卷一六：「五條戒相，要須解說，令彼識知方能防護。如人識怨，不被怨害等。」（一〇〇頁下）

〔三五〕不邪婬　簡正卷一六：「邪婬一相，相狀難識。准俱舍，通而言之，邪行有四：一、他人妻女等。彼父、母、夫、主所護故；二、自妻餘二道；三、非處，謂露支提，及修梵行之處；四、時非，自妻有胎時、菩薩（原注：『菩薩』疑

『並』。）受律儀時。總名『邪行』攝。問：『何故於餘律儀離非梵行，唯於近事一律儀，但制離欲邪行？』答：『論云：邪行最可呵，易離得不作。准此，有三意：一、侵他妻等，（一○○頁下）惱處不輕，感惡趣故；二、遠離故，若在家人，躭染欲境，令彼全離即難，若離邪行則易。三、諸聖人欲於邪行，決定不得，不作律儀。經生聖者，性戒成就等。』論又問云：『先受近律儀，後娶妻妾，於彼妻妾，受戒之時，得律儀不？』答：『理實應得。』『若爾，云何後非，犯戒？』答：『論頌云：得律儀如誓，非總於相續。謂本受誓而得律儀。本受誓云：我於一切有情，誓斷欲邪行罪也。非總於相續者，且不言我誓總於一切有情相續離非梵行故。於有情得離邪行戒、不得離非梵行戒。故後娶妻妾，所以不成犯戒故。』」（一○○一頁下）【案】十齋日指每月之初一、初八、十四、十五、十八、二十三、二十四、二十八、二十九、三十。俱舍卷一四，七七頁上。

〔三六〕**不飲酒**　資持卷下三「五中，前四性戒，有情境發。後一遮戒，非情境發。飲酒放逸，能作四過，故偏禁之。」（四○六頁下）簡正卷一六：「論頌云：遮中唯離酒，為護餘律儀。意道：遮罪雖多，飲酒罪重，心多放逸，必更犯別律儀，為護諸餘律儀故，制不飲酒也。」（一○○一頁下）【案】俱舍卷一四，七七頁中。

〔三七〕**是為在家人五戒**　資持卷下三「『是』下，囑累有四。初，囑謹護，二、勸作福，三、令受齋，四、教迴向。」（四○六頁下）

〔三八〕**年三、月六**　資持卷下三：「年三者，正、五、九月。冥界業鏡，輪照南洲，若有善惡，鏡中悉現。（或云：天王巡狩四天下，此三月對南洲；又云：此三月，惡鬼得勢之時，故令修善。）月六，白黑兩半，名有三日。按智論：初、八，天王使者下；十四，天王太子下；十五，天王自下；觀察眾生善惡。二十三、二十九、三十日，亦爾。（小盡，準布薩應用初一。）持齋者，或受八戒，或但持齋，中前一食，中後不得妄噉。（今多蔬菜，不節晚食，此雖非齋，猶勝輩（【案】『輩』疑『葷』。）血。又有飲水周時為清齋者，此乃邪術。一切眾生，仰食而住，但勿過中，是佛正教。）」（四○六頁下）【案】以上智論卷一三，一五九頁下。經律異相卷一，一頁下。

〔三九〕**亦開重受、重發得戒，亦隨日多少而受**　資持卷下三「成論對反有宗，三皆偏局：（四○六頁下）一、須具受，二、不重增，三、定盡形。」（四○七頁上）簡正卷一六：「依成宗許漸受，亦開重。如末利夫人第二、第三，重受五戒，

即其證也。」（一〇〇一頁下）【案】成論卷八，五〇九頁上。

〔四〇〕應五眾邊受，不得俗邊　資持卷下三「疏云：皆是弘法之人故，俗雖曾受，非故不聽。」（四〇七頁上）【案】多論卷一，五〇九頁上。

〔四一〕以六齋日是惡鬼奪人命日，劫初聖人教人一日不食為「齋」　資持卷下三：「智論初段，六齋緣起，異上智論，蓋所出不同。先雖奉齋，盡日不食，復無善法，佛因誘接，故為加改。」（四〇七頁上）鈔批卷二七：「劫初聖人等者，私云：劫初時，此六齋日死病者多，時有一智人，令其此日中、後不食，食則鬼得其便，不食鬼無奈何。到後時，佛出世果（原注：『果』疑『間』。），令此日持齋，更加八戒。又，復今時一切暴病人，唯須斷食，故目連弟子病。目連上天問耆婆：『當如何治？』耆婆教言：『斷食為本。出多論及報恩經。今時人病，不解此法，強勸其食，故病難差。前見日照三藏，若病則不食米粒。人問其故，云：『吾國法爾，待差當食。』」（四五頁下）【案】鈔科卷下三：「智論」下分三：初，「智論」下，明齋日；二、問答下，明口過；三、「又」下，示因果。

〔四二〕問　資持卷下三：「問中，若據有部，但發四支，成宗具七，與論頗同，故引示之。」（四〇七頁上）

〔四三〕答　資持卷下三：「答中，初約義釋，上二句正答舉一。『又』下，轉釋舉妄。恐云『何不於餘三中趣舉一耶』，故此釋之。『如』下，引例。」（四〇七頁上）簡正卷一六：「答意以佛法貴如實（原注：『實』疑『寶』。）。既淨口業，不妄語，必不作餘三也。故舉十善為例，是二百五十戒之總相，不離此十故。『又云』下，如前罵戒已引。」（一〇〇一頁下）【案】智論卷四六，三九五頁中。

〔四四〕如是準知　資持卷下三「十善攝無量，妄語攝餘三。相比無異，故云準知。」（四〇七頁上）

〔四五〕內法與外法為因緣　資持卷下三「文如隨相，罵戒具釋。『內法』即往業，『外法』即依報。」（四〇七頁上）【案】智論卷九二，七〇八頁下。

〔四六〕由行十惡故，使外物衰耗，何況內物　鈔科卷下三：「『增』下，總指。」（一二六頁下）資持卷下三「增一意亦同上。『內物』即正報。以疏況親，必招殃禍。」（四〇七頁上）【案】增含卷四三，七八一頁上。

〔四七〕善生長者經　簡正卷一六：「如善生七卷中者，彼『五戒品』云：優婆塞戒有無量功德，能壞無量弊惡之法，眾生無邊受苦亦爾，難得人身。雖得人身，諸根難具等。」（一〇〇一頁下）鈔批卷二七：「善生經云：有長者子名善生，白佛言：『外道六師，常說法教，化眾生言。若能晨朝，敬禮六方，則得增長命

之與財。何以故？東方之土屬于帝釋。有供養者，則為帝釋之所護助。南方屬閻羅王，西方屬婆婁那天，北方屬拘毗羅天，下方屬火天，上方屬風天。有供養者，彼皆護助。世尊頗有如是六方不耶？』佛言：『我佛法中，亦有六方。所謂六波羅蜜，東方即是檀波羅蜜，何以故？日（原注：本經無『日』字。）始初出者，為出智慧光明因緣故。彼東方者，屬眾生心，若有眾生，能供養彼檀波羅蜜，則為增長壽命與財。南方即是尸波羅蜜，西方即屬提波羅蜜，北方即毗梨耶波羅蜜，下方即禪波羅蜜，上方即般若波羅蜜。有供養如是六方，皆得增長命之與財。六方者，屬眾生心，非如外道六師所說。如是六方，誰能供養？唯有菩薩乃能供養耳。」（四六頁上）【案】優婆塞戒經卷六，一〇六三頁下。

〔四八〕五戒之中，酒戒最重　鈔批卷二七：「故涅槃云：酒為不善，諸惡根本。若能除斷，則遠眾罪。又，能作四逆等。案多論問曰：『五戒中，幾是實戒，幾是遮戒？』答：『四是實戒，（四六頁上）一是遮戒。所以同結為戒者，以酒是放逸本，能犯四戒。如迦葉佛時，優婆塞飲酒，故婬他婦、盜雞、殺他人。問時，答言不作。以因酒故，一時犯四戒，又能造四逆，唯不能破僧。又得狂亂報，失一切善業。以此多緣，與性戒罪同。』」（四六頁下）【案】多論卷一，五〇六頁下。

〔四九〕八戒法　簡正卷一六：「此亦據條數以言也，餘如常說。業疏云：諸『戒』為『齋』、為『關』者，眾名乃異，莫不攝淨歸心。『八』是所防之境，『戒』是能治之業。齋者，齊也。」（一〇〇一頁下）【案】初，「薩婆多」下；二、「次受法」下；三、「僧祇佛」下。

〔五〇〕從五眾受　鈔科卷下三：「初，明自、他。」（一二六頁上）簡正卷一六：「心念受也。從五眾者，業疏云皆是弘法之人故。俱舍云：近住於晨旦，下座從師受。晨旦者，謂日出時，要經一晝夜。若有緣礙，齋後亦得。二、須下座，在座前或蹲或跪，曲躬合掌；除有病。三、從師受，謂必從師，不可自受，已後若遇諸犯戒緣，由媿戒師，張（原注：『張』一作『能』。）不違犯。准成、智二論，若無人時，亦開自受，暫接供故。（表大德云：唯八戒開自受，五戒定不，以無教文也。）」（一〇〇二頁上）【案】多論卷一，五〇九頁上。

〔五一〕心念口言　資持卷下三：「多論開『心念』者，即『自誓受』。疏云：非謂常途故。彼文云：若無人時，得『心念受』，明緣開也。」（四〇七頁上）【案】成論卷八，三〇三頁下。

〔五二〕**應作是言** 鈔科卷下三：「初，作法戒體。」（一二六頁中）資持卷下三「初，教具儀。『應』下，正受法。一日一夜，合在三歸之下。文為四段：初，稱名；二、歸境；三、限期，準下成論，受通長短，隨人加改；四、立誓。疏云：言淨行者，以所期時，奉持九支，同諸佛故。（又簡五戒，不斷正婬故。）不言『如來正覺』者，五戒初離邪緣，故以正隔之。今此重增，復何須也？」（四〇七頁上）【案】「受法」文分三：初，作法戒體；二、懺悔立期；三、說相發願。智論卷一三，一五九頁中。

〔五三〕**淨行優婆塞** 簡正卷一六：「以自妻亦斷，不同五戒也。不言如來等正覺者，以五戒初離邪緣故，以正隔之。今於五上重增，故不言也。縱依前加，理亦不失。」（一〇〇二頁上）鈔批卷二七：「所以前五戒能具持者，名『滿分優婆塞』。此以八戒中，直言『淨行優婆塞』者，為八戒是隨佛出家，自妻亦不犯，故得『淨行』之名。五戒唯制邪婬，自妻作時無犯，故不得『淨行』名也。成論云：八戒優婆塞，此是梵音。若正從本音『鄔婆塞迦』，唐翻『善宿』，是人善心離破戒，故云然也。古錄以為『清信士』者，『清』是離過之名，『信』為入道之本，『士』即男子之通稱也。有師解云：優婆塞者，言近住，以持五、八等戒，漸近聖住，故曰也」（四六頁下）【案】「受法」文分三：初，作法戒體；二、懺悔立期；三、說相發願。智論卷一三，一五九頁中。智論卷一三，一五九頁中。

〔五四〕**為懺悔** 簡正卷一六：「准智論，受翆在前，懺則在後。今依增云：若受八齋戒，先懺悔罪，後受戒也。」（一〇〇二頁上）

〔五五〕**布薩** 資持卷下三：「『布薩』翻『淨住』，亦云清淨。」（四〇七頁上）

〔五六〕**論云如此，應在受前** 資持卷下三：「理合先懺後受，論中倒列。」（四〇七頁上）

〔五七〕**為說相** 資持卷下三：「初，正說相；『願持』下，二、教發願。」（四〇七頁上）簡正卷一六：「列相中有九者，業疏准多論以齋為體，八事照明，故成齋體。若不持齋，不合受此八戒。『齋』『戒』通言，故成九也。准業疏：分為三位。前四，名戒分，離性多惡故；次一，名齋，不放逸分，由飲酒擾動諸戒故；餘三，名修分。『若不受』下，二分者，因飲酒失念，有諸過也。」（一〇〇二頁上）【案】本節分二：初正說相；「願持」下，發願。

〔五八〕**如諸佛盡壽不殺生，我某甲一日一夜不殺生亦如是** 簡正卷一六：「文言『我某甲』者，即令其口說此相也。若依今作法，但為說了。問『彼能持不』，答

『能』皆得也。」(一〇二頁上)資持卷下三:「初中一一皆言『如諸佛』者,

疏云:舉聖境所行也。『某甲亦如是』者,引已(【案】『已』疑『己』。)同上

也。若準羯磨云:『如諸佛盡壽不殺生,我某甲一日一夜不殺生,能持否?』

(答云:『能持。』)今此所示,全依智論。疏云:有本云『我某甲一日夜不殺

生亦爾』者,直述己契。上同於佛,不假問答亦成說相。(今依羯磨說之。)」

(四〇七頁上)扶桑記引濟緣:「己契者,要誓也。」(三五九頁下)

〔五九〕亦　【案】底本作「一」,據智論和大正藏本改。

〔六〇〕不坐高大牀上　簡正卷一六:「阿含中八種床,謂金、銀、牙角等。」(一〇

二頁下)資持卷下三:「高大床即足高尺六已上也。或可大即(四〇七頁上)

是廣方三肘者。又,阿含八種勝床,金、銀、牙角,嚴飾故勝。佛、師、父母,

從人故勝,不必高廣,並不合坐。」(四〇七頁中)

〔六一〕不著華鬘瓔珞及香塗身熏衣　簡正卷一六:「西方以此為華飾,故制。今但依

常裝飾,皆許也。」(一〇二頁下)資持卷下三:「西土以華結鬘貫首,及用

香油塗身,以為美飾。此方須除帶佩華瓔、脂粉塗面等。」(四〇七頁中)

〔六二〕不自歌舞作樂及故往觀聽亦如是　簡正卷一六:「說文云:先歌曰倡,謂在歌

之前,即行主戲笑等類,恐心蕩逸故。」(一〇二頁下)

〔六三〕八戒　資持卷下三:「準文九戒,而言『八』者,多論云:齋以過中,不食為

體,八事照明,故成齋體。(謂以八戒,禁防非逸,方顯持齋清淨,故云照明。)

共相支持,名八支齋,故言八齋,不言九也。所以不過中,食在後獨明。若依

羯磨,則合『高床』、『歌舞』為一,過中為八。又增一中,過中為第六,合嚴

身觀聽為一。皆所出不同,隨依並得。」(四〇七頁中)

〔六四〕不過中食　簡正卷一六:「中天但有斷食之方,義同此土齋齊之訓。如家國

(【案】『家國』疑倒。)欲祭神祇,先令祭官請(原注:『請』疑『清』。下同。)

身入齋室,不行杖棰之事。今當番經之家,取一分請身之義,故曰『齋』也。」

(一〇二頁下)

〔六五〕我某甲受行八戒,隨學諸佛法,名為布薩　鈔批卷二七:「立謂:『布薩』即淨

住也。五戒自妻不斷,不名布薩。八戒淨行故,得名淨住也。」(四六頁下)

〔六六〕八難　簡正卷一六:「八難者:三塗為三;第四北州,五、長壽天,六、佛前

後,七、世智辨聰,八、諸根不具足。教說四輪,能摧八難:一、願生善處,

摧前五;二、願值善人,摧第六;三、深種善根,摧第七;四、深發正念,摧

第八。故頌云:三塗北長壽,前後諸根智。」(一〇二頁下)

〔六七〕**我亦不求轉輪聖王、梵釋天王世界之樂**　資持卷下三：「『我』下，揀世報。」
（四〇七頁中）【案】智論卷一三，一五九頁中。

〔六八〕**願諸煩惱盡，逮得薩云若，成就佛道**　資持卷下三：「『願』下示所求。『薩云
若』亦云『薩婆若』，此云『一切智』。」（四〇七頁中）鈔批卷二七：「私云：
逮，及也。薩云若者，此外國語，亦名『薩婆若』，翻為『一切智』也。濟云：
翻為『到彼岸智』也。佛地論釋佛義云：佛者具一切智，（謂根本智也；）一
切種智，（後得智也；）能自開覺（原注：『覺』下疑脫「亦能開覺」四字。）
一切有情，如睡夢覺，（喻根本智；）如蓮花開，（喻後得智，（四六頁下）從
此流出戒定慧香，以熏機感心之鼻。）」（四七頁上）【案】智論卷一三，一五
九頁中。

〔六九〕**八關齋法**　資持卷下三：「彼云：我今以此八關齋功德，不墮惡趣八難邊地。
持此功德，攝取一切眾生之惡。所有功德慧施彼人，使成無上正真之道，亦使
將來彌勒佛世三會，得度生老病死。言關齋者，謂禁閉非逸，靜定身心也。鈔
疏今見業疏。」（四〇七頁中）鈔批卷二七：「言八關齋者，羯磨疏云：禁閉非
逸，靜定身心也。」（四七頁上）【案】增含卷三八，七五七頁上。

〔七〇〕**具如鈔、疏**　簡正卷一六：「業疏云：願為前道示（原注：『道示』應作『導』。
下同。），行即後隨，如鳥二翼，如車二輪，方能凌空致遠，闕一不可。」（一
〇〇二頁下）

〔七一〕**受布薩法**　鈔科卷下三：「『僧』下，列雜法。」（一二六頁上）簡正卷一六：
「雜明也。受布薩法者，清淨共住義，即八戒法也。」（一〇〇二頁下）資持
卷下三「僧祇召受，恐俗緣多而不憶故。」（四〇七頁中）【案】「僧祇」下一
節雜明諸相。僧祇卷二九，四六一頁下。

〔七二〕**為說深法，示邪正道**　資持卷下三：「十誦俗來因而勸受。」（四〇七頁中）簡
正卷一六：「一真諦理，依教彼（原注：『彼』疑『修』。）行，自菩提涅槃名
正道，撥無因果名邪道。」（一〇〇二頁下）【案】十誦卷五七，四二〇頁上。

〔七三〕**應說知見**　簡正卷一六：「應說知見，即開示悟入也。」（一〇〇二頁下）

〔七四〕**增一**　資持卷下三「增一先懺後受，證前所註非自意故。」（四〇七頁中）【案】
增含卷一六，六二五頁中。

〔七五〕**中含**　資持卷下三：「『中含』下，三經並明力用。」（四〇七頁中）【案】中含
卷五五，七七一頁上。

〔七六〕**如來十號名字**　簡正卷一六：「十號者，一、如來，倣同先跡號；二、應（平

聲。）供，堪為福田號；三、正遍知，達偽知真號；四、明行足，因果圓滿號；五、善逝，妙往菩提號；（一○○二頁下）六、世間解，窮盡法原號；七、無上士調御丈夫，降生成道號；八、天人師，應根說法號；九、佛，覺悟圓明號；十、世尊，世出世間號。（解此一號，如經論中，今此因便，不勞繁述。）」（一○○三頁上）

〔七七〕廣如齋經中　鈔批卷二七：「謂阿含經，段段當自稱一經。彼有齋經，是一段經也。」（四七頁上）資持卷下三：「齋經，彼云：受齋之日，當習五念：一、當念佛十號；二、當念法，三十七道品，具足不毀；三、當念眾恭敬親附；四、當念戒一心奉持；五、當念天後生天上，終得泥洹。」（四○七頁中）

〔七八〕受八戒者，除五逆罪，餘一切罪皆滅　鈔批卷二七：「案善生經云：除五逆罪，餘罪皆滅。或前教於後受齋，正受便殺，以戒力故。雖復（原注：『復』疑『殺』）一切不得殺罪。據此以論，成大懺也。由於一期，誓心清淨，行同無著，故能割斷業罪也。」（四七頁上）【案】優婆塞戒經卷五，一○六三頁中。

〔七九〕功德與無漏人等　簡正卷一六：「論云：受八戒人，天王福報亦不及。帝釋說偈云：『若人持八齋，其福與我等。』佛止之曰：『若漏盡人，應說此偈。』偈云：『六齋神足日，奉持於八戒，此人獲果報，則為與我等。』准此，帝釋說前偈，佛止不聽，故知受八戒人，福過天帝，與無漏人等也。」（一○○三頁上）鈔批卷二七：「私云：帝釋漏未盡，未出三界，受八戒人，非三界業，故非其『等』。若無漏人，應言與我等也。」（四七頁上）【案】成實卷八，三○三頁下。

〔八○〕亦得隨受一、二、三及日月長短，並成　資持卷下三：「疏云：接俗之教，不可約之是也。（古引多論，半日不得者，猶執部計，準理皆通。）」（四○七頁下）

〔八一〕莊嚴者，除非舊莊嚴，不生極醉亂心　鈔批卷二七：「首疏云：離莊嚴者，離非舊莊嚴。何以故？若常所用莊嚴，不生極醉愛心。此意云：若先暗（原注：『暗』疑『脂』。）粉莊嚴，來受不洗除，無犯。受後若著，是犯。由若先莊嚴，無極醉婬欲心也。」（四七頁上）資持卷下三：「俱舍釋上第七華瓔嚴身，『除非舊』者，謂去新好之飾服。常所用者，故云不生等。『醉』即昏迷，『亂』即散逸。」（四○七頁下）【案】俱舍釋論卷一一，二三二頁中。

〔八二〕受八戒不得多，唯獨受　簡正卷一六：「此約戒師說。五眾之中，隨一人為受，不得二、三人為他受，恐言詞雜亂，互說不同。若能受人，不簡多少。（寶作『授』字呼。今鈔恐錯書『受』字。）」（一○○三頁上）資持卷下三：「恐人

參混，心不專一，泛論歸戒。獨受為佳，則心不他緣，法無通濫。今多眾受，於理雖通，終成非便。（有云：約授戒人說，安有多師同時授戒？本無此理，何須制之。又云，『受』字合作『授』，謬妄之甚。）」（四〇七頁下）【案】優婆塞戒經卷五，一〇六三頁中。

〔八三〕比丘成就八法左，毀三寶及戒，欲不利諸五戒　簡正卷一六：「准五分，諸優婆塞，以小小事瞋嫌比丘。佛言：『不得以小小事瞋責比丘，及不敬信。若比丘成就八法，然後不應敬信。言八法者：毀呰三寶為三，戒為四，欲不利諸優婆塞住處為五，與優婆塞惡名聲為六，欲奪優婆塞住處為七，以非為是欺誑優婆塞為八。』」（一〇〇三頁上）資持卷下三：「五分，初教俗不敬道。八法，文舉前五，毀三寶及戒為四；五、不利優婆塞住處，（遮部彼所受戒；）六、作他惡名稱；七、欲辱彼住處；八、以非法為正法，欺誑於人。（或可此三通以不利改之，故不別舉。）若有此八，許令不敬，以無德故。」（四〇七頁下）【案】五分卷二六，一七五頁上。

〔八四〕若優婆塞瞋，比丘不往其家　資持卷下三：「『若『下，次，教道不往俗。」（四〇七頁下）

〔八五〕聚落亦爾　資持卷下三「上約一家合聚，皆瞋比丘，不往彼聚。」（四〇七頁下）

〔八六〕在家清白，修習淨住，男相成就，口說三歸　資持卷下三：「雜含示名實。『清白』謂不染塵，『修淨』住謂奉戒行，『男相成就』謂有丈夫之操，『口說三歸』謂初須師受。具斯四者，則名實兩副矣。」（四〇七頁下）鈔批卷二七：「男相成就者，立謂：非黃門、二根也。（四七頁上）以有大志操故也。」（四七頁下）【案】雜含卷三三，二三六頁中。

二、明生緣奉敬法

五分：畢陵伽父母貧窮，以衣食供養〔一〕。佛言：「若人百年之中，右肩擔父，左肩擔母〔二〕，於上大小便利，極世珍奇衣服供養，猶不能報須臾之恩〔三〕。從今聽比丘盡心供養父母，不者，得重罪〔四〕。

僧祇：父母不信三寶者，應少經理〔五〕；若有信者，得自恣與，無乏〔六〕。若父母貧賤，將至寺中〔七〕。若洗母者，不得觸，得自手與食〔八〕。父者，如沙彌法無異，一切皆得〔九〕。

涅槃：以佛、法、僧三事常住，啟悟父母〔一〇〕；乃至七世〔一一〕，皆令奉持。乃至自學教人，即名護法者，得長壽〔一二〕等。毗尼母云：若父母貧苦〔一三〕，先受三歸、五戒、十善，然後施與；若不貧，雖受戒，

不合與〔一四〕。四分「阿難請授愛道戒」中云「乳養長大有恩故」，佛言「若聞三寶名字，已是報恩，何況得淨信〔一五〕」等。

雜寶藏〔一六〕：慈童女長者家貧，獨養老母，現世得報緣；鸚鵡孝養盲父母，得成佛緣〔一七〕。增一云：孝順供養父母功德，與一生補處功德一等〔一八〕；文云：教二人作善，不可得報恩〔一九〕，謂父母也。云云。是故，比丘常當孝順供養父母，不失時節。當如是學。

五百問云〔二〇〕：父母盲病，無人供給，得乞食與半。自能紡績〔二一〕，與衣食，犯罪。況為埋藏棺木等。

僧祇：比丘不得喚阿爺、阿郎、阿孃、阿婆、阿兄、阿姊，乃至姨、姑等，不得喚本俗名〔二二〕；準應優婆塞、優婆夷等。增一云：四姓入佛法，同名為釋迦種子〔二三〕，不得依俗姓〔二四〕，比丘當學。善見云：喚婢為「大姊」，不得云「婢」〔二五〕。阿摩，母也；尼者，女也〔二六〕。

若父母死，自得輿屍：增一云：愛道無常，佛自共羅云各扶牀一角等〔二七〕；淨飯王泥洹，佛亦自輿之，山林岐峨踊沒〔二八〕。比丘不須變服，依常為要〔二九〕。

【校釋】

〔一〕畢陵伽父母貧窮，以衣食供養　鈔科卷下三：「初，恩重難報。」（一二六頁上）簡正卷一六：「五分衣法中，畢陵伽父母，貪欲利養，供給不敢，乃以白佛，佛許之。」（一〇三頁上）【案】五分卷二〇，一四〇頁下。

〔二〕右肩擔父，左肩擔母　資持卷下三：「親擔父母者，即執勞奉事。……右父左母者，順陰陽也。或可彼方，偏尊母故。（有云西土以東為尊，左北右南，北是陰故。然人行所向不定，未必如此。）」（四〇七頁下）扶桑記：「若依增一一云：左肩著父，右肩著母。恐是五分傳寫之誤乎！」（三六〇頁下）

〔三〕須臾之恩　資持卷下三：「懷抱長養，至於長大，經涉多時，百年勤苦。不報須臾，況多時乎！」（四〇七頁下）

〔四〕聽比丘盡心供養父母，不者，得重罪　簡正卷一六：「謂違恩養逆也。父如沙彌無異。」（一〇三頁下）鈔批卷二七：「謂其罪業重是逆例也。今時僧尼，深心供養父母，如弟子事師法。」（四七頁下）資持卷下三：「以道供俗，本是污家，唯許二親，故云聽也。得重罪者，違制吉羅，業道重故。（有云逆蘭。詳之。）」（四〇七頁下）

〔五〕父母不信三寶者，應少經理　鈔科卷下三：「『僧』下，節量信毀。」（一二六

頁下）資持卷下三：「逼令歸正故。『經理』謂供給、營幹也。」（四〇七頁下）

【案】僧祇卷二八，四五九頁下。

〔六〕若有信者，得自恣與，無乏　資持卷下三：「必無虛費故。」（四〇七頁下）

【案】「乏」，底本為「之」，据僧祇和、大正藏本、貞享本、敦煌甲本、敦煌丙本及弘一校注改。

〔七〕若父母貧賤，將至寺中　資持卷下三：「無親可歸故。」（四〇七頁下）

〔八〕若洗母者，不得觸，得自手與食　資持卷下三：「『觸』不開親故。」（四〇七頁下）

〔九〕父者，如沙彌法無異，一切皆得　簡正卷一六：「一說云：已受五、八戒後，一切恣意供給也。（有人約洗浴得觸父身，故云一切得，反顯母即不許。未詳。）」（一〇〇三頁下）資持卷下三：「父如沙彌者，養同小眾故。唐僧傳云：敬脫常擔母一頭、經書一頭。食時，留母樹下，（四〇七頁下）入村乞食，用以充繼。又，齋（【案】『齋』疑『齊』。即北朝時高齊。）道紀亦以經書、佛像、老母、掃帚，擔荷而行。每謂人曰：『經不云乎，掃僧地如閻浮，不如佛地一掌許。親供母者，與登地菩薩齊。』人或助擔者，紀曰：『吾母也，非他之母。形骸之累，並吾身也。有身必苦，何得以苦勞人？』所以身為苦先，幸勿相助，此乃大度，豈比常途？雖教有小違，而理歸大順，酬恩竭力，今古無之。」（四〇八頁上）【案】善見卷一一，七五三頁上。續高僧傳卷一二釋敬脫傳，五一九頁；續高僧傳卷三〇釋道紀傳，七〇九頁中。

〔一〇〕以佛、法、僧三事常住，啟悟父母　鈔科卷下三：「『涅』下，以法開悟。」（一二六頁下）資持卷下三：「三寶一體，體無生滅，故皆常住。啟，開也。」（四〇八頁上）簡正卷一六：「啟，開也。謂如佛常、法常、僧常。開道示父母七世，令心信樂自學。如是開悟父母，及七世轉教。餘人亦如是。法則典（原注：『典』疑『與』。下同。）盛，名護法也。」（一〇〇三頁下）【案】北本涅槃卷三，三八二頁下。

〔一一〕七世　資持卷下三：「北遠疏云：無始皆開，何止七世？但隨世俗，且言『七』耳。即梵網云：六道眾生，皆是我父母，我生生無不從之受生是也。」（四〇八頁上）

〔一二〕得長壽　簡正卷一六：「涅槃第三云：迦葉既悟解三寶，常住願自學化人，為修無常者作霜雹，佛乃讚之。如此護法不欺，乃至得增長壽命等。」（一〇〇三頁下）

〔一三〕**貧苦** 資持卷下三:「貧者,先法後食。」(四〇八頁上)【案】毗尼母卷二,八一〇頁上。

〔一四〕**不貧** 資持卷下三:「不貧,但法無所乏故。」(四〇八頁上)

〔一五〕**若聞三寶名字,已是報恩,何況得淨信** 簡正卷一六:「淨信者,小乘初果也。」(一〇〇三頁下)鈔批卷二七:「明姨母求佛出家,如來不許。在祇洹門外,啼哭流淚。阿難為請佛言,度之以舉恩養。謂佛生七日,母命終已,姨母乳養,今可度之,以報其恩。佛言:『我已報恩竟,若我不出世,彼尚不聞三寶之名。由我出世,今識三寶,復獲初果,是大報恩。』言何況得淨信者,即是須陀洹人,得淨信也。」(四七頁下)資持卷下三:「愛道求出家,如來不許,阿難代請之詞。愛道是佛姨母,佛生七日,摩耶命終,姨母乳養長大。愛道在俗,已證初果,故云『況得淨信』。是知生育恩大,雖百年肩荷,不報須臾。三寶一聞,即酬重德故。唯佛法可報劬勞,自外供須,終名直養。」(四〇八頁上)【案】四分卷四八,九二三頁上。

〔一六〕**雜寶藏** 鈔科卷下三:「『雜』下,供養感報。」(一二六頁下)資持卷下三:「彼經第一云,佛言,我於過去世時,波羅奈國有長者子名慈童女。父喪,賣薪日得兩錢,奉養老母。次得四錢、八錢、十六錢,後欲入海採寶,母即抱捉,子掣手絕母數根髮,遂入海取寶。還發時有水陸二道,即從陸道去。乃見有城,紺琉璃色。有四玉女,擎四如意珠,作樂來迎。四萬歲中,受大快樂。(酬上二錢。)次復前行,見頗梨城。有八玉女,擎珠來迎,八萬歲受樂。(酬上四錢。)復捨遠去,至白銀城,十六玉女,擎珠來迎,十六萬歲受樂。(酬上八錢。)又復捨去至黃金城,有三十二玉女擎珠來迎,三十二萬歲受樂。(酬十六錢。)又復捨去遙見(四〇八頁上)鐵城,心生疑怪,遂入鐵城。有一人頭戴火輪,捨著童女頭上。(酬損母髮。)童女問獄卒言:『我戴此輪,何時可脫?』答言:『世間有人,罪福如汝,然後可代?』又問:『今獄中頗有受罪如我者否?』答言:『不可稱計。』聞已,思惟:『願一切受苦者,盡集我身。』作是念已,鐵輪墮地。獄卒以鐵又打頭,命終生兜率天。時慈童女者,即我身是。當知父母少作不善,獲大苦報。少作供養,得無量福。(童女是長者名,非女人也。)」(四〇八頁中)【案】雜寶藏經卷一,四五〇頁。

〔一七〕**鸚鵡孝養盲父母** 資持卷下三:「彼云:過去雪山有一鸚鵡,父母都盲。時有田主,初種穀時,願言:『與眾生共食。』鸚鵡子即常於田採取以供父母。田主按行苗稼,見諸虫鳥剪穀穗處,嗔恚便設網捕。鸚鵡子言:『田主先有好心,

何見網捕？且田者如母，（常生長故；）種子如父，（相繼續故；）實語如子，（可寶惜故；）田主如王，擁護由己。（得白在故。）』作是語已，田主歡喜問言：『汝取此穀何為？』答言：『有盲父母，願以奉之。』佛言：『鸚鵡者，我身是。田主者，舍利弗是。盲父母者，淨飯、摩耶是。」（四〇八頁中）【案】雜寶藏經卷一，四四九頁。

〔一八〕孝順供養父母功德，與一生補處功德一等　資持卷下三「增一兩節，初，校量功德。一生補處，即等覺菩薩。準知，孝養德，唯降佛。菩薩戒云孝順至道之法，儒書亦謂至德要道，則萬善之總、百行之源，儒釋皆然。釋門尤切，常當思報，勿得背恩。」（四〇八頁中）簡正卷一六：「謂覩史陀天，如彌勒次補當來成佛。今在彼天宮，名『補處』也。」（一〇〇五頁上）鈔批卷二七：「濟云：盡人天一生，當得成佛，補先佛之處也。如彌勒，盡此人壽即生天，天中壽盡生人中，即成其佛。望受記時之，生人中及生兜率，合稱一生也。『此一生補處菩薩，與最後身菩薩，若為差別？』解言：『大別。如彌勒，今時正得稱補處菩薩，後下生大婆羅門家，方名最後身菩薩也。』」（四七頁下）【案】增含卷一一，六〇一頁上。

〔一九〕教二人作善，不可得報恩　資持卷下三：「『文』下，次，明恩大。『文』合作『又』，並增一故。雖以善導，罔極難酬，故云『不可報』，或可教導餘人，可使報恩，父母有恩，故不望報。」（四〇八頁中）簡正卷一六：「謂教父母修善，如此報恩，不可得也。」（一〇〇五頁上）鈔批卷二七：「案增一阿含云：（四七頁下）佛在舍衛國，告諸比丘，教二人作善，不可得報恩。云何為二？所謂父母也。若復有人，以父著右肩上，以母著左肩上，至千萬歲，衣被飲食，四事供養，即於肩上放屎尿，猶不能得報恩。比丘當知，父母恩重，抱之育之，隨時將護，不失時節，得見日月。以此方便，知此恩難報。汝等比丘，當供養父母，常常孝順，不失時節，當如是學。私云：只道雖復肩擔，報恩猶少。若教其作善，即名報恩。作此報難，故曰不可得也。」（四八頁上）

〔二〇〕五百問云　鈔科卷下三：「『五』下，供給老病。」（一二六頁下）資持卷下三「論舉盲病，餘病例然。又，但闕所須，不必在病。」（四〇八頁中）【案】增含卷一一，六〇一頁。

〔二一〕自能紡績　資持卷下三「特舉微賤，類餘充足，不須強與，犯罪即吉。同污家故，準此斟量。」（四〇八頁中）【案】五百問，九七八頁上。

〔二二〕不得喚本俗名　鈔科卷下三：「『僧』下，呼召異俗。」（一二六頁下）資持卷

下三：「僧祇令改俗。『阿』字，入呼。（四〇八頁中）……僧祇所制，即局本時親屬，故不同也。」（四〇八頁下）鈔批卷二七：「以南吳地，多無信敬，皆喚俗名。北人男女出家已，不問有行無行，父母兄弟終無召其名者，皆言『和上』、『阿闍梨』等，或言師叔、師弟、師兄、師舅等。」（四八頁上）【案】僧祇卷三五，五一〇頁下。

〔二三〕同名為釋迦種子　鈔批卷二七：「五分：昔王舍城中有王名鬱摩，第一夫人唯生一子，名曰長生，頑薄醜陋，眾人所賤。第二夫人有四子：一名照目，二名聰目，三名調伏象，四名尼樓，聰明神武，有大威德。第一夫人念言：『我子雖長，才不及物，而彼四子，並有威德，當設何方，固子基案（原注：『案』字疑剩。）業？』即便白王：『王之四子，並有威德，我子雖長，才不及物，承係大業，必為陵奪。若王擯斥，我情乃安。』（四八頁上）王即呼子，勅令出國，時四子母，及同生姊妹，咸共同去。一切人民，良（原注：『良』字疑衍。）多樂隨從，王悉聽之。四子奉命而去，到雪山北，營建城邑，數年之中，父母（原注：『母』字疑衍。）王思之。問：『子何許？』答言：『在雪山北，近舍夷林，築城營邑，人民熾盛，地沃野濃，衣食無乏。』王聞三歎：『我子有能！』從此，遂號為釋迦種。（釋迦此翻為『能』。）或言姓俱曇（【案】『俱』疑『瞿』。）者，西方相傳云：剎帝利種，昔被怨王篡位，子逃於外。有一仙人收養漸長，令剎利嗣續不斷。有瞻星者，白彼怨王：『剎利星現。』怨王令人捕捉將送。於是貫尖標之上，仙人來至，勸喻小兒，令情起欲，欲令剎利後胤不絕。小兒受苦，情欲不發，仙人為密雲掩障，細雨霑潤，令苦暫息。復化一女，與小兒合，泄精在地。仙人遂以牛糞裹精將歸，置在甘蔗園中，日炙糞團，生一男兒，形貌端正。其後長大，還嗣王位，因此相傳。其有讚者，即名日炙種。其有毀者，名牛糞種，故諸外道，呼佛為『瞿曇』者，毀也。『瞿曇』此翻為牛糞。此日炙種，是上代姓。言釋迦種，是後代姓也。」（四八頁下）【案】增含卷二一，六五八頁下。

〔二四〕不得依俗姓　鈔批卷二七：「此土僧尼先來依俗姓，或有從師姓者。道安法師義惟將為不合，人未伏從。後時，阿含經至，（四八頁下）果云：四河歸海，無復本名，四姓出家，同稱釋種。四姓者，剎帝利、婆羅門、薜舍、戌達羅也。知安非凡類，西國記云是寶印手菩薩。羅什在龜茲遙作禮，及未到此，安已滅度。什云（原注：『云』疑『公』。）追慨，事在高僧傳中明也。」（四九頁上）

〔二五〕喚婢為「大姊」，不得云「婢」　資持卷下三：「善見召婢。既已出家，則非所

屬，故加美飾，不復本名。」（四〇八頁下）

〔二六〕阿摩，母也；尼者，女也　資持卷下三：「『阿摩』『尼』，即佛召姨母之號。然此二號，乃是通召女流。」（四〇八頁下）

〔二七〕愛道無常，佛自共羅云各扶牀一角等　資持卷下三：「初，聽輿屍，引經顯據。彼文云：愛道涅槃，佛與阿難、難陀、羅云舉屍殯時，梵釋、四王欲代為之，佛皆不許，為報恩故。淨飯亦然。」（四〇八頁下）鈔批卷二七：「摩訶波闍波提，唐言大愛道，亦名瞿曇彌，是姨母也。淨飯王泥洹，佛亦自舉之等者。梵言閱頭檀，此翻淨飯也，是佛父王。撿增一中，無此緣事，出淨飯王般涅槃經，至時可撿抄。」（四九頁上）【案】增含卷五〇，八二一頁中～八二三頁中。

〔二八〕淨飯王泥洹，佛亦自輿之，山林岐峨踊沒　簡正卷一六：「准涅槃經第一，佛在舍衛國者周堀山（【案】『者周』疑『耆闍』。）為眾說法之。次時，大王在空中，得疾困重，無能救者，時王淚下思憶。如來告諸人曰：『我命不久，恨不見悉達及難陀等，用此以為歎恨。』又曰：『吾沒見子，命亦不濟，但為未離生死，不以為苦。』諸人聞之，無不涕泣，乃告王曰：『佛在鷲峰，此去五十由旬，今王轉增困億，縱遣使報，道途既遙，來必應晚。願王莫愁諸子也。』王即答言：『我諸子等，有大慈悲，恒以神通天眼徹見，（一〇〇六頁上）來亦不難。』爾時，佛在靈山，天耳遙聞迦維衛大城之中父王憶念之聲，又以天眼觀之，見王病困命將終。乃告羅云、阿難、難陀，具述父王所思念事等，即以神力，由如雁王，踊身虛空，忽然不見。至迦維衛，放大光明。國中人民，遙見如來，舉聲號哭，哽咽而言：『大王命將不久，唯願如來宜時速往。』佛告之曰：『無常離別，今古皆然。汝應知之，生死是苦，唯道是真。』爾時，如來欲入王宮，先放淨光，照王身體，患苦得安。王知佛還，甚生快樂，不覺起坐。佛既入宮，至王寢處。王見如來，預兩手作接足之意，而告如來：『願以手觸我身，令我安穩。我於今日，是最後見佛。』佛告王言：『唯願大王莫復愁惱。』佛自申金色臂，狀似紅蓮，以手著王額頭，而慰喻言：『王是清淨戒行之人，心垢已離，今應歡悅，不宜煩惱，當諦思惟諸經法義。』時，王即以手捉佛手婆（【案】『婆』疑『著』）心上，仰瞻於佛，目不暫捨，而告佛言：『佛是我子，慈悲接遇。我於臥中合掌，心禮如來足下，從今取別。』言說氣絕，時諸釋子，號悲大叫，不息憶身。乃將香汁，浴王身體，纏以劫貝、白氈，而以棺殮。七寶莊嚴，舉棺置師子之座，（一〇〇六頁下）散花燒香。佛共難

陀在喪前，肅恭而立。阿難、羅云在喪後。是時，阿難陀乃長跪白佛：『父母養我恩深，願聽擔於棺也。』阿難、羅云亦同此說。佛恐後人不孝父母，故聽許之。留於末代，以為禮法。是時，如來亦自擔之，三千大千世界，云反振動；一切諸山，岋峨踊沒。如船在水上無異。爾時，四天王變身令小，各代佛擔之，佛亦聽許。佛自執香爐，前行引導。又勅一千羅漢往大海上，取栴檀香薪而積之，舉棺置上，放火燒之。一切大眾，見大熾然，號悲大喚，舉身自撲。佛告眾人曰：『世皆無常苦空，無有堅固。汝等諸人，但見此火，便以為熱，諸欲之火復過此也。』是故，勤求離生死苦，乃得安樂。其火既滅，各收舍利，成置金函，起塔供養。時諸大眾，同聲發言來委：『淨飯王從此命終，當生何處？願佛為說。』佛告大眾：『父王淨飯，清淨之人，生五淨居。』大眾聞之，皆生歡喜，禮佛而退也。」（一〇七頁上）資持卷下三：「岋，音『頰』。峨，音『我』。謂傾動也。」（四〇八頁下）【案】佛說淨飯王般涅槃經，大正藏第一四冊，七八一頁～七八三頁。

〔二九〕**比丘不須變服，依常為要**　資持卷下三：「今時多著綵帛袈裟，乃以布衣為孝服。又云：僧無服制，但布少麤是。不聞智論云如來著麤布伽梨？傳謬至今，愚迷不改。又有白帽、素條、蒲鞋、哭杖，倣同鄙俗，一任愚情。睹此明文，早須悛革。」（四〇八頁下）

三、明俗人、士女入寺法

先出立意。息心靜默，非諠亂所集〔一〕；軌法施訓，豈漏慢所踐？且心棲相表，形異世儀〔二〕，歸奉憑趣，理存規則〔三〕。故應其俯仰，識其履行，是敬事儀式，如法親覲〔四〕。豈可足蹈淨剎，心形懈慢〔五〕。非唯善法無染，故得翻流苦業〔六〕，可不誡哉！

今依祇洹舊法〔七〕出。

中國士民，凡至寺門外，整服一拜；入門，復禮一拜。安詳直進，不左右顧眄。先至佛所，禮三拜竟，圍繞三帀，唄讚三契〔八〕。若未見佛供養，設見眾僧，不先與語。禮佛已，方至僧房戶外〔九〕，禮一拜，然後入見上座；次第至下，各禮一拜。若見是非之事，不得譏訶〔一〇〕；若發言嫌責者，自失善利，非入寺之行。僧中亦不可識〔一一〕，事似俗閭，撿意則殊〔一二〕。今以俗情撿道，意誠非易。若以見僧之過，則不信心生，生便障道，終無出期。又不識因果業報，但得示改惡修善，總知大分。且初入寺，背僧取異〔一三〕，云何得作出家因緣？經云〔一四〕：夫入寺者，棄捨刀仗、雜物，然後乃

入。捨刀仗者，去瞋恚眾僧心也；捨雜物者，去眾僧乞求之心。具除兩過，乃可入寺，順佛而行，不得逆行〔一五〕。設緣礙左繞，恒想佛在我右〔一六〕。入出之時，悉轉面向佛。

禮拜佛法僧者，常念體唯是一〔一七〕。何者？覺法滿足、自覺覺他名「佛」，所覺之道名「法」，學佛道者名「僧」，則一體無別矣。始學時名僧〔一八〕，終滿足名佛。僧時未免諸過，佛時一切惡盡，一切善滿也。今我未出家學道，名俗人，迴俗即是道器。如此深思，我亦有道分，云何輕悔？宜志心歸依，自作出家因緣者，是名圍繞念佛、法、僧之大意矣。低頭看地，不得高視〔一九〕。為表下觀己身，是將來作佛之地，不宜馳散，浮生死海。見地有蟲，勿悞傷殺〔二〇〕；念一切眾生，同是佛因，起不殺行，即是敬信。信知因果，作長壽緣。不唾僧地〔二一〕。欲明俗人，名為僧地，口尚不應呵毀欲出家者，名「唾僧地」。況復呵詰眾僧，豈非悖逆耶？當歌唄讚歎〔二二〕。作愛敬樂，重因緣〔二三〕也。若見草土，自手除之。事則與僧除糞，法則與僧清過〔二四〕。

若有因緣〔二五〕，寺中宿者，不得臥僧牀席，當以己物藉之；亦勿臥沙門被中，應自設供，供養於僧，豈損他供〔二六〕，自害善器〔二七〕？并調戲言笑，說非法事〔二八〕。沙門未眠，不得先寢，為除憍慢故。又，勿坐僧牀席，輕侮僧故。俗中，貴士之座，猶不許賤人升〔二九〕之，況出世高僧，輒便相擬？是以經中〔三〇〕，共僧同牀，半身枯也。如是因緣，如別廣說。若至明晨，先沙門起。修恭敬之行。

凡入寺之行，與俗人作入道之緣〔三一〕；建立寺者，開淨土之因〔三二〕；供養僧者，為出離之軌〔三三〕也。

今末法中，善根淺薄，不感聖人示導，僅知有寺而已，不體法意〔三四〕，都無敬重佛法、超生因緣、供養福田〔三五〕，而來入寺也。如此者多，非謂全無敬信〔三六〕者。多有人情來往，非法聚會〔三七〕。又在寺止宿〔三八〕，坐臥牀褥，隨意食噉；乞索取借，如俗去還；遂意則喜，違心必瞋；繫綴胸抱，望當圖剝〔三九〕。猶牛羊之牴突，恣頑癡之鄙情〔四〇〕。或用力勢逼掠，打撲抄奪〔四一〕。具造惡業，必死何疑〔四二〕。一旦橫骸，神何可滅？隨業受苦，永無救護，可共悲哉！非三寶不能救，由此人不可拔。若有智之人，終不行此〔四三〕。敬重寺法，準而行之，護惜三寶，諮請法訓——自招大益。故經云：眾僧良福田，亦是疾藜園〔四四〕。斯言實矣。當知衰利由心，非前境咎〔四五〕。

清信女人入寺，儀式同前。唯不得在男子上坐、形相語笑、脂粉塗面、畫眉假飾〔四六〕、非法調戲、共相排盪〔四七〕、持手操人，必須攝心整容，隨人教令；依次持香，一心供養。懺悔自責：生女人中，常成礙絕〔四八〕；於此妙法，修奉無因；不得自專，由他而辦〔四九〕——一何苦哉！應深生鄙悼〔五〇〕。若見沙彌，禮如大僧，勿以位小，而不加敬〔五一〕。此於大僧為小，於俗為尊。出家受具，便入僧數。不得以小兒意，輕而待接。設有說法，當謹聽受，勿復喚名而走使。

如此等在寺中，竭力而行。所為事訖，辭出寺門，如法作禮。佛前三拜，至門一拜，門外又一拜。若僧少時，次第各禮一拜；多者，總禮三拜。凡以穢俗之身入寺，踐金剛淨剎法地，自多乖於儀式。若去時，須自贖其過，隨施多少，示有不空。若布絹、香油、澡豆、華水，下至掃地、除糞〔五二〕。

此入寺法，中國傳之〔五三〕矣。余更略出護過要術。

謂一切天、人、龍、鬼，是出家人修道之緣〔五四〕。一切出家人，為天、人、龍、鬼生善境界。出家人，既為四輩生善之處，不得對彼幽顯〔五五〕，輕有所失。彼四輩，既是出家修道之緣，又不得輕便見過。佛已敕竟，假使道人畜妻挾子，供養恭敬〔五六〕如舍利弗、大目連等，莫生見過，自作失善境之緣也。

凡出家者，長標遠望，必有出要之期〔五七〕。始爾出家捨俗，焉能已免瑕疵〔五八〕也？智士應以終照遠度，略取其道〔五九〕。不應同彼愚小，拾僧過失。所以〔六〇〕，天、龍、鬼、神，具有他心、天眼，而護助眾僧者，非僧無過，剋終照遠〔六一〕耳。今人中無察情鑒失之見，情智淺狹，意無遠達，暫見一過，毀辱僧徒。自障出要，違破三歸，失於前導。常行生死，不受道化，可謂惑矣，小兒癡矣！

然則聖人非不能化〔六二〕，但此人不可化，所以拱手，待機熟耳。如嬰兒造惡〔六三〕，父母所以不教者，非父母不解善教，嬰兒不可教耳。比彼可見。

諸有同法之儔，幸細覽而傳告〔六四〕。

【校釋】

〔一〕息心靜默，非諠亂所集；軌法施訓，豈漏慢所踐　資持卷下三：「初，敘寺處清嚴。僧居有二：一者，『慕靜』即自行；二者，『施訓』即化他。居靜不宜喧，稟訓不當慢。此四句，即約『行』顯『處』也。」（四〇八頁下）簡正卷一六：

「息心靜默者，謂指伽藍本是息心之人所居止處也。非喧（【案】『喧』疑『誼』。）亂處集者，謂俗隨事生心，故多喧亂。豈漏慢所踐者，此是施法處訓之處，豈可人有漏之心，多著我慢，情懷染欲，意無恭敬，而所踐也？」（一〇〇七頁上）鈔批卷二七：「立謂：俗人男女，體是穢漏，多著我慢，懷斯染欲、有漏之心。又無恭敬，唯事侮慢，何須入寺也！」（四九頁上）【案】「入寺法」分二：初，「先出」下；二、「今依祇」下。本節文科為三：初，敘寺處清嚴；『且』下，次敘入須法式；『豈』下，示不應為。

〔二〕且心棲相表，形異世儀　資持卷下三「『且』下，次敘入須法式。初，明所應為。上二句標境勝。」（四〇八頁下）簡正卷一六：「且心栖相表者，謂冥心無相也。形異世儀者，剃髮、染衣也。」（一〇〇七頁下）

〔三〕歸奉憑趣，理存規則　簡正卷一六：「歸奉憑趣者，『歸』，依；『奉』，敬；『憑』，托；『趣』，向道。理合存法，則低頭下意曰『俯』，瞻敬躬趨曰『仰』也。『履』其金剛淨刹，請法佛資神。『行』敬三尊，希福備體，即識其履也（【案】『也』疑剩。）行。」（一〇〇七頁下）

〔四〕故應其俯仰，識其履行，是敬事儀式，如法親覲　資持卷下三：「下六句，示須法所以。應，合也。『俯仰』即儀貌。『履行』即所為事。」（四〇八頁下）簡正卷一六：「歸奉憑趣者，『歸』，依；『奉』，敬；『憑』，托；『趣』，向道。理合存法，則低頭下意曰『俯』，瞻敬躬趨曰『仰』也。『履』其金剛淨刹，請法佛資神。『行』敬三尊，希福備體，即識其履也（【案】『也』疑剩。）行。」（一〇〇七頁下）

〔五〕豈可足蹈淨刹，心形懈慢　資持卷下三「『豈』下，次，示不應為。蹈，履也。形，見也。」（四〇八頁下）

〔六〕非唯善法無染，故得翻流苦業　資持卷下三：「謂無益有損。流，墜也。」（四〇八頁下）

〔七〕今依祇洹舊法　鈔批卷二七：「私云：祇洹圖中，出中國士民入寺法式。」（四九頁上）【案】入寺法五項：初入拜，二禮佛，三禮僧，四守慎，五繞佛。祇洹圖經即中天竺舍衛國祇洹寺圖經，兩卷，道宣撰。「今依祇」下分二：初「中國」下；次，「此入」下。初又分二：一、入寺法，分別是清信士和清信女；二、出寺法。

〔八〕三契　資持卷下三「契，猶遍也。今則多稱讚佛偈。隨所能者，三遍說之。」（四〇八頁下）

〔九〕**禮佛已，方至僧房戶外**　鈔科卷下三：「『禮』下，想念慎護等法。」（一二六頁下）資持卷下三「『禮佛』下，三、禮僧。戶外總禮，如今眾堂之處。」（四〇八頁下）

〔一〇〕**若見是非之事，不得譏訶**　資持卷下三「『若』下，四、誡守慎。初，敘誡。」（四〇八頁下）

〔一一〕**僧中亦不可識**　簡正卷一六：「謂凡聖相混，不可了別，非常人可知也。或有形儀疎野，而心冥至理；或雖有威儀，而常緣俗事；或三乘示現，凡聖同居。」（一〇〇七頁下）

〔一二〕**事似俗闕，撿意則殊**　簡正卷一六：「一釋云：如儒禮中父坐子立，佛法不爾，和尚、弟子，俱皆跏趺大坐也。」（一〇〇七頁下）鈔批卷二七：「深云：僧見俗人，端坐不動，不與迎逆，事似闕於俗禮。若以理審詳，而意在護法，故曰撿意則殊。立云：事似俗闕者，此明俗人至寺，見僧平論法相之道理，似俗之鬥諍。（四九頁上）然其實意，本論於道，故曰則殊也。慈云：若見出家人之非，以俗情撿之，似有少闕失，撿其內心懷道，故曰撿意則殊。所以然者，中間自有形乖而洹（【案】『洹』疑『恒』。）存道，亦有形雖整頓，不妨心緣俗務，不可以事驗，意則殊也。以師資位雖殊，而俱是福田，故現斯相矣。又釋云：僧見俗不起，故云有闕。以釋撿意，非謂我慢，但鎮之以道，現大人相，知則殊也。」（四九頁下）資持卷下三：「釋上自失善利。俗闕者，謂同俗流，闕於道行。」（四〇八頁下）

〔一三〕**背僧取異**　資持卷下三：「後段，教隨宜誨示。『背僧』即不信心生。『取異』謂求見僧過。」（四〇八頁下）簡正卷一六：「謂不從僧教曰『背』，撿佗過患名『取異』也。又釋：不生恭敬，訓『背』名為背僧，卻求過失名『取異』也。」（一〇〇七頁下）鈔批卷二七：「私云：不順僧教曰『背僧』，撿其過惡名為『取異』也。謂不敬之人，卻求其過也。然三寶但可恭敬、供養，不可惡心相擬。案辨意長者子經一卷云：辨意長者請佛及僧就家設供，大眾儼然。下食未訖，有一乞兒，前歷座乞，佛未呪願，無敢與者。遍無所得，便生惡念：『長者迷惑，用為飯此無慈愍意（原注：『意』疑『者』。）。吾為王者，以鐵輞車，轢斷其頭。』言已便去。佛達嚫訖，有一乞兒，來入乞匃。會座眾人，各各與之。大得飯食，即生善念：『善哉！長者乃能供事此等大士，其福無量。吾為王者，當供養佛及弟子乃至七日。』言已便去。佛食已訖，還精舍中。佛告阿難：『從今已後，噠（原注：本經無『噠』字。）嚫訖下食，以此為常。』西

塔（原注：『西塔』已下十八字，應作細注。）每言：『准此經文，先呪願訖，方下佛僧二盤。』時二乞兒，展轉他國，臥於道邊深艸之中。彼國王崩，無有後繼，相師識記，當有賤人應為王者。諸臣百官，案行國界，（四九頁下）顧見草中，上有雲蓋。諸臣拜謁，各各稱臣。沐浴香湯，著王之服，光相儼然，導從前後，迴事入國。時惡念者，在深草中，臥寐不覺，車轢頭斷。王到國中，人民安樂，即遣使者，往請世尊。飯食已訖，佛告王曰：『乃至惡念者，王受正位，迴車入國，轢斷其頭，死入地獄，為火車所轢，億劫乃出。』當知心有好惡不同，受報以之不等。」（五〇頁上）

〔一四〕**經云** 資持卷下三：「『經』下，引證。未詳何經。初令捨惡，次示行法。」（四〇八頁下）

〔一五〕**順佛而行，不得逆行** 簡正卷一六：「順佛者，謂<u>西方</u>以右遶為吉，恒想佛在我右，豈不是施遶行也？」（一〇七頁下）資持卷下三「順佛行即右繞。西入東出，佛在我右，偏袒右肩，示有執作之務。逆行即左繞，反上可知。」（四〇九頁上）

〔一六〕**設緣礙左繞，恒想佛在我右** 資持卷下三「示權開也。謂西向有妨，反從東入。佛在我左，頗乖執侍，故今存想如右無異，則免過也。入出向佛者，假事表心，歸依不背也。」（四〇九頁上）

〔一七〕**常念體唯是一** 資持卷下三：「初，念三寶。佛僧能覺，因果雖分，所覺道同，故云一體。道即諸佛果源、眾生心本。極證名佛，始學名僧。僧現學法，終至佛果。若此待僧，豈容輕侮。」（四〇九頁上）

〔一八〕**始學時名僧** 資持卷下三「初，教念僧，則三寶備矣。」（四〇九頁上）

〔一九〕**低頭看地，不得高視** 資持卷下三：「『低『下，次，離諸過。初二句捨憍慢，次二句止殺害。後一句，離觸穢。並寄事表法，如注所顯。」（四〇九頁上）鈔批卷二七：「自觀身名為觀地也。云我此身是佛之地，當來有成佛之義也。」（五〇頁上）簡正卷一六：「頭表心，地表身。低頭著地，以心觀身，（一〇七頁下）是成佛之地。我慢為『高』，見取為『視』，高視馳散，馳散則浮生死海也。」（一〇八頁上）

〔二〇〕**見地有蟲，勿悮傷殺** 簡正卷一六：「信佛語故。我自身與一切眾，自性清淨，皆已佛不異，只為業報所纏，未獲解脫。然總是佛因，故見有虫，勿得傷害也。若不，慇者，是長命因。」（一〇八頁上）

〔二一〕**不唾僧地** 簡正卷一六：「以地能生萬物，以俗人童子是僧之本，名為地也。」

（一〇〇八頁上）鈔批卷二七：「立明：今時誦經童子，雖未剃染，以是欲出

家者，即名僧地。今若可毀此童子，即是唾於僧地。若呵僧者，即成悖逆。」

（五〇頁上）

〔二二〕**當歌唄讚歎**　簡正卷一六：「謂歌讚等。表心愛敬，及願樂尊重。若僧有過，

喻若穢草糞土，心無見過之想，而喻自手除之。」（一〇〇八頁上）【案】寺中

宿者之五法：護毀損，除調戲，不說非法事，不先臥，敬僧坐處。

〔二三〕**作愛敬樂，重因緣**　鈔批卷二七：「謂歌讚等，表心愛敬，反（原注：『反』疑

『及』。）願樂尊重也。」（五〇頁上）

〔二四〕**法則與僧清過**　簡正卷一六：「如毗舍佉母，若聞僧有惡名，便能掩滅等是也。」

（一〇〇八頁上）鈔批卷二七：「立明：僧既能依教，護持戒行，是清過也。

（未詳。）私云：謂俗人入寺，莫見僧過，不事呵毀之法，常以敬僧，不見其

過惡，故曰清過也。」（五〇頁上）

〔二五〕**若有因緣**　鈔科卷下三：「『若』下，有緣暫宿等法。」（一二六頁下）簡正卷

一六：「辨有緣在寺宿法。」（一〇〇八頁上）

〔二六〕**他供**　資持卷下三：「即臥具等，皆他所施故。」（四〇九頁上）

〔二七〕**善器**　資持卷下三：「即自身堪受道故。」（四〇九頁上）

〔二八〕**并調戲言笑，說非法事**　鈔批卷二七：「明今俗士無知，多喜調挵於尼，說染

污之言。若憂婆夷，則喜調挵比丘。准經教中，愛染之心，向出家人，罪業極

重，不能具說。」（五〇頁上）

〔二九〕**升**　【案】底本為「臥」，據大正藏本、敦煌甲本、敦煌丙本及弘一校注改。

〔三〇〕**經中**　簡正卷一六：「玄云是寶印經也。」（一〇〇八頁上）鈔批卷二七：「寶

印手經云：俗人與僧同床坐者，半身枯病。又，因果經云死作曲蟮，文殊經云

死坐鐵床，即其義也。」（五〇頁下）

〔三一〕**入道之緣**　資持卷下三：「善根由發故。」（四〇九頁上）【案】「斥非法」分

二：初，「凡入」下；次，「今末」下。

〔三二〕**淨土之因**　資持卷下三：「心清淨故。」（四〇九頁上）

〔三三〕**出離之軼**　資持卷下三：「期解脫故。『軼』即是轍。車所從之道也。」（四〇

九頁上）

〔三四〕**不體法意**　鈔科卷下三：「『今』下，明非法之相。」（一二六頁中）資持卷下

三：「總迷上三也。」（四〇九頁上）

〔三五〕**都無敬重佛法、超生因緣、供養福田**　資持卷下三：「『都無』下二句，反上因

緣也。供養福田，反上出離軼也。」（四〇九頁上）

〔三六〕非謂全無敬信　資持卷下三：「不掩有信故。」（四〇九頁上）

〔三七〕多有人情來往，非法聚會　資持卷下三：「『多』下，出非法。三節：初，敘無智造業，前斥聚會，今世多然。」（四〇九頁上）鈔批卷二七：「對此廣引大集濟龍品中，示之彌善。」（五〇頁下）【案】此資持明非法三節之一。

〔三八〕又在寺止宿　資持卷下三：「『又』下，斥侵毀。」（四〇九頁上）【案】此資持明非法三節之二。

〔三九〕圖剝　資持卷下三：「謂謀害。」（四〇九頁上）

〔四〇〕恣頑癡之鄙情　資持卷下三：「即不畏因果。」（四〇九頁上）

〔四一〕或用力勢逼掠，打撲抄奪　資持卷下三：「『或』下，斥規奪」（四〇九頁上）簡正卷一六：「輕打曰撲。又云，連打曰撲。」（一〇〇八頁上）【案】此資持明非法三節之三。

〔四二〕具造惡業，必死何疑　資持卷下三：「『具』下，總示因果。」（四〇九頁上）簡正卷一六：「若身死神滅，則惡不可懼，以身心俱滅，無受苦人也。今身雖死神識常存，既不可滅故，於惡道受於苦報，以此祥之宜應畏也。」（一〇〇八頁上）【案】資持「具」下分三，此是一。

〔四三〕若有智之人，終不行此　資持卷下三：「明有智獲益。」（四〇九頁上）【案】此是資持「具」下三分之二。

〔四四〕眾僧良福田，亦是蒺藜園　資持卷下三：「引經合證。經文雙喻。下云『衰利』即合田園。蒺藜有刺，如菱而小。」（四〇九頁上）簡正卷一六：「經是涅槃經。蒺藜者，北地多有，江東無。入藥分，有角判。謂敬僧能獲福，故號良田，嫌僧能獲罪故，是蒺藜園也。」（一〇〇八頁上）【案】此是資持「具」下三分之三。

〔四五〕非前境咎　資持卷下三：「前境謂僧寺。」（四〇九頁上）」

〔四六〕畫眉假飾　鈔批卷二七：「躭染行廁，戀著畫瓶。入寺則是歸依之處，理宜懲革。若見比丘，無以染愛之言相涉。抑（原注：『抑』字疑剩。）案雜含中，目連乞食，路逢一大身眾生，舉體膿壞，臭穢不淨。乘雲而行，鳥獸隨逐，獲而食之。啼哭號呼，不可稱說。目連觀見，迦葉佛時，女人以不淨染心，請一比丘設食。比丘心正不順，女人嗔心，以水洒比丘身。以此緣故，入地獄中，受無量苦。餘罪未畢，今得此身。」（五〇頁下）資持卷下三「『假』謂虛假。」（四〇九頁上）【案】雜含卷一九，一三七頁下。

〔四七〕**排盪** 資持卷下三「『排』謂推排，即牽推等。『盪』謂縱放。」（四〇九頁上）

〔四八〕**礙絕** 資持卷下三「『礙絕』謂繫屬於人，（四〇九頁上）不自在故。」（四〇九頁中）

〔四九〕**由他而辦** 簡正卷一六：「謂三從也。」（一〇八頁上）鈔批卷二七：「謂一切女人，勢不自在，皆是屬他。凡所作事，由他聽許，方得作之，故云由他辦也。以在室（【案】『室』疑『家』。）時，由於父母，出嫁已，由夫，老時及夫死後，則屬兒子，義亦可知。」（五〇頁下）

〔五〇〕**鄙悼** 資持卷下三：「『鄙』謂厭惡，『悼』即悔恨。」（四〇九頁中）

〔五一〕**若見沙彌，禮如大僧，勿以位小，而不加敬** 簡正卷一六：「智論曰：四事雖小，而不可輕。太子雖小，當作國王，是不可輕；蚖子雖小，（一〇八頁上）毒能害人，亦不可輕；小火雖微，能燒山野，又不可輕；沙彌雖小，得聖神通，最不可輕。智論云：昔有一長者設會，但請老宿，不要沙彌。時，諸沙彌皆是羅漢，自變其身，皆成老年，向施主家。見之，歡喜請坐。坐已須臾，卻變為年少。長者驚訝，乃戲問云：『汝等服還年藥了耶？』諸沙彌說偈曰：『汝莫生疑畏，我等非人爾。汝欲評量僧，是事甚可傷。我等相怜愍，故現如是化。汝當深識之，聖眾不可量。而以欲（原注：『欲』字疑剩。）俗少歲（原注：『歲』疑『才』。），稱量諸大德。大小生於智，不在於老少。有智勤精進，雖少而是老。懈怠無智慧，雖老而是少。汝今評量僧，是事為大失。』」（一〇八頁下）鈔批卷二七：「對此引智論。有富貴長者，請僧不取沙彌，事如智論抄。（云云。）并引賢愚經『沙彌持戒自殺身事』，如賢愚經抄。」（五〇頁下）資持卷下三「敬沙彌者，恐謂未具不加敬。故注顯可知。」（四〇九頁中）

〔五二〕**下至掃地、除糞** 鈔批卷二七：「近有朝官崔知悌，作中書侍郎，身是三品，兄作中書令。其父、兄、弟，敬信三寶，悌每入寺禮拜，臨去時，皆為僧眾掃地，及取水洗廁。皆脫紫衫，自手為之。」（五一頁上）

〔五三〕**中國傳之** 資持卷下三：「初文指中國者，前云祇桓舊法故。」（四〇九頁中）【案】「入寺法」文分為三：初，「謂一」下；二、「凡出家」下，又分三；三、「然則聖」下。

〔五四〕**修道之緣** 鈔科卷下三：「『謂』下，正示敬護。初，明道俗相資。」（一二六頁中～下）簡正卷一六：「修道緣者：天、龍、鬼等，有冥護之功，人有護施、資給之要，因此方獲修道，望彼為緣之。」（一〇八頁下）資持卷下三：「初

文，前敘道俗相資。修道緣者，假彼外護，故生善境，福智由生故。」（四○
九頁中）

〔五五〕**既為四輩生善之處，不得對彼幽顯**　資持卷下三：「『出家』下，次，明互相敬
護。初，道須攝俗。『四輩』即天、人、龍、鬼，幽通三趣，顯則唯人。」（四
○九頁中）簡正卷一六：「於道者，望僧為生善境界者。幽顯者，人為顯，餘
三為幽。謂令比丘，常須護持。若微有所失，縱顯不知，幽無不見矣。」（一
○○八頁下）

〔五六〕**供養恭敬**　鈔批卷二七：「此時明世唯有此之福田，亦是今日眾生業惡唯盛，
此福田僧也。案大集月藏分云：佛告月藏菩薩，若我住世，諸聲聞眾，持戒具
足、慧具足、定具足、解脫具足、解脫知見具足，乃至多聞具足，我之正法，
熾然在世。滅後五百年中，諸比丘眾，猶於我法，解脫堅固。後五百年，我之
正法，禪定三昧堅固。後五百年，讀誦多聞得住堅固。後五百年，於我法中，
多造寺塔，得住堅固。後五百年，於我法中，鬥諍言訟，白法隱沒，損減堅固。
了知清信上（【案】『上』疑『士』。），從是以後，於我法中，雖復剃除鬚髮，
身著袈裟，毀破禁戒，行不如法，假名比丘。如是破戒名字比丘，若有施主供
養及護持，我說是人猶得無量阿僧祇大福德聚。何以故？猶能饒益多眾生故。
譬如真金為無價寶，若無真金，金銀為無價寶。（五一頁上）乃至若無銅、鐵、
鉛、錫為無價寶。如是一切世中，佛寶無價；若無佛寶，緣覺為無價，乃至無
羅漢聖眾，凡夫淨戒為無上。若無淨戒，污戒為無上寶。比餘九十五種異道，
最為第一，應受世供，以為福田。」（五一頁下）【案】大集經卷五五，三六三
頁上～中。

〔五七〕**凡出家者，長標遠望，必有出要之期**　鈔科卷下三：「『凡』下，誡拾僧過失。」
（一二六頁下）簡正卷一六：「謂當來慈氏如來出世之時，先度釋者遺法弟子。
第一會，度九十三億人。第二會，度九十六億人。第三會，度九十九億人。（一
○○八頁下）如是龍華三會，度人悉是遺法種福之人。或三寶中興供養者，燒
香然燈、禮拜之類，尚乃得度，豈況受戒在身，如得度脫也！」（一○○九頁
上）鈔批卷二七：「且如彌勒成佛，先度釋迦末法中遺法弟子，故曰可期。」
（五一頁下）

〔五八〕**始爾出家捨俗，焉能已免瑕疵**　資持卷下三：「初，敘道眾，志遠行薄。」（四
○九頁中）

〔五九〕**智士應以終照遠度，略取其道**　資持卷下三：「『智』下，次，教俗士取志合

行。『終照』即深識不責目今；『遠度』即大量不見小過。『略』謂揀略。」（四
〇九頁中）

〔六〇〕所以　資持卷下三：「『所』下，示幽靈同資。」（四〇九頁中）

〔六一〕剋終照遠　資持卷下三：「剋，猶究也。剋、照，皆龍天之心，『終遠』即出家
之志。如感通傳韋天告祖師云：『天竺諸國不及此方，此雖犯戒，大塗慚愧。
內雖陵犯，外猶慎護故，使諸天見其一善，忘其百非。若見造過，咸皆流涕，
悉加中護，不令魔惱。』」（四〇九頁中）

〔六二〕然則聖人非不能化　鈔科卷下三：「『然』下，歎愚人難犯。」（一二六頁下）
資持卷下三：「此即轉釋上科不受道化之語。」（四〇九頁中）

〔六三〕如嬰兒造惡　資持卷下三：「『嬰兒』即喻愚俗，即上所謂『小兒癡』是也。（有
將嬰兒喻比丘。非也。）」（四〇九頁中）

〔六四〕諸有同法之儔，幸細覽而傳告　鈔科卷下三：「『諸』下，付囑傳告。」（一二
六頁中）簡正卷一六：「傳告者，謂覽前文，傳示告報，斯皆歡學，令流布也。」
（一〇〇九頁上）鈔批卷二七：「應師云：王逸曰，二人為『匹』，四人為『儔』。
儔，亦類也。傳告者，謂宣告俗人之意也。上來釋二十四篇竟」（五一頁下）
資持卷下三：「囑累中。乍觀語勢，似總一篇。細詳文意，止結此科耳。」（四
〇九頁中）

主客相待〔一〕篇第二十五「四儀法」附

沙門釋侶，三界之賓〔二〕。逆旅之況，頗存於此〔三〕。故律中，曲制
主客待遇雜行〔四〕，云云。

就中分四。

初，入寺法〔五〕

四分云：客比丘欲入寺，應知佛塔〔六〕，若上座等。至門中，應開；
若不能者〔七〕，徐打，令內人聞。不聞，大打。猶不聞者，持衣鉢與第
二比丘，至下牆處，踰入。開門〔八〕，右繞塔過。先洗左腳，後洗右腳。
著革屣。舊比丘聞客來，出外迎；為捉衣鉢，安置溫室、重閣、經行處，
供給水器等。

二、問主人受房等

律云，問舊比丘：「我若干歲，有房分不〔九〕？」答言「有」者，應
問「有人住不」。若無人者，當問「有臥具，若被，若利養，若器物，若

房衣〔一〇〕」等,有者,當取〔一一〕。至房所,開戶已,出牀褥等,淨掃地。若得針線、刀子,乃至一丸藥舉之〔一二〕,有主識當與。如是治除屋內已,還納臥具復本處竟;問何處大小行、淨地、不淨地、佛塔、聲聞塔、第一上座房乃至第四上座房等,一一別問〔一三〕。若不問者,主人一一示語,乃至云「此是唾器、小便器」等。五分:住處窄,不相識者,聽同牀坐,不得眠〔一四〕。

三、相識敬儀

四分:客僧受房已,問主人已,應先禮佛塔,次禮第一上座,乃至第四上座。應偏露右肩,脫革屣,右膝著地,捉兩腳,如是言「大德我禮」。若四上座房內思惟〔一五〕,應隨座次禮房,主人一一示知。十誦:若上座時見〔一六〕,應禮;難見、遠者,則止。

四、問〔一七〕受利法

四分:客僧禮上座已,應問「何處是眾僧大食、小食、夜集說戒處」等;又問「何者是僧差食〔一八〕,檀越送食〔一九〕,月八日、十五日、月初日食〔二〇〕,檀越請食,次到何處」。復問「明日有何檀越請眾僧小食、大食?何處狗惡?何處是好人?何處是惡人?」舊比丘當如問而答。

僧祇:舊比丘應語客僧,一切僧家制限。若客伴已去者,不得語令知,云「不及伴」〔二一〕;應語:「可小停息,更應有伴耳。」有急事必去者,應給糧食,囑累行伴〔二二〕。

三千云,新至比丘,以十事與之〔二三〕:一、當避與房,二、當給所須,三、朝暮問訊,四、語以習俗〔二四〕,五、當教避諱〔二五〕,六、語請到處,七、語僧教令,八、當語某事可食〔二六〕,九、示縣官禁忌〔二七〕,十、語以盜賊處所〔二八〕。

【篇旨】

簡正卷一六:「前篇士女入寺,化儀可觀。今有道俗新來,舊住理須接待,故次辨也。」(一〇〇九頁上)鈔批卷二七:「前篇既因福供,故有比丘之方,法食相須,遞相利益,使一方儀,則千載不墜,殺(原注:『殺』疑『然』。)不可安情局處。又須觀化外方,舊住新遊,非無主客,事須相待,接遇瞻衣。然釋門雖復虛通,理無遮礙,並由人懷俗見,多闕軌模。故此一篇,備明楷則,使舊居新至,待遇有方,情無怯懦也。」(五一頁下)

【校釋】

〔一〕**主客相待** 鈔批卷二七：「舊住、新遊稱為『主』『客』。遞施接故曰相待也。」（五一頁下）資持卷下三：「舊住名『主』，時過名『客』。若對三界，則無有主客。今望伽藍，不無久暫，強分主客，以明待遇。然據律中，制主待客，但主須筵款，客至有儀，故云相待耳。」（四〇九頁中）簡正卷一六：「『主』目（【案】『目』疑『曰』。）舊居，『客』標新至。主有奉賓之軌，客遵投正之儀。賓主互為，故云『相待』。」（一〇〇九頁上）

〔二〕**沙門釋侶，三界之賓** 資持卷下三：「初二句，示出家超世，無繫之人，故如賓也。」（四〇九頁中）簡正卷一六：「『沙門』謂出家人，通稱『釋』，謂牟尼姓族，如序已廣述之。侶，謂伴侶也。三界之賓者，貴客四（【案】『四』疑『曰』。）『賓』，即出家人。是情求出離，本非久住故。」（一〇〇九頁上）鈔批卷二七：「羯磨疏云：舊翻為『桑門』，音之訛也。涅槃云：『沙門那』者，是本音也，或云『乏道』，或云『貧道』也。此皆謙虛自收。今譯為『息惡』者，（五一頁下）取其意也。唐三藏翻為『勤勞』也。槃云：『沙門』此云『寂志』，亦云『沙門』，謙敬之辭也，亦云謙虛之稱也。如經明『乏道』，即其義也。經云：『沙門那』者，『沙門』名『乏』，『那』名為道，故名『乏道』。世言『貧道』，即斯義也。又云：息心達本原，故號為沙門也。三界之賓者，立明：貴客曰賓，謂僧是三界貴賓也。以出家人，擬超出三有，非久居三界，暫處其中，事同賓客也。故律云：破壞窠窟也。解云：人天清虛在上，喻之如窠；三塗沈滯於下，喻之如窟。今出家五眾，齊修出離，上須人天，下除三惡，故曰破壞窠窟也。」（五二頁上）

〔三〕**逆旅之況，頗存於此** 資持卷下三：「次二句，明遊方漂泊，隨處暫止，即以寺字。況於逆旅，（四〇九頁中）謂同迎客之舍。既無定止，義當迎待，故云頗存於此。」（四〇九頁下）簡正卷一六：「說文云：逆者，迎也。關東曰逆，關西曰迎。旅謂羈旅，客之別號也。況者，意趣也。頗，能也。如今邊洛作舍，意為待賓倚泊。亦此篇相待之意不異，故曰頗存於此也。」（一〇〇九頁上）鈔批卷二七：「左傳曰：保於逆旅。杜預曰：逆旅，客舍也。以迎逆行旅之人也。擬其信宿之間，非久居住處也。明今釋子，情存出雖（【案】『雖』疑『離』。），雖居三界之中，同如客舍之旅。又，復身即是逆旅也。以身非久固，心暫居之，氣絕魂逝，棄之空野，故身是客舍也。如王楚志（【案】『楚』疑『梵』。）詩云：『身為客館舍，神是寄宿客，客去館中

空，知是誰家宅。」濟云：南山闍梨在日，常誦一偈云：『如鳥在瓶中，羅
縠覆其口，羅穿鳥飛去，空瓶何所有？』解云：鳥者，識也。瓶者，身也。
（五二頁上）羅者，命也。人命一斷，神識既去，身何所能？」（五二頁下）
扶桑記：「李白春夜宴桃李園序曰：夫天地者，萬物之逆旅；光陰者，百代
之過客。」（三六二頁上）

〔四〕曲制主客待遇雜行　資持卷下三：「『曲』即委備。」（四〇九頁下）簡正卷一
六：「故律曰，雜揵度文也。初緣有客到，便自入房，因地墮故制。（云云。）
（一〇九頁上）若望三界，釋侶盡屬於賓。今向賓中，引（【案】『引』疑
『此』。）立先住之者為主，故云曲制也。接奉之法少，故云雜行。」（一〇
九頁下）

〔五〕入寺法　資持卷下三：「前明客來入寺，後明舊住迎接。」（四〇九頁下）

〔六〕應知佛塔　資持卷下三：「或問於人，或自瞻視。」（四〇九頁下）【案】四分
卷四九，九三〇頁。

〔七〕若不能者　資持卷下三：「若不能者，即反上也。此間晝日不尚閉門，事亦稀
也。」（四〇九頁下）

〔八〕開門　資持卷下三：「『下牆』謂低處。『踰入』，此方所忌，未可依用。」（四
〇九頁下）

〔九〕我若干歲，有房分不　資持卷下三「四分初求房舍。自述歲數，令知上下也。」
（四〇九頁下）【案】「四分」下，兩問：一問房舍，二問處所。四分卷四九，
九三一頁中。

〔一〇〕房衣　簡正卷一六：「房中鋪設用者，非謂房、衣，是二種。」（一〇九頁下）

〔一一〕有者，當取　資持卷下三：「舊住給與也。」（四〇九頁下）

〔一二〕乃至一丸藥舉之　資持卷下三：「不拾他物。特舉至微，例其餘也。」（四〇九
頁下）

〔一三〕一一別問　簡正卷一六：「約四人成僧說也。」（一〇九頁下）資持卷下三
「四分禮僧，止於四座，以成眾故。餘座不禮，恐勞擾故。」（四〇九頁下）

〔一四〕不得眠　簡正卷一六：「疑佗是盜賊、或處迍等。」（一〇九頁下）鈔批卷二
七：「立明：既不相識，恐是賊詐作比丘，未可同眠，恐遭劫害也。必處迍同
床者，須坐至曉。」（五二頁下）資持卷下三：「不眠，為防難故。」（四〇九
頁下）【案】五分卷二六，一七五頁下。

〔一五〕思惟　簡正卷一六：「思惟者，思文義也。不得禮者，不必苦待佗一人，但隨

次第，一一禮去也。」（一〇〇九頁下）資持卷下三：「思惟即禪定，禮誦同之。」（四〇九頁下）【案】「別問」即一一分別尋問。四分卷四九，九三一頁中。

〔一六〕時見　資持卷下三：「『時見』，謂近處也。」（四〇九頁下）

〔一七〕問　簡正卷一六：「嘉示作『問』字解。今云『同』字為定。」（一〇〇九頁下）

〔一八〕何者是僧差食　資持卷下三：「『問利養，有六。『僧差』即『僧次』。」（四〇九頁下）【案】此句為「利養有六」之一。

〔一九〕檀越送食　資持卷下三：「檀越送食，謂將入寺。」（四〇九頁下）【案】此句為「利養有六」之二。

〔二〇〕月八日、十五日、月初日　資持卷下三：「月八、十五，即六齋日，人多設供。（業疏云：黑白俱有三日，文少『十四』。）月初，彼國重之，亦多營設。『檀越請』即別請。（舊云『僧次』者，非。）」（四〇九頁下）【案】為「利養有六」之三、四、五。

〔二一〕若客伴已去者，不得語令知，云「不及伴」　資持卷下三：「『若』下，明筵留。不語知者，恐追伴故，仍安慰之。」（四〇九頁下）簡正卷一六：「玄云：不得向佗云『汝伴已去』也。將謂方便發遣，畏佗住耳。應且留連等。」（一〇〇九頁下）鈔批卷二七：「『語』謂將護客心意留且住，後會有伴。若即見伴已去，速報令知，似若欲相發遣也。」（五二頁下）

〔二二〕應給糧食，囑累行伴　資持卷下三：「給糧食者，準須出己，必非常住。」（四〇九頁下）鈔批卷二七：「囑累行伴者，應囑主人，於向某處，有伴來須知。（未詳。）」（五二頁下）簡正卷一六：「囑累行伴者，謂別覓得伴了，主人發時委囑佗，令好相待，有病相看視等。」（一〇〇九頁下）

〔二三〕新至比丘，以十事與之　鈔科卷下三：「『三』下，通明瞻待。」（一二七頁下）資持卷下三：「十事與者，前二與物，後八與語。」（四〇九頁下）【案】三千卷二，九一九頁下。

〔二四〕語以習俗　簡正卷一六：「謂此方有俗惡、訛語等，況不知也。」（一〇〇九頁下）鈔批卷二七：「謂隨方世俗中（原注：『中』疑『五』。）所忌婬欲之語也。」（五二頁下）資持卷下三：「習俗，謂風俗所宜。僧教令則隨方制度。」（四〇九頁下）

〔二五〕避諱　簡正卷一六：「謂縣官及尊宿名諱等。」（一〇〇九頁下）

〔二六〕當語某事可食　簡正卷一六：「指最好食令食，表不慳惜也。」（一〇〇九頁

下）鈔批卷二七：「語云：初行麤食，後行細食；或語令知未來果，當看現在因。又解：約檀越施，是冥因；感人天之報，是顯果。以何得知？生善之境，堪為受施，謂觀儀而起信。故下引五分云『若四儀不如法者，非為於世而作大明』，明知是約儀立宗也。」（五二頁下）資持卷下三：「『事』即物也。」（四○九頁下）

〔二七〕示縣官禁忌　簡正卷一六：「官中禁約語事等。」（一○○九頁下）

〔二八〕盜賊處所　簡正卷一六：「恐佗失衣鉢也。」（一○○九頁下）

二、明四儀法

夫成善有由，憑教相而心發〔一〕；冥因顯果，藉儀形而立宗〔二〕。是以阿說、身子，具列昔經〔三〕；傳法軌模，亦題方冊〔四〕。故直敘一致，別引諸說云云。

五分：若四威儀不如法者，非為於世而作大明〔五〕。僧祇：若行時，平視；迴時，合身迴〔六〕。中含：佛告比丘，依於獸王法〔七〕。若平旦，著衣持鉢〔八〕，入村乞食，善護持身，守攝諸根。乞食已，收舉衣鉢，澡洗手足，以尼師壇著於肩上，至無事處〔九〕。或經行、坐禪〔一〇〕。復於初夜，經行、坐禪，淨心中障已。於中夜時，入室欲臥，四㲲憂多羅敷牀上，襞僧伽梨作枕，右脇而臥；當頭面向佛像處，足足相累，意係想明相〔一一〕。彼後夜時，速起，如初夜法。僧祇：頭向衣架，及和尚、長老比丘〔一二〕。初夜思惟自業，至中夜，右脇著下，累兩腳，合口，舌挂上齗〔一三〕，枕右手，舒左手順身上。不捨念慧、思惟起想。餘如上〔一四〕。十誦：燈明中，不得臥〔一五〕。

毗尼母：比丘欲行時，先掃除房內；衣服、牀褥，如法安置。在隨相中〔一六〕。去時，白和尚阿闍梨〔一七〕。若過十臘，有法事必能利益者，雖師不聽，自往無過〔一八〕。去時，出寺外，望去處方，應思量〔一九〕：行伴何似？正見不？有病相料理不？如我心所作不？其人威儀常攝不？非懈怠不？為利為衰〔二〇〕？若必好者，共去。復問同伴：「汝等衣鉢，乃至一切自隨之物，無所忘不？」兼復誡勅：「今當共行，汝等時言少語〔二一〕，守攝諸根。路中，處處見者，皆令歡喜，發其善心。」諸下座，皆合掌互跪，對曰：「如教，歡喜奉行。」若有住止〔二二〕，發時，上座應徧看：無遺落物不？下座常在前，上座在後。語諸下座：「各自攝心，莫令散亂。」下座得病〔二三〕，上座應為說法，令善心相續。雖有急

難，不得捨去。盡其筋力，令其得脫〔二四〕。乃至自力不能，應至郡縣檀越所重比丘，大臣、國王門前營理，使得解脫，莫使受苦。僧祇：行時，先下腳跟〔二五〕，後下腳指。在道行，欲宿，遣二年少比丘，前覓宿處，索前食、後食〔二六〕；當白「非時入聚落〔二七〕」；得已還報，應展轉相白入。智論：出入來去，安詳一心〔二八〕；舉足下足，觀地而行〔二九〕。為避亂心，為護眾生故，是不退菩薩相〔三〇〕。

僧祇：不得作駱駝坐，應加趺坐〔三一〕；若疲極者，當互舒一腳〔三二〕。仰臥，脩羅；伏者，餓鬼；左脅，如貪欲人〔三三〕。具如法者，出三十五卷中〔三四〕。增一云：今聽比丘，先以手憑座〔三五〕，後坐，此我之教。十誦：無病不得晝臥；若喜眠，應起經行。善見：臨欲眠時，先於六念〔三六〕中一一念也。坐法有二〔三七〕：一、結加趺〔三八〕，二、踞坐。跪有二：一、長跪，即兩膝及足指至地；二、互跪，右膝至地。各有所立〔三九〕。

三千云：不得於上座前踞坐。踞坐五法：一、不交足〔四〇〕；二、不雙豎兩足〔四一〕；三、不卻踞兩手、掉捎兩足〔四二〕；四、不得撪拄一足，申一足〔四三〕；五、不上足〔四四〕。五事正坐法〔四五〕：一、不倚壁；二、不手前據〔四六〕；三、不肘據牀；四、不兩手捧頭；五、不以手拄頰。毗尼母：云何名坐？眾僧集會，斂容整服〔四七〕？加趺而坐，儀用可觀。又如坐禪人，坐經劫，身不動搖，觀者無厭。人多者，陿膝，見上座亦爾，不宜寬縱。云云。

三千云：不與三師並坐〔四八〕。十誦：聽法時，上座來，不應起下座〔四九〕，起者，吉羅〔五〇〕。若和上、阿闍梨，恭敬故自起；不得起他，吉羅〔五一〕。乃至聽法，不得與沙彌同牀坐，沙彌得與白衣同牀坐。大比丘三夏，亦同牀得坐。

三千云，欲上牀有七：一、當徐卻踞〔五二〕；二、不得匍匐上；三、不使牀有聲；四、不大拂牀有聲；五、不大欠大吒〔五三〕、歎息，思惟世事；六、不狗臺臥〔五四〕；七、起以時節，心起不定，當自責本起〔五五〕。又若聞揵稚聲〔五六〕，即當著袈裟，出戶如法；二、於堂外住，正衣脫帽；三、有佛像，頭面作禮，卻禮僧；四、當隨次向上座，當遣上座處〔五七〕；五、隨上座坐若踞。

善見〔五八〕：睡時當須早起。浴竟睡者，念髮燥便起〔五九〕。如是看

星、月光影為分齊〔六〇〕。三千：臥，當頭向佛；二、不臥視佛；三、不雙申兩足；四、不向壁臥，又不伏臥；五、不豎膝，要以手撩兩足，累兩膝。毗尼母：比丘貪著睡眠，廢捨三業，不復行道。金剛力士呵責。佛言：食人信施，不應懈怠〔六一〕。夜二時中〔六二〕，應坐禪、誦經、經行；一時〔六三〕中，以自消息。是名臥法。僧祇〔六四〕：臥如師子王法。如前所說〔六五〕。不得眠至日出；應於後夜，當起正坐，思惟己業。

四分律刪繁補闕行事鈔卷下之三

【校釋】

〔一〕夫成善有由，憑教相而心發　資持卷下三：「上二句，敘教法之功，以能成善故。『有由』謂由於教也。」（四〇八頁下）簡正卷一六：「『夫』至『云云』者，觀其文勢，有三節。初兩句，標善心發，教相火憑。……憑教相心發者，憑，托也。教是能詮文相，謂威儀形假，（一〇〇九頁下）茲二方發善念也。」（一〇〇九頁下）扶桑記：「善謂世、出世善；教相者，教必具大小權實等相故。心發者，擊彼宿習，令發起故。」（三六二頁上）【案】「明四儀法」文分為二：初，「夫成」下；次，「五分若」下。

〔二〕冥因顯果，藉儀形而立宗　資持卷下三：「次二句，敘威儀之勝，以能成因感果故。冥因者，心業未形故。顯果者，報相可見故。『宗』即是本。」（四〇九頁下）簡正卷一六：「次兩句，釋發必有由致也。……實（【案】『實』疑『冥』。）因顯果者，古來解者多途。既非正義，並不敘錄。今所盛行，莫先兩說。初依搜玄，約阿鞞為身子說法之時，不說道諦是因，是冥因，但說出世之果，是顯果。（上且一解。）又據寶云：身子夙殖善本，是冥因。冥，昧也，自不記持。今生得果照，然是顯果，必須假其覩相，聞法方得。以此為宗，故曰假形儀而立宗也。」（一〇一〇頁上）扶桑記：「冥因顯果者，心因內動，果證外顯故。」（三六二頁上）鈔批卷二七：「謂藉見儀形，得識其因也。」（五二頁下）

〔三〕是以阿說、身子，具列昔經　資持卷下三：「阿說亦云阿說嗜，此云『馬勝』。從佛受學，方經七日，便備威儀。以宿五百世為獼猴，今猶躁擾，出家七日，即改本轍，以威儀悟物，故稱威儀第一。」（四〇九頁下）簡正卷一六：「梵云按鞞，或云阿鞞阿說，此云『馬勝』。梵語舍利弗提羅，此云『身子』，亦云鶖鷺子。准大智論云：目連與舍利弗才智相比，行則俱游，住則同心。後修梵志，同侍梵志師那闍王耶，亦云『珊闍夜』，或云『即若耶』。其師得疾，甚至困重。舍利弗於師頭側，目連在師足邊，其師命將終，忻然而笑。

二人同白師云：『師有何所笑？』師云：『世俗無眼，被愚痴所侵。我見金地國王死，眾人以火葬。第一夫人悲感不已，乃自投身火中，願同一處，我故笑之。』二人受語，欲以驗之。後有金地國商人到來，問之，果如師語。撫然歎恨，不知和尚是聖師，沒後方悟。二人因立誓：『約若先得甘露法味，必同沾洒。』（如律所明。）後時，善根將熟，乃遇按鞞比丘說法。准智論云，（一〇一〇頁上）按鞞欲入城乞食，佛預知之，乃語彼曰：『今日若入城乞食，路逢非常人，不得廣說法。』爾時，按鞞威儀整肅，形服標奇。身子見已，乃作念曰：『引人（【案】『引』疑『此』。）容儀既異，必有殊勝之法？』遂問曰：『汝師是誰，說何等法？』阿鞞乃說偈曰：『諸法因緣生，是法從緣滅，我師文聖主，常作如是說。』准次，上句是苦諦，下句是集、滅二諦，餘二句結示也。問：『四諦之中，何以但說三諦，不談道諦耶？』答：『說所證果，必有能治，故隱而不說，欲令他自來問佛也。』其時，身子聞已悟道，往目連處。目連怪其威儀改（【案】『改』疑『反』。）常，必得妙法。乃顧問云：『身子還以上之處？』聞而答之目連。目連聞已，亦悟道，同往佛處。如是之理具足，須在昔日經中，故曰具列昔經也。」（一〇一一頁上）鈔批卷二七：「礪云：阿說，四分名『阿濕卑』，外部亦云阿鞞比丘，語云遏鞞比丘，威儀度物是也。宣云：『威』謂容貌可觀，『儀』謂軌度格物。並由內懷正法，故使器宇超倫。以佛初成道度五人，此為一人也。」（五二頁下）

〔四〕**傳法軌模，亦題方冊**　簡正卷一六：「玄記：取阿鞞說法與身子，是傳法軌摸也。准南約身子還將上法傳與目連，云傳法也，釋並未應理。今准寶云，謂不但當初佛在西土之日以傳儀化物，具引律、論二文，只似滅後教法，流至此方之初，亦假僧儀化物。如騰、蘭至漢，僧會來吳，豈不以僧相儀，方生物信，然後建立形像，大行佛教？如此物在吳，云漢、銀之中，（一〇一〇頁下）故曰亦題虫冊也。」（一〇一一頁上）鈔批卷二七：「方冊者，後人傳記以為軌則，又具題在方冊也。謂古來未有紙用，方木及竹用為書。今言筆者是也。以用竹簡為書曰冊，以木為書曰牘（【案】『牘』疑『牘』。），以帛為書曰素。」（五四頁下）資持卷下三：「『傳法』等者，即第五祖優波鞠多，威儀肅物，率皆從化，如佛無異，但無相好，時人號為『無相好佛』。又第二十祖闍夜多，善持威儀，見無不敬，佛曾記之。闍夜多者，最後律師，故知諸祖傳通，並以威儀令生物善。『方冊』即付法藏傳。」（四一〇頁上）

〔五〕若四威儀不如法者，非為於世而作大明　鈔科卷下三：「初，總明四儀初。」
（一二七頁上）簡正卷一六：「謂既四儀不如法，則無照世之益也。」（一○一
一頁上）（五四頁下）資持卷下三：「五分明威儀化物功深，闕則二利俱失，故
非大明也。」（四一○頁上）【案】「五分」下分二：初，「五分」下；次，「毘
尼母比」下。五分卷六，四○頁上。

〔六〕若行時，平視；迴時，合身迴　資持卷下三：「僧祇明行法。平視，頭不俯仰
也。合身迴，不但轉項也。」（四一○頁上）【案】僧祇卷二一，四○○頁上。

〔七〕依於狩王法　簡正卷一六：「謂師子是獸王，動止有法。每於晨朝，日初出時，
從穴而出，則頻呻哮吼，一切猛獸聞之，無不歸伏。比丘亦爾，手且著衣，持
缽乞食，每以四儀，令佗眾生見而獲益也。」（一○一一頁上）鈔批卷二七：
「有人云：如師子獸王臥，旦取食，食竟歸穴也。濟云：師子臥者，必右脇而
臥。又背（原注：『背』疑『皆』。）平旦求於食也。」（五四頁下）資持卷下
三：「中含。初，別示行法，續上僧祇。『狩王』即師子及象王。」（四一○頁
上）

〔八〕若平旦，著衣持缽　資持卷下三：「『若』下，通明四儀。」（四一○頁上）

〔九〕無事處　資持卷下三：「即阿蘭若。合明食法，文見頭陀。」（四一○頁上）

〔一○〕或經行、坐禪　資持卷下三：「『或』下，次，明住、坐二法。」（四一○頁上）
【案】中含卷八，四七三頁下。

〔一一〕當頭面向佛像處、足足相累，意係想明相　資持卷下三：「頭面向像，無背違
故。係想明相，不著睡眠故。」（四一○頁上）

〔一二〕頭向衣架，及和尚、長老比丘　資持卷下三「僧祇臥法，大途同上，文復詳
委，但頭向不同。衣架、師長，皆尊處故。」（四一○頁上）簡正卷一六：「頭
向衣架者，表敬衣也。」（一○一一頁上）【案】僧祇卷三五，五○七頁上。

〔一三〕合口，舌拄上齗　資持卷下三：「心易定故。念慧所修觀行，不暫忘故。」（四
一○頁上）【案】僧祇卷三五，五○七頁。「拄」，僧祇為「柱」。

〔一四〕餘如上　簡正卷一六：「係想明相，後夜速起等。」（一○一一頁上）資持卷下
三「即想明相等。」（四一○頁上）

〔一五〕燈明中，不得臥　資持卷下三：「明燈不臥，恐裸露故。」（四一○頁上）【案】
十誦卷五六，四一七頁中。

〔一六〕在隨相中　資持卷下三：「初科，前明摒淨。『隨相』即覆處敷僧物戒。」（四
一○頁上）【案】「毘尼母」下，分二：初，「毗尼母」下；次，「僧祇不」下。

初又分三：初，「毗尼母」下，二「僧祇行」下，三、「智論出」下。毗尼母卷
六，八三一頁。

〔一七〕去時，白和尚阿闍梨　簡正卷一六：「『白和上』等者，表不自專也。」（一〇
一一頁上）

〔一八〕若過十臘，有法事必能利益者，雖師不聽，自往無過　簡正卷一六：「謂自是
師位，設不許，自往亦無過，以有益故。」（一〇一一頁上）

〔一九〕去時，出寺外望去處方，應思量　資持卷下三：「明觀方量伴。」（四一〇頁
上）

〔二〇〕為利為衰　簡正卷一六：「於我身有益，名為利；於佗有損，名為衰也。」（一
〇一一頁上）資持卷下三：「『利衰』謂有益無益。」（四一〇頁上）

〔二一〕時言少語　資持卷下三：「『時言』謂當言即言。」（四一〇頁上）

〔二二〕若有住止　資持卷下三：「『若有』下，明暫住復去法。」（四一〇頁上）

〔二三〕下座得病　資持卷下三：「『下座得病』下，明遇病料理法。上座有病，理合看視
故。但明下座，恐捨棄故。」（四一〇頁上）【案】以上毗尼母卷六，八三〇頁下。

〔二四〕令其得脫　資持卷下三：「『得脫』謂差損。」（四一〇頁上）

〔二五〕先下腳跟　資持卷下三：「先指後跟，是賤下相。」（四一〇頁上）【案】僧祇
卷二一，四〇一頁上。

〔二六〕前食、後食　資持卷下三：「『在』下，明覓處。『前食』即小食，『後食』即中
齋。」（四一〇頁上）

〔二七〕非時入聚落　資持卷下三：「由覓宿食，必入俗舍故。」（四一〇頁上）

〔二八〕出入來去，安詳一心　鈔科卷下三：「『智』下，教攝心。」（一二七頁中）資
持卷下三：「安詳，離卒暴故。一心，離雜念故。」（四一〇頁上）【案】智論
卷七三，五七二頁中。

〔二九〕觀地而行　資持卷下三：「觀地，二意，即止、作也。」（四一〇頁上）

〔三〇〕為避亂心，為護眾生故，是不退菩薩相　簡正卷一六：「一心著地，免更攀緣。」
（一〇一一頁上）簡正卷一六：「玄云八地已上也。或依諸經處說，初地菩薩
名『行不退』，七地已去名『證不退』。今不妨約初地已去，通名不退菩薩者，
妙也。」（一〇一一頁上）資持卷下三「不退菩薩，舊云初地已去。」（四一〇
頁中）

〔三一〕不得作駱駝坐，應加趺坐　資持卷下三「僧祇前明坐法。駱馳（【案】『馳』
疑『駝』。）謂兩膝拄地。」（四一〇頁中）簡正卷一六：「駱駝坐者，謂屈

兩膝，兩手枕床，如駱駝也。應跏趺坐者，兩足左右交盤相結，名結跏趺也。」（一○一一頁上）鈔批卷二七：「謂今時人小坐是也，應跏趺而坐。……跏趺坐者，婆沙三十九中，多復次釋也，今略敘之。彼問云：『諸威儀中得修善，何故但說結跏趺坐？』有解云：『如是威儀，生人天等，敬信心故。謂餘威儀不能發起人、天、龍、鬼、阿素洛等敬信之心。如跏趺坐威儀者，故設威儀，生惡尋伺，為生他善，尚應住之。況自順生殊勝善品。（謂若行住，身遠疲勞，若倍臥時，使增昏睡，唯結加趺坐。無斯過失，名順善也。）復次，住此威儀，怖魔軍故。謂佛昔於菩提樹下，結跏趺坐，破二魔軍，謂自在天及諸煩惱。故今魔眾見此威儀，即便驚恐，多分退散。復次，此是不共外道法故。謂餘威儀，外道亦有。唯跏趺坐者，外道無故。』問：『結跏趺坐，義何謂耶？』（五四頁下）答：『是相周圓而坐義。聲論者曰：以兩足趺跏，致兩脛如龍盤結，端坐思惟，是故名結跏趺坐。脇尊者言：重疊兩足，左右文（原注：『文』疑『交』。）盤，正觀境界，名結跏坐。四分下文大小持戒犍度，亦云結跏趺坐，端身正意，繫念在前。』」（五五頁上）【案】「僧祇」下分二：初，「僧祇」下；次，「三千云」下。僧祇卷四一，七七四頁中。

〔三二〕若疲極者，當互舒一腳　鈔批卷二七：「寄極者，當互舒一腳，不得類舒兩腳也。私云：寄坐即半跏坐也。極謂疲倦也。……又言『寄極』者，謂坐久轉筋，為寄極也。今時京中俗之言，若久立，腳勝疲極，皆言寄極也。又非腳痺，知之。」（五五頁上）

〔三三〕仰臥，脩羅；伏者，餓鬼；左脇，如貪欲人　資持卷下三：「仰是慢相，伏即飢相，左脅婬相。」（四一○頁中）

〔三四〕具如法者，出三十五卷中　資持卷下三：「『如法』即右脅臥。指三十五者，彼云：應如師子、獸王順身臥。若右脅有癰瘡，無罪；不者，越威儀。」（四一○頁中）

〔三五〕手憑座　資持卷下三：「手按，彼因外道抽除床搩故制。（搩，音『曆』，今謂床桄。）」（四一○頁中）

〔三六〕六念　簡正卷一六：「見論云：眠時須念三寶、戒、施、天等六也。」（一○一一頁上）資持卷下三：「善見初制繫想。三寶、戒、施、天，為六念。」（四一○頁中）

〔三七〕坐法有二　資持卷下三：「坐、跪，名二。」（四一○頁中）

〔三八〕**加趺** 資持卷下三:「禪觀加趺。」

〔三九〕**各有所立** 資持卷下三:「尼令長跪,非不通僧,僧制互跪,則不通尼,故注云各有所立也。」(四一〇頁中)簡正卷一六:「尼但得長跪,不得互跪。由緣起有過,故制一定也。僧則互跪故。業疏云:(一〇一一頁上)律中為身奭弱,互跪倒地。佛令立儀,與僧異也,故云『各立』。」(一〇一一頁下)鈔批卷二七:「此謂尼唯得半跏坐,不得結跏坐也。僧通兩坐。又,尼不得互跪,唯得長跪。由緣起中,互跪形露羞恥,故佛不許。僧須互跪,尼僧不用,故言各有所立。又解云:『長跪』以應白佛事,『互跪』即為請法受法事,故曰各有所立。濟云:若聽法須互跪,若懺悔等須長跪,故曰各有所立也。」(五五頁上)

〔四〇〕**交足** 資持卷下三:「左右交過。」(四一〇頁中)簡正卷一六:「跪坐中睡,兩足交互,非法。」(一〇一一頁下)【案】「三千」下分二:初,「三千云不得」下;次,「善見」下。初又分三:初,「三千云不得」;二,「三千云不與」下;三、「三千云欲」下。

〔四一〕**雙豎兩足** 資持卷下三:「謂腳頭向上。」(四一〇頁中)簡正卷一六:「足跟著地,足指向上也。」(一〇一一頁下)

〔四二〕**不卻踞兩手,掉捎兩足** 資持卷下三:「『卻踞』謂反向後,『掉捎』謂搖動。」(四一〇頁中)簡正卷一六:「兩手向背托床,名卻『踞』也。」(一〇一一頁下)

〔四三〕**不得撜拄一足,申一足** 資持卷下三:「『撜拄』謂一足著地撜起,一足直申向前。」(四一〇頁中)簡正卷一六:「屈膝,以一足著地,更與一足累前膝上直申,即是支柱一足、中(【案】『中』疑『申』。)一足也。」(一〇一一頁下)

〔四四〕**上足** 資持卷下三:「即翹起一足。」(四一〇頁中)簡正卷一六:「謂踞坐人踢地。若上足,便觸衣也。」(一〇一一頁下)

〔四五〕**五事正坐法** 資持卷下三:「五事,應通二坐。」(四一〇頁中)

〔四六〕**不手前據** 資持卷下三「謂兩手托床。」(四一〇頁中)

〔四七〕**歛容整服** 資持卷下三:「撿,合作『歛』。」(四一〇頁中)【案】「歛」,底本為「撿」,據三千、大正藏本及釋義改。

〔四八〕**不與三師並坐** 資持卷下三:「不僭上也。」(四一〇頁中)

〔四九〕**聽法時,上座來,不應起下座** 簡正卷一六:「文云聽法處見。上來若自起,若上座教起,俱吉。若和尚闍梨來,恭敬故起不犯。不得令餘人起,即犯也。」(一〇一一頁下)資持卷下三:「十誦初制起他,謂恃己陵物也。」(四一〇頁

中）【案】十誦卷三九，二八一頁中。

〔五〇〕起者，吉羅　簡正卷一六：「即結自起之罪也，以違制故。」（一〇一一頁下）

〔五一〕若和上、阿闍梨，恭敬故自起，不得起他，吉羅　鈔批卷二七：「立謂：和上等為別事自生恭敬故，弟子須坐。若隨和上等起，得吉也。」（五五頁上）【案】「不得起他，吉羅」意為「不得起他。如若起他者，吉羅。」行事鈔及其他律典如五百問等和釋文中多有此類省略句。

〔五二〕當徐卻踞　資持卷下三「『卻踞』謂退身坐。」（四一〇頁中）

〔五三〕大欠大呿　資持卷下三：「欠，音『欠』。張口申氣也。呿，去聲，嘆息也。」（四一〇頁中）

〔五四〕不狗羣臥　鈔批卷二七：「濟云：謂屈手屈頭聚一處，如狗臥也。」（五五頁上）資持卷下三：「狗群謂相倚也。」（四一〇頁中）

〔五五〕起以時節，心起不定，當自責本起　資持卷下三：「起以時節，即念明相心起。『當責』謂懈怠耽睡等念。」（四一〇頁中）鈔批卷二七：「濟云：責心起妄之由，本從何處而起，故曰『本起』。」（五五頁上）簡正卷一六：「本起者，圓明之性，湛然寂靜，良由自生虛妄。究其原由，本從何起，當自思責也。」（一〇一一頁下）【案】「起」，三千為「走」。

〔五六〕又若聞揵稚聲　資持卷下三：「『又』下，次，明起入眾法。」（四一〇頁中）

〔五七〕當遺上座處　簡正卷一六：「遺，訓『留』者，留上座位待來故。」（一〇一一頁下）

〔五八〕善見　資持卷下三：「臥法中。善見明念起。」（四一〇頁中）【案】善見卷一二，七五九頁下。

〔五九〕念髮燥便起　簡正卷一六：「髮燥者，文云：謂睡時當起，聽洗浴。若更睡，即預生念云：『頭髮燥，我當起』，即顯多時也。」（一〇一一頁下）鈔批卷二七：「立謂：睡時當起洗浴，若更睡即睡眠，（五五頁上）心念言：『頭髮燥，我當起。』」（五五頁下）

〔六〇〕如是看星、月光影為分齊　簡正卷一六：「睡時當望星、月等，預生念云：『月至某處，或星至某處，我便起也。』」（一〇一一頁下）鈔批卷二七：「立謂：若睡時欲眠，當望星、月。念月若至某處，我當起等也。」（五五頁下）【案】「星」，底本為「屋」，據大正藏本、貞享本、簡正、鈔批改及弘一校注改。

〔六一〕食人信施，不應懈怠　鈔批卷二七：「對此因說薄拘羅事。案十誦、中阿含云，薄拘羅比丘言：『我於正法律中出家，八十年來，未曾起欲想。又，我

持糞掃衣來八十年，未曾憶受居士請。又，我乞食八十年中，未曾憶入比丘尼寺，未曾憶與比丘尼，共相問訊；乃至道路，亦不共語。又，我八十年來，未曾憶與比丘尼，共相問畜沙彌。又，八十年未曾有病，乃至彈指頃頭痛，亦未曾憶服藥下至如訶梨勒。又，我八十年結跏趺坐，不曾倚壁樹，乃至臨終時，跏趺入滅，是名薄拘羅未曾有法。』」（五五頁下）【案】中阿含卷八，四七五頁。

〔六二〕夜二時中　資持卷下三：「『二時』謂初、後夜。」（四一○頁中）

〔六三〕一時　資持卷下三：「『一時』即中夜。」（四一○頁中）

〔六四〕僧祇　資持卷下三：「僧祇制晏起。」（四一○頁中）

〔六五〕如前所說　簡正卷一六：「如前行法中引經文，依狩王法，右脅著地而臥。」（一○一一頁下）資持卷下三：「即右脅著下，累腳合口等」（四一○頁中）